Juli Zeh
Nachts sind das Tiere

Schöffling & Co.

Erste Auflage 2014
© Schöffling & Co. Verlagsbuchhandlung GmbH,
Frankfurt am Main 2014
Alle Rechte vorbehalten
Satz: Fotosatz Amann, Memmingen
Druck & Bindung: Pustet, Regensburg
ISBN 978-3-89561-440-8
www.schoeffling.de
www.juli-zeh.de

Nachts sind das Tiere

Inhalt

Vorbemerkung 11

2005
Auf der anderen Straßenseite 13

2006
Gute Nacht, Individualistinnen 18
Zeit war Geld 29
Das Flaggschiff der politischen Resignation 39
Wer hat mein Lieblingsspielzeug zerbrochen? 45
Zu wahr, um schön zu sein 48

2007
Gigagroße Semi-Diktatur 56
Kostenkontrolle oder Menschenwürde? 65

2008
Folterjuristen 69
Verteidigung des Virtuellen 75
Vater Staat und Mutter Demokratie
– Rede im Rahmen der 16. Schönhauser Gespräche 81
Goldene Zeiten 93

2009
Plädoyer für das Warum
– Rede anlässlich der Verleihung
des Carl-Amery-Literaturpreises   104
Null Toleranz   112
Fest hinter Gittern
(mit Rainer Stadler)   115
Schweinebedingungen   126

2010
Deutschland dankt ab   133
Das Mögliche und die Möglichkeiten
– Rede an die Abiturienten   140

2011
Das tue ich mir nicht an   161
Mörder oder Witzfiguren   166
Leere Mitte   171
Die Sache »Mann gegen Frau«   177
Nothing left to lose   181

2012
Hölle im Sonderangebot   190
Baby Love   193
Eine Geschichte voller Missverständnisse
(mit Ilija Trojanow)   199
Selbst, selbst, selbst   205
Das Diktat der Krise   211
Stille Schlachtung einer heiligen Kuh   216

2013

Das Lächeln der Dogge 221
#neuland 225
Wird schon 229
Digitaler Zwilling 233
Nachts sind das Tiere 239
Was wir wollen
– Rede auf der Netzkultur-Konferenz
der Berliner Festspiele 246

2014

Wo bleibt der digitale Code Civil? 256
Letzte Ausfahrt Europa 266
Offener Brief an Bundeskanzlerin Angela Merkel 272
Reizklima 280

Nachweise 287

Vorbemerkung

Die vorliegenden Essays und Reden sind nicht thematisch gruppiert, sondern chronologisch angeordnet. Sie stellen eine Auswahl aus dem publizistischen Schaffen der Autorin dar und umfassen nahezu ein Jahrzehnt der politischen Einmischung, der kritischen Analyse gesellschaftlicher Phänomene und des Eintretens für eine humanistische, freiheitlich geprägte Geisteshaltung. Die Beiträge wurden überarbeitet.

Auf der anderen Straßenseite
(2005)

Mit den Menschenrechten ist es eine komische Sache. Ähnlich wie bei den zehn Geboten meint jeder zu wissen, was drinsteht. Soll er sie aber zitieren, kommt er zu seiner eigenen Überraschung nicht über die ersten Artikel hinaus. Naja, das mit der Würde. Dann Gleichheit, Leben, Freiheit, vielleicht noch Sklaverei- und Folterverbot. Danach, seien wir ehrlich, wird's dünn.

Aber die Menschenrechte sind ein ganz besonderer Text. Sie sind eine Botschaft, die die Menschheit an sich selbst geschrieben hat – und möglicherweise die einzige Botschaft der Welt, bei der es nichts ausmacht, wenn niemand ihren Inhalt kennt. Egal, wo wir sie aufschlagen, hineinblättern und zu lesen beginnen, wir können uns darauf verlassen, mit dem Gelesenen einverstanden zu sein. Ausgeschlossen, dass wir denken wollten: Ich lehne es ab, das Recht auf körperliche Unversehrtheit zu schützen! Oder: Meiner Meinung nach ist Redefreiheit eine schlechte Idee. – Es geht schon längst nicht mehr darum, die Menschenrechte gut oder schlecht zu finden. Sie *sind* gut, scheint uns, ja, vermutlich sind sie Ausdruck des Guten an sich. Man kann ihre unzureichende Umsetzung kritisieren, die Tatsache, dass sie bis heute unverbindlich und nirgendwo einklagbar sind. Aber ich habe noch nie jemanden getroffen, der den Wert und die Richtigkeit ihres Inhalts bestreitet.

Ist das nicht phänomenal? Ein zehnseitiger Text, und alles, was er enthält, ist wahr und trifft zu! Jeder Schriftsteller müsste die Vereinten Nationen um ihr Werk beneiden.

Solche Worte schreibe ich mit ambivalenter Ironie. Auf der einen Seite verblüfft es mich tatsächlich, ganz ironiefrei und im positiven Sinn, dass in einer Gesellschaft, die gern mit Begriffen wie »Werteverlust«, »Orientierungslosigkeit« oder gar »Amoralität« belegt wird, in Wahrheit ein Konsens von nie da gewesener Breite über die Grundvorstellungen vom Guten und Wünschenswerten existiert.

Auf der anderen Seite aber birgt der fast schon kindlichnaive Glaube an Sinn und Nutzen der Menschenrechte eine nicht unerhebliche Gefahr für ihre Wirksamkeit.

Dabei geht es mir an dieser Stelle nicht darum, ob und inwieweit die Idee universeller Rechte für die internationale Interessenpolitik instrumentalisiert wird. Auch nicht darum, ob »Universalität« überhaupt mehr sein kann als eine Fiktion angesichts des westlich-europäischen Hintergrunds der in der UNO-Erklärung enthaltenen Gedanken. Ebenso wichtig wie solche Fragen der »großen Politik« ist der Blick auf die persönlichen Wertvorstellungen und Grundsätze jedes Einzelnen von uns. Hier nämlich führt der oben erwähnte Glaube zu einem unangenehmen Mangel an Distanz.

Mit Menschenrechtsverletzungen ist es anscheinend wie mit Bildern auf großen Plakatwänden: Man erkennt sie immer nur von der anderen Straßenseite aus. Undenkbar, in Deutschland könnte mit dem Menschenrechtsverständnis etwas nicht in Ordnung sein (abgesehen vielleicht von klitzekleinen Kleinigkeiten). Jedes Land meint, es habe die Forderungen des UNO-Papiers vortrefflich erfüllt, während anderswo – leider, leider – noch immer erhebliche Defizite bestünden. Behaupten die Türkei oder China, im eigenen Haus stehe es mit Freiheit, Gleichheit und Würde zum Allerbesten, verziehen wir höhnisch den Mund – um gleich darauf zu verkünden, in Deutschland seien Menschenrechtsverletzungen natürlich völlig abwegig. Und das kommt uns noch nicht einmal komisch vor.

So ist das mit dem Glauben, ob an die zehn Gebote oder an die hehren Ideale der UNO: Er ist stark, schön und gut für die Seele. Aber er ist nicht immer der Königsweg zu Gerechtigkeit und notwendiger Selbstkritik.

Bürgerrechtler in Deutschland und anderen Ländern der westlichen Hemisphäre warnen seit Beginn des Anti-Terror-Kriegs davor, die Errungenschaften eines langen Freiheitskampfes aufgrund von panischen Sicherheitsbedürfnissen leichtfertig aufzugeben. Solche Menschenrechts-Unken erklärt man gern für hysterisch (so schlimm sei es ja noch nicht) oder für blind (der Ernst der Lage dürfe nicht verkannt werden).

Rasterfahndungen, staatliche Zugriffe auf private Konten, erweiterte Abhörbefugnisse und die Registrierung unbescholtener Bürger mithilfe von Fingerabdrücken sind Praktiken, die uns vor Kurzem noch als Paradebeispiele für menschenrechtsverachtendes staatliches Handeln erschienen wären. Heute aber gelten derartige Maßnahmen als »notwendig«. Während die Bilder von Misshandlungen im Gefängnis von Abu Ghraib für Entsetzen sorgen, diskutieren gleichzeitig anerkannte deutsche Juristen in anerkannten Fachzeitungen über die Frage, ob Foltermethoden gegenüber bestimmten Delinquenten nicht erlaubt sein sollten.

Man muss nicht weit gehen, nicht einmal bis auf die andere Straßenseite, um zu erkennen, dass sich auch in unserem Land ein bedenklicher Bewusstseinswandel breitmacht. Auf einmal wird immer öfter die schlecht verkleidete Frage gestellt, ob man sich individuelle Freiheitsrechte angesichts von Terror, Wirtschaftskrise und sozialer Bedrohung noch »leisten« könne. Plötzlich sind Menschenrechte ein Schönwettervergnügen, dem man getrost in Friedenszeiten frönen kann. Sobald aber ein Konflikt auftaucht, ein Sicherheitsproblem, das als schwerwiegend empfunden wird, scheint es Wichtigeres zu geben. Dann soll pragmatisches Handeln sich durchsetzen gegen die Ansichten realitätsfremder Idealisten.

Wer so denkt, hat überhaupt nichts verstanden. Menschenrechte sind keine Luxusspielzeuge für verwöhnte Wohlstandskinder. Sie sind keine nette, flüchtige Idee, die es im Ernstfall dem realpolitisch Eigentlichen unterzuordnen gilt. Sie sind über Hunderte von Jahren gewachsen und leidenschaftlicher Ausdruck einer Geistesgeschichte, die uns an den (glücklichen!) Punkt gebracht hat, an dem wir heute stehen. Die Rechte des Einzelnen wurden einer in großen Teilen blutigen Geschichte abgerungen, und sie sind ein Lernerfolg aus schlechten Erfahrungen mit überbordender staatlicher Macht.

Das Vertrauen in ihre bedingungslose Einhaltung ist im Grunde ein gutes Zeichen, ein Ausdruck von Treue zum eigenen Land und seiner Demokratie. Es darf aber nicht dazu führen, den einmal erreichten Standard für selbstverständlich zu halten. Aus dem Gefühl von Selbstverständlichkeit wird schnell Gleichgültigkeit. Und schließlich Erstaunen darüber, auf unbemerkte Weise verloren zu haben, was man doch sicher glaubte.

Gute Nacht, Individualistinnen
(2006)

Neulich nach einer Podiumsdiskussion. Ich bin von der Bühne geklettert, stehe im Foyer der Sendeanstalt herum und halte mich an einem Glas Rotwein fest. Das Publikum strebt aus dem Saal, um an der Garderobe nach Mänteln zu suchen oder die angebotenen Getränke entgegenzunehmen. Der Moderator ist mit einem anderen Talk-Gast in eine Fortführung des Gesprächs vertieft. Plötzlich kommen drei Frauen auf mich zu. Sie sind Mitte fünfzig, gut gekleidet und setzen die Füße so resolut auf den Boden, dass ich ahne, was sie von mir wollen.

Der Schweiß sei ihnen ausgebrochen. Auf den Unterarmen hätten sich die Haare aufgestellt. Es habe ihnen die Kehlen zugeschnürt und die Mägen umgedreht.

»Wie«, frage ich vorsichtig, »lautet die Anklage?«

Zweimal hätte ich mich während der Diskussion als »Jurist« und einmal als »Autor« bezeichnet! Man ist gekommen, um ein weibliches Suffix einzutreiben.

Das passiert mir nicht zum ersten Mal. Seufzend entschuldige ich mich. Erkläre, dass das Weglassen der Endung »-in« keiner antifeministischen Programmatik, sondern purer Achtlosigkeit entspringe (man glaubt mir nicht). Ergänze, dass die Berufsbezeichnung »Autor«, ähnlich dem englischen

»author«, einen neutralen Klang für mich besitze (man glaubt mir noch weniger). Verlange, nicht auf ein *role model* reduziert zu werden und reden zu dürfen, wie mir der Schnabel gewachsen ist (man wird wütend).

Auf einem öffentlichen Podium sei ich eine öffentliche Person, heißt es, und hätte mich dieser Verantwortung zu stellen.

Das verpflichte mich nicht zu einem Auftritt als feministische Frontfigur, gebe ich zurück.

Die drei Frauen wetzen ihre unlackierten Fingernägel und treten einen Schritt auf mich zu. Um einer lautstarken Protestaktion zuvorzukommen, ergehe ich mich in beschwichtigenden Ausführungen.

Ich sei eine Nachgeborene. Ein Nutznießer, Pardon, eine Nutznießerin vergangener Schwesternkämpfe. Der lebende Beweis, dass die Emanzipation wenigstens in Teilen der Gesellschaft glücklich ins Ziel gelaufen sei.

Ob ich mich denn gar nicht mit der Frauenbewegung identifiziere?

»Nein«, behaupte ich forsch. »Ich identifiziere mich nicht einmal mit der Frau.«

Das anschließende Schweigen hat die Kälte eines blankgezogenen Schwerts. Ein Kellner bringt das nächste Glas Wein und ignoriert meine hilfesuchenden Blicke. Es wird höchste Zeit für einen Themawechsel.

»Lassen wir doch die Geschlechterfrage einmal beiseite«, schlage ich vor, »und betrachten das Problem von einer anderen Seite.«

Meine Gesprächspartnerinnen fixieren mich angriffslustig. Friedensangebot abgelehnt. Mir bleibt die Flucht nach vorn.

»Dem weiblichen Geschlecht anzugehören, ohne sich darüber zu definieren«, sage ich, »hat nichts mit Verrat an der weiblichen Sache zu tun. Auf ähnliche Weise lebe ich in Deutschland, ohne mich als Deutsche zu fühlen.«

Den erneut aufkeimenden Widerstand ersticke ich unter einer Lawine von Beispielen: »Ich wurde in Bonn geboren und bin keine Rheinländerin. Ich habe zehn Jahre in Leipzig gewohnt und weiß mit den Begriffen Ossi und Wessi nichts anzufangen. Ich spreche keinen Dialekt, trete keinen Vereinen bei und fiebere für keine Fußballmannschaft. Genau genommen schreibe ich sogar Bücher, ohne mir Rechenschaft darüber abzulegen, was eine Schriftstellerin ist.«

Ob ich sie auf den Arm nehmen wolle?

»Meiner Erfahrung nach«, füge ich, mutig geworden, hinzu, »folgt aus solchen Etikettierungen vor allem eins: ein Haufen Ärger.«

Ob ich deshalb beschlossen hätte, mich jeder Form von Identität krampfhaft zu verweigern?

Darüber muss ich nachdenken. Wahrscheinlich ist meine Identität, sofern ich jemals eine hatte, soeben dem Ansturm der drei Erinnyen zum Opfer gefallen.

»Einer Identität liegt keine Entscheidung zugrunde«, widerspreche ich, »sondern eine Entwicklung. Ich werde Ihnen die Zusammenhänge aufzeigen. Wollen wir uns irgendwo hinsetzen?«

Die drei Frauen schütteln die Köpfe. Ich sortiere Standbein und Spielbein und hole tief Luft.

»Den Angehörigen meiner Generation«, sage ich, »brachte man in der Schule bei, dass Nation, Volk, Kultur oder Rasse

GUTE NACHT, INDIVIDUALISTINNEN (2006)

niemals mehr zählen dürfen als das Individuell-Menschliche. Wir lernten, den eigenen Kopf zu gebrauchen, Autoritäten zu hinterfragen, kollektiven Überzeugungen zu misstrauen. Unsere Sätze beginnen wir nicht mit: Das ist folgendermaßen ..., sondern mit: Meiner Meinung nach ..., oder: Ich glaube ... Und woran glauben wir? An gar nichts. Jedenfalls nicht an objektive Wahrheiten, sondern höchstens an subjektive Erfahrung.«

Worauf ich hinauswolle?

»Moment«, sage ich. »Schon als Kind war mir klar, dass allen Menschen, egal ob Mann oder Frau, schwarz oder weiß, der gleiche Wert zukommt. Man zwang mich nicht, in die Kirche zu gehen. Ich brauchte keine bestimmten Bücher zu lesen; ebenso wenig waren mir irgendwelche verboten. Ich musste keine politische Richtung gut finden und bin meinen Eltern und Lehrern bis heute dankbar dafür.«

»Wie schön«, spotten meine Zuhörerinnen.

»Wir kommen zum entscheidenden Punkt«, sage ich. »Heute flößt mir der Anblick eines Uniformierten oder einer Flagge Unbehagen ein. Politische Parolen klingen lächerlich, manche widerlich, die meisten überflüssig in meinen Ohren. Ich identifiziere mich nicht nur nicht mit der Frauenbewegung. Auch Vokabeln wie Gott, Heimat, Sozialdemokratie, Vaterland oder Familie lösen keine spezifischen Gefühle in mir aus. In der Wahlkabine weiß ich nicht, wo ich mein Kreuz machen soll. In den Zeitungen lese ich, dass ich einer unpolitischen, verhuschten, irgendwie desorientierten Generation angehöre. Und von Ihnen erfahre ich nun, dass ich keine Identität besitze.«

»Sie waren es doch, die behauptet hat ...«, sagt eine der Frauen.

»Jeder Mensch braucht eine Identität«, sagt eine andere.

»Jeder Mensch braucht eine Persönlichkeit«, gebe ich zurück. »Die Identität, von der wir sprechen, meint nicht die Übereinstimmung eines Menschen mit sich selbst. Sie meint Zugehörigkeit oder Abgrenzung in Bezug auf Gruppen. Auch ›die Frau‹ ist eine Gruppe.«

»Unpolitisch sind Sie aber wirklich«, sagt die dritte Frau vorwurfsvoll, »wenn Ihnen alles egal ist.«

Mir ist keineswegs alles egal, sonst hätte ich die drei Frauen nicht erfunden und würde diesen Essay nicht schreiben.

»Von wegen egal«, rufe ich deshalb. »Es ist nur so, dass ich mich keinem politischen Lager zugehörig fühle. Ich pflege ein Konglomerat von Ansichten, die in ihrer Gesamtheit weder parteiprogrammatischen Schemata noch der Stoßrichtung einer gesellschaftlichen Gruppierung entsprechen. Ich vermag nicht einmal zu sagen, ob ich rechts denke – oder eher links. Vermutlich bin ich ein radikaler Individualist.«

Ein dreistimmiges Aufstöhnen eint die gegnerische Front.

»Eine Individualistin«, versuche ich.

Daran hat es diesmal nicht gelegen.

Wie schrecklich, finden die drei Frauen. Fast könne ich ihnen leid tun. Diese geistige Heimatlosigkeit sei schockierend, schwindelerregend, ein Abgrund.

»Nein«, sage ich. »Sie ist wunderbar. Noch immer zukunftsweisend. Sie ist das, was die Aufklärung gewollt hat. Sie ist die Haltung eines Menschen, der nicht den Vorgaben von Obrigkeiten, Moden oder dem Zeitgeist vertraut, sondern die individuelle Vernunft gebraucht. Allerdings zeigt sie seit Neuestem ein seltsames Gesicht. Sie hindert am öffentlichen Sprechen.«

Wie ich das meine, wollen die Frauen wissen.

Ich weise auf ein Plakat, das die Veranstaltung ankündigt, die wir gerade hinter uns haben: Schriftsteller und Politik – ein Antagonismus?

Darüber, finden die Frauen, werde doch quer durch die Jahrzehnte gestritten.

»Während der vergangenen Wahl«, sage ich, »waren die überzeugtesten Vertreter des Standpunkts, ein Autor habe sich um seinen eigenen Kram zu kümmern, ausgerechnet – Schriftsteller. Und dabei wurden nicht einmal ästhetische Aspekte ins Feld geführt. Es ging nicht ums Kunstschaffen, sondern um öffentliches Verhalten.«

Endlich ist der Themawechsel geglückt. Drei abwartende Augenpaare sehen mich an.

»Ständig war zu hören«, sage ich, »dass sich ein Autor vor keinen Karren spannen lassen dürfe. Wer einigermaßen bei Trost und klarem Verstand sei, könne niemals repräsentativ sprechen, sondern nur für sich selbst. Sie wissen ja: Man beginnt seine Sätze mit: Meiner Meinung nach ..., oder: Ich glaube ...«

Weiter, fordern meine Zuhörerinnen.

»Für einen Individualisten«, sage ich, »hat die Vorstellung, mit Parteifarben in Verbindung gebracht zu werden, etwas Unappetitliches. Andererseits ist das öffentliche Für-sich-selbst-Sprechen eine diffizile Angelegenheit. Es kennt keine Schlagworte, durch deren Gebrauch sich die Komplexität eines Themas reduzieren ließe. Ohne einen Baukasten aus abrufbaren Meinungsversatzstücken muss das Rad bei jeder Äußerung neu erfunden werden. Der Individualist hofft nicht, die Massen zu überzeugen. Sein höchstes Ziel besteht darin, mithilfe wohlbegründeter Argumente etwas Sinnvolles zum Diskurs beizutragen. Dabei muss er dem Bewusstsein standhalten, dass er in einer Welt ohne objektive Wahrheiten nicht recht haben kann und deshalb auch nicht recht bekommen wird. Er setzt sich der Lächerlichkeit des Versuchs aus, trotzdem etwas Verbindliches sagen zu wollen. Seine Gegner werden sich nicht nur in einem, sondern in allen Lagern finden. Er kann sich nicht auf den Rückhalt von Anhängern, Parteifreunden, Gleichgesinnten stützen. Wer wird ihm zur Hilfe eilen, wenn ihn die Medienwelt wegen einer unbedachten Aussage in Stücke reißt? Die anderen Schriftsteller? Jene etwa, die am liebsten für sich selbst sprechen?«

Nachdenklich sehen die drei Frauen sich an. Ich nippe an meinem Wein.

»Ich weiß nicht«, meint die erste. »Wie soll jemand, der repräsentatives Sprechen ablehnt, überhaupt etwas Politisches äußern?«

»Politik«, sagt die zweite, »ist schließlich kein Ein-Mann-Betrieb.«

»Sondern eine Art Mengenlehre«, fügt die dritte hinzu.

Ich stelle das Glas beiseite, um die Hände zum Gestikulieren freizuhaben.

»Jetzt wird's spannend«, erwidere ich. »Wagen wir ein Gedankenspiel. Der Individualist ist das Gegenteil eines

Gruppentiers. Unser politisches System konstituiert sich aber wesentlich über den Zusammenschluss von Einzelnen zu Interessengruppen. Also gibt der Individualist nicht nur einen schlechten öffentlichen Redner ab, sondern auch einen schlechten Teilnehmer an repräsentativer Demokratie.«

»Weil er nicht kompromissbereit ist?«, fragen die Frauen.

»Weil er sich nicht mit überindividuellen Zusammenhängen identifiziert. Er hat Schwierigkeiten, Zeit und Kraft in ein Vorhaben zu investieren, das die Unterordnung unter einen gruppendefinierten Sinn verlangt. Damit wird er in politischen Fragen nicht nur sprach-, sondern auch handlungsunfähig.«

»Politikverdrossenheit«, murmeln die Frauen.

»Parteienverdrossenheit«, sage ich. »Aber aus anderen Gründen, als bislang angenommen wird. Möglicherweise steckt hinter dem allgemeinen Unbehagen, das gern als Misstrauen gegenüber der Leistungsfähigkeit oder Integrität unserer Politiker gewertet wird, ein tiefer gehendes Problem. Nämlich eine Geisteshaltung, die sich nicht gut mit der demokratischen Idee verträgt und trotzdem im Angesicht des demokratischen Selbstverständnisses als fortschrittlich gewertet werden müsste.«

Die erste Frau schüttelt den rotgefärbten Pagenkopf, die zweite streicht sich über die kurze Igelfrisur.

»Können Sie das beweisen?«, fragt die dritte.

»Manchmal erkennt man ein Phänomen an den Gegenreaktionen, die es provoziert«, spekuliere ich. »Vor wem haben Staat und Gesellschaft heutzutage am meisten Angst? Nicht der Kommunismus droht unseren Untergang herbeizuführen. Es sind auch nicht andere Staaten, die wir fürchten. Es ist nicht einmal eine bestimmte gesellschaftliche Schicht, auch keine identifizierbare Gesinnung. Es sind Einzelwesen. Als Medienerscheinungen heißen sie Steuersünder oder Sozialschmarotzer, Topmanager oder Terroristen. Frei flottierende Subjekte, die hermetischen Interessen folgen. Was macht ein Schäfer, dessen Schafe scheinbar chaotisch durcheinanderlaufen? Er zählt. Er verlangt Kontrolle. Informationen, Fakten. Was, wenn die neue Datensammelwut einen verzerrten Reflex auf den real existierenden Individualismus darstellte? Auf den unterschwelligen Eindruck, unsere Gesellschaft bekomme es mit einer uferlosen, schwer beherrschbaren Atomisierung zu tun?«

Den Frauen wird das Gespräch zu heiß. Sie schauen sich im Foyer um, das sich zusehends von Abendgästen leert. Der Kellner bietet eine letzte Runde an; wir lehnen ab.

Ob denn Individualismus jetzt etwas Böses sei, fragt die Rotgefärbte schließlich. Gar dem Terrorismus verwandt?

»Nein«, protestiere ich. »Höchstens ist er ein zu wenig erforschtes Phänomen, das unreflektierte Ängste hervorruft. Im Grunde haben wir ihn immer gewollt. Die oft beklagte Ideenlosigkeit der Politik ist doch Merkmal einer lang gehegten Wunschvorstellung: Sie entspricht dem entideologisierten System. Die Politik ist pragmatisch und verwaltet Interessen, während Sinnstiftung Sache des Einzelnen bleibt. Jetzt müssten wir nur noch rauskriegen, wie wir damit umzugehen haben.«

»Und wie?«, fragt die zweite Frau.

»Eine Frage von philosophischem Gewicht«, sage ich.

»Der Mensch ist nun mal ein Loch im Nichts. Vielleicht würde es schon helfen, wenn wir das Problem als ontologisch und nicht als sozial oder politisch bewerten würden. Dann könnten wir versuchen, die Angst vor dem In-der-Welt-Sein auf andere Weise auszuhalten als durch das konfliktträchtige Streben nach Identität.«

»Hat sie uns jetzt Loch genannt?«, fragt die dritte Frau.

»Geht's auch konkreter?«, fordern die anderen beiden, die mit Blicken bereits den Ausgang suchen.

»Nun ja«, sage ich. »Wenn man den Individualismus ernst nimmt, würde es wahrscheinlich nicht schaden, unser politisches System gedanklich weiterzuentwickeln. Meist ist es übel ausgegangen, wenn Mentalitäten die Realitäten zu überholen begannen.«

Wir schlendern gemeinsam zur Garderobe. Ich helfe der Rothaarigen in den Mantel, ohne dass es zu einer Auseinandersetzung über geschlechtsspezifisches Rollenverhalten kommt.

»Denken Sie an etwas Bestimmtes?«, fragt die Frau mit der Igelfrisur.

»Ein Individualist«, sage ich, »würde sich in unserer Welt mit Sicherheit behauster fühlen, wenn seine Mitbestimmungsmöglichkeiten nicht ausschließlich an die bestehenden Partei-Formationen geknüpft wären.«

»Plebiszite?«, fragt die Dritte argwöhnisch. Sie trägt eine Brille und erinnert mich bei genauem Hinsehen an meine frühere Sozialkundelehrerin.

»Was Besseres«, sage ich. »Wie wäre es, wenn jeder Bürger einen Bruchteil seiner Lohn- oder Einkommensteuer Jahr für Jahr auf verschiedene Ressorts verteilen könnte? Wenn er seine Finanzmittel jenen Sachgebieten widmen würde, die ihm am Herzen liegen und in denen seiner Meinung nach gute Arbeit geleistet worden ist? Der Effekt wäre durchschlagend, die Meinungsvielfalt bliebe gewahrt. Wir könnten aktiv politisch sein, ohne uns vor der Links-Rechts-Falle zu fürchten. Es wäre kein unauflösbarer Widerspruch mehr, die Politik zur Privatsache erklärt zu haben.«

»Hm«, machen die drei Frauen.

»Nur so eine Idee«, sage ich.

»Würden Sie dem Referat für Frauenfragen ein paar Bruchteilprozente zukommen lassen?«

»Nicht ausgeschlossen«, sage ich unbestimmt.

»Gute Nacht, Schriftsteller«, sagen die drei Frauen.

»Gute Nacht, Individualistinnen«, sage ich.

Zeit war Geld
(2006)

Mein fiktiver Freund F. lebt im Dunkeln. Die Jalousien seiner Wohnung sind Tag und Nacht geschlossen. Auf dem Boden des Arbeitszimmers stapeln sich Pizzakartons. Der Schreibtisch verschwindet unter Coladosen und halb leeren Chipstüten. Irgendwo am rechten Rand der Tischplatte befindet sich ein leeres, krümelfreies Quadrat, in dem die optische Maus hin und her wandern kann. Am frühen Nachmittag kriecht F. aus dem Bett und nimmt in Begleitung einer Tasse Pulverkaffee vor dem Bildschirm Platz. Dort verharrt er in gekrümmter Haltung, von wenigen Ausflügen ins Bad oder zum Kühlschrank unterbrochen, bis er in den frühen Morgenstunden des nächsten Tages mit geröteten Augen auf sein zerwühltes Lager sinkt. Mein Freund F. ist ein Eingeborener des Informationszeitalters.

Den größten Teil seiner Zeit verbringt F. in einer Welt, in der die Menschen weitgehend staatsfrei zusammenleben. Dort gibt es keine Hierarchien, kaum Gesetze, keine Polizei. Die Menschen interessieren sich nicht für Äußerlichkeiten. Gesellschaftlicher Status oder Kleidermoden sind ihnen fremd. Was zählt, sind geistige und handwerkliche Fähigkeiten sowie die Bereitschaft, an einer gemeinsamen Sache mitzuarbeiten. Notwendige Arbeitsteilung wird nicht mithilfe eines Geldsystems organisiert, sondern nach dem Tauschprinzip. Die Angehörigen dieser Gesellschaft tragen keine Baströckchen oder Perlenketten. Sie tragen Kopfhörer und Kassengestell. Ihr Land befindet sich auch nicht auf einem Atoll im Südpazifik, sondern mitten im Herzen des Turbokapitalismus. Am Nabel des technischen Fortschritts. An den Schaltstellen der hochzivilisierten, postindustriellen globalisierten Welt. Und trotzdem so weit weg, dass es von Generationsethnologen und Zeitgeistforschern selten betreten wird.

Genau genommen handelt es sich weniger um ein Land als um ein Selbstverständnis. Seine Anhänger nennen es Open Source. Wenn sich mein Freund F. mit dem Schreibtischstuhl herumdreht, um über dieses Thema zu sprechen, entfaltet sich eine zu hundert Prozent religionsfreie Weltanschauung, von deren Reichweite die transzendental obdachlose Gesellschaft jenseits der geschlossenen Jalousien nicht einmal zu träumen wagt.

Das oberste Gebot der Open-Source-Idee sieht auf den ersten Blick weniger wie eine ethische Überzeugung als nach technischer Richtlinie aus: der Quellcode (Source Code), also der von Menschen lesbare, in einer Programmiersprache verfasste Text eines Computerprogramms, darf nicht geheim gehalten werden; er muss jedem Interessierten offenstehen. Um zu erklären, was Softwarelizenzen mit Gesellschaftsordnung zu tun haben, beginnt F. nicht anders als die Bibel am Ausgangspunkt der Ereignisse, soll heißen: im Paradies.

Als die ersten Bäume im Garten Eden gepflanzt wurden, war Freund F. noch nicht einmal geplant, geschweige denn geboren. In den fünfziger Jahren des letzten Jahrhunderts begannen Computerbesessene in den USA, an einer technischen Revolution zu arbeiten. Am Massachusetts Institute of Technology (MIT) entwickelten die beteiligten Experten neben Programmen für Großrechner eine neue Identifikation, die unter dem Dach des Begriffs »Hacker« ein terminologisches Zuhause fand. Bevor der Ausdruck unter die Räder des Alles-ist-schrecklich-Diskurses geriet, bezeichnete er keineswegs einen Computerkriminellen, der die Sicherheitssysteme privater Unternehmen oder öffentlicher Einrichtungen knackt. Gemeint war vielmehr ein Programmierer, der sich auf der Suche nach Lösungen von kreativer Experimentierfreude leiten lässt. Nach einem viel zitierten Bonmot ist ein Hacker jemand, der einen Weg sucht, wie man mit einer Kaffeemaschine Toast zubereiten kann.

Im Rahmen der Open-Source-Szene folgen Hacker beim Umgang mit den gewissermaßen im Minutentakt auftauchenden Problemen einer bestimmten Methode.

Und die funktioniert so: Der Hacker definiert ein technisches Ziel, das mithilfe eines noch zu schreibenden Programms erreicht werden soll. Er gibt das Ziel und die entstandenen Schwierigkeiten gemeinsam mit einem ersten Lösungsansatz allgemein bekannt. Die Angesprochenen erhalten sämtliche Informationen, die zum Lösungsversuch geführt haben, und somit das Recht, die erstmalig verbreitete Version des Programms zu benutzen, zu testen und weiterzuentwickeln. Mit diesem Recht geht die ungeschriebene Verpflichtung einher, den Quellcode der ursprünglichen Lösung sowie alle darauf basierenden Verbesserungsvorschläge ebenfalls frei zugänglich zu machen. Auf diese Weise wird Schritt für Schritt und unter Ausnutzung einer Ressource, die sich als kollektive Kreativität bezeichnen ließe, ein optimiertes Resultat erreicht. F. bekommt rote Backen, wenn er nur daran denkt.

Neuartig daran ist nicht das Arbeitsverfahren. Das Prinzip offener Quellen und freien Gedankenaustauschs regiert seit jeher das akademische Leben. Die zeitliche und intellektuelle Begrenztheit jedes Einzelnen macht Zusammenarbeit mit anderen zu einer zwingenden Voraussetzung des wissenschaftlichen Fortschritts. Grund für rote Backen bietet eine kleine, aber feine Besonderheit: In der Welt der Universitäten und Forschungsinstitute ist das Ideen-Sharing für gewöhnlich so lange frei, wie es sich im prä-ökonomischen Stadium des reinen Erkenntnisstrebens bewegt. Das Programmieren von Software hingegen ist weniger Wissenschaft als Technik. Es geht nicht um Erkenntnis, sondern um die Entwicklung von Erzeugnissen, die sich – *quod erat demonstrandum!* – durchaus für die marktwirtschaftliche Verwertung eignen. Aus den »optimierten Resultaten«, die mithilfe der Open-Source-Methode gewonnen wurden (und werden), ist nicht nur eine Epochenwende, sondern auch ein milliardenschwerer Wirtschaftszweig hervorgegangen. Anders gesagt: Auf der Spielwiese der Hacker geht es eigentlich um Geld. Um verdammt viel Geld. Ökonomische Verwertbarkeit aber verlangt nicht »Offenheit«, sondern genau das Gegenteil: Sie bedarf der Verknappung von Ressourcen. Was allgemein zugänglich ist, besitzt keinen monetären Gegenwert. Trotzdem wurden der Personal Computer, das Internet, die ersten Betriebssysteme, Webbrowser und Computerspiele nicht in schalldichten Kammern von wenigen, zur Geheimhaltung verpflichteten Spezialisten erfunden. Sie entstanden unter den Händen von Hackern, das heißt: aus offener Kooperation.

Freund F. kennt drei Gründe für dieses Phänomen. Eins: In einem hierarchisch strukturierten und kontrollierten Arbeitsverfahren wären die umwälzenden Entwicklungen gar nicht zustande gekommen – oder jedenfalls nicht in so kurzer Zeit. Zwei: Zu Anfang unterschätzte die Computerindustrie die potenzielle Marktfähigkeit von Software. Als Stellvertreter eines flächendeckenden Irrtums fragte der Vorstandsvorsitzende der Digital Equipment Corporation noch im Jahr 1977: »Warum sollte irgendjemand einen Computer zu Hause haben wollen?« Diese Fehleinschätzung überließ das Feld für einen langen Zeitraum den freischaffenden Enthusiasten. Drei: F. zeigt auf seine schlecht sitzende Hose, die fehlende Frisur und das ganze unaufgeräumte Zimmer, in dem es verdächtig nach Randgruppe riecht. Die vielleicht wichtigste Ursache für das Funktionieren der Open-Source-Gemeinde besteht in der Existenz von Typen wie ihm.

Denn F. interessiert sich nicht für Geld. Dieser harmlosen Aussage wohnt ein so hoher Skandalwert inne, dass F. gleich prophylaktisch mit der Entkräftung eines Vorurteils beginnt: Er ist keineswegs im Hauptberuf Sohn, im Nebenberuf Student und in der Freizeit arbeitslos. Als Requisiten eines gesellschaftsfähigen Lebens kann er feste Freundin, Kinderwunsch und Steuererklärung vorweisen. Mit Programmieren verdient er, was er zum Leben braucht. Er könnte jedoch noch viel mehr verdienen, wenn er nicht einen Großteil seiner Zeit in Projekte investieren würde, für die er kein Geld bekommt. Zum Beispiel in die Entwicklung von Kword, einem freien Textverarbeitungsprogramm für die Benutzeroberfläche KDE. Seine Mitstreiter, mit denen er täglich im Internet kommuniziert, sind von Beruf Systemadministratoren, Informatiker oder Grafiker, manche auch Lehrer, Werbetexter, Schüler oder Studenten. Auf die Frage, was sie dazu treibt, bis zu sechs Stunden täglich einer unbezahlten Beschäftigung zu widmen, antworten sie: *Fun and world domination in sight.* Der unverzichtbare Smiley hinter dieser Äußerung ist deutlich zu hören. Was andere »Arbeit« nennen, ist für den Hacker eine Mischung aus Vergnügen und guter Sache. Er hat Spaß am Knobeln, an gelingender Kommunikation und gegenseitiger Bestätigung. Und er geht davon aus, dass Gerechtigkeit in einer Wissensgesellschaft den freien (also: kostenlosen) Zugang zu Informationen verlangt. Deshalb wird die künstliche Verknappung von leicht reproduzierbaren Informationen abgelehnt. Monopole wie Microsoft, die durch die Geheimhaltung von Quellcodes ein Vermögen verdienen, stellen ein Feindbild dar. Die Ausbreitung des konkurrierenden freien Betriebssystems Linux wird als gemeinsamer Erfolg gefeiert.

Die Konsequenzen dieser Einstellung sind von erheblicher Reichweite. Der Hacker kündigt einem Dogma die Gefolgschaft, das im Gewand eines harmlosen Sprichworts als heimliche Königin unsere Gesellschaft beherrscht: Zeit ist Geld. Das herkömmliche Verständnis von Arbeit sieht vor, dass ein Mensch seine Zeit an Interessierte verkauft, indem er seine

Dienste anbietet oder ein Produkt herstellt. Dafür bekommt er Geld, das er wiederum in Güter investieren kann, die eine Verkörperung der Arbeitszeit anderer Menschen darstellen. Und so fort. Notwendige Schubkraft erhält der Kreislauf durch den bewussten oder unbewussten Glauben, bezahlte Arbeit sei mehr als notwendiges Übel – nämlich eine Art heiliger Bürgerpflicht. In seinem Aufsatz »Die protestantische Ethik und der Geist des Kapitalismus« führt der Soziologe Max Weber diese Mentalität auf eine protestantische Auffassung zurück, nach der diesseitiger ökonomischer Erfolg als sicheres Zeichen für Gottes Gnade gelten darf. Wer so denkt, arbeitet nicht nur für Brötchen, sondern auch für sein Seelenheil und damit für einen Platz inmitten derer, die alles richtig machen. Zwar zählt heutzutage wohl niemand mehr Gottes Liebe am Inhalt seines Geldbeutels ab. Häufig jedoch überleben die alltäglichen Fernwirkungen religiöser Lehren ihren eigenen Ursprung. Fünfhundert Jahre nach der Reformation spielt man hierzulande nicht Tennis, sondern »arbeitet« an seiner Rückhand. Und wer seinen Job verliert, fürchtet nicht nur finanzielle Probleme, sondern soziale Degradierung und Isolation, kurz: den Verlust einer ganzen Existenz.

Indem mein Freund F. bei seiner Tätigkeit das Lustprinzip über das Erwerbsprinzip stellt, betreibt er die Re-Individualisierung seiner wichtigsten nicht erneuerbaren Ressource: Lebenszeit.

Das hieraus resultierende Selbstverständnis ist nicht computergebunden. Zwar wecken Computer offensichtlich auf magische Weise den Spieltrieb des Menschen. Dennoch kann auch Hacker sein, wer kaum in der Lage ist, einen Monitor von einer Mikrowelle zu unterscheiden. Vordenker der Open-Source-Bewegung wie Linus Torvalds, geistiger Vater von Linux, wie der finnische Philosoph Pekka Himanen und der amerikanische Soziologe Manuel Castells subsumieren unter den Hacker-Begriff einen Menschentypus, der Geld zusehends durch andere Kommunikationsmittel ersetzt und seinen Handlungen »Unterhaltung« als höchstes Ziel voranstellt – wobei Unterhaltung in diesem Sinne weniger mit PlayStation 2 als mit der Entfaltung von kreativer Aktivität zu tun hat. Der Hacker ist in einem Umfeld glücklich (und effektiv!), in dem hierarchische und soziale Kontrollmechanismen von individuell-selbstregulativen Organisationsformen abgelöst werden.

Dass die Dynamik der Open-Source-Methode nicht nur in der Software-Welt wirkt, lässt sich an Phänomenen wie der freien Online-Enzyklopädie Wikipedia beobachten. An ihr arbeiten Tausende von Menschen aus allen Lebensbereichen, durch nichts verbunden als durch einen Internetzugang und den Wunsch, gemeinsam die größte Wissenssammlung der Welt zu erschaffen. Sie ignorieren die Tatsache, dass es die Wikipedia nach unserem gängigen Menschenbild gar nicht geben dürfte. Spätestens seit den Lehren von Thomas Hobbes gehen wir davon aus, dass *homo homini lupus est* und dass dieser raffgierige und zerstörungswütige Wolf im Menschenpelz kontrollfreie Räume dazu nutzt, um den Krieg aller gegen alle vom Zaun zu brechen. Mit einer kleinen Handvoll Wiki-Skandalen, die in den letzten Monaten das öffentliche Interesse weckten, scheinen sich die Medien um eine Bestätigung dieser These zu bemühen. Ein paar spaßig gemeinte Falscheinträge können jedoch kaum darüber hinwegtäuschen, dass die auf Goodwill, Selbstreinigung und autonome Regulierung setzende Wikipedia vor allem eins tut: Sie funktioniert.

Bevor mein Freund F., ganz Lamm im Nerd-Pelz, die Kopfhörer wieder aufsetzt und sich dem Bildschirm zuwendet, lässt er sich zu einer Prognose hinreißen: Der Erfolg von Open-Source-Produkten und ihren Entwicklern wird die dazugehörige Arbeitsmethode Schritt für Schritt in wirtschaftliche Unternehmen hineintragen. Irgendwann wird die Welt begreifen, dass sie nicht von Gerechtigkeit faseln und gleichzeitig Information als den einzigen unerschöpflichen Rohstoff unserer Zeit nach dem Eisberg-Prinzip verteilen kann: Die kleine Spitze hält den großen Rest unter Wasser. Eine Gesellschaft aus Individualisten wird freie Zeiteinteilung, Selbstorganisation und Vertrauen in den Kooperationswillen ihrer Mitglieder zu ihren Grundpfeilern erheben müssen, wenn sie sich und ihr Wirtschaftssystem im Gleichgewicht halten will. Sie wird lernen, das bislang kaum erforschte Potenzial zu nutzen, welches in der Open-Source-Methode und ihren Anhängern liegt. In Endlichkeit, Amen.

Während ich F.s gekrümmten Rücken betrachte, esse ich die letzte Chipstüte leer. So also sieht ein Bewohner der Insel der Seligen aus. Höchstwahrscheinlich werden Typen wie F. die Welt nicht in einen Paradiesgarten verwandeln. Aber jedenfalls haben Menschenbilder und gesellschaftliche Visionen die Angewohnheit, die Bühne des Geschehens in seltsamen Gewändern und von unerwarteter Seite zu betreten. Allein das ist schon ein Grund für rote Backen. Und für ein bisschen mehr Menschenliebe.

Das Flaggschiff der politischen Resignation
(2006)

Es ist wie ein Wunder. Vor der Bundestagswahl im September 2005 war unsere Republik dem Untergang geweiht. Mit schreckgeweiteten Augen sahen wir der ökonomischen Verelendung entgegen. Naturkatastrophen, Kulturkampf und globalisierte Heuschreckenschwärme rüttelten an den Zäunen unserer Vorgärten. Dann kam der Regierungswechsel. Heute, liest man in den Zeitungen, seien wir Exportweltmeister und die drittstärkste Wirtschaftsnation der Welt.

Das waren wir vorher schon. Auch bei den Arbeitslosenzahlen und dem zerrütteten Zustand der sozialen Sicherungssysteme hat sich wenig getan. Geändert hat sich das Wetter und die Stimmung im Land. Beides ist nicht den Taten der großen Koalition zu verdanken. Dennoch unterstützt das Wahlvolk mit fantastischen Zustimmungsquoten eine Kanzlerin, der es bislang gerade mal gelungen ist, bei ihren Antrittsbesuchen in den Hauptstädten nicht vom roten Teppich zu fallen. Statt konsequente Fortführung begonnener Reformen einzufordern, winken die Bürger glotzäugig die größte Steuererhöhung in der Geschichte der Bundesrepublik durch und lassen sich durch die Fußball-WM von Hartz-IV-Streit, Föderalismusproblemen und völlig unklaren Vorhaben auf dem Gesundheitssektor ablenken. Seit

Nicht-Regieren eine eigene Kunstform geworden ist, treibt es erstaunliche Blüten.

Welches Geheimnis verbirgt sich hinter Merkels Erfolgen? Ein bewährter »Trick« postfeministischer Frauen besteht darin, sich kräftig unterschätzen zu lassen, um dann durch Einhaltung der Normal-Null-Linie den Eindruck einer brillanten Leistung zu erzeugen. Auch hat Angela Merkel die abgekühlten transatlantischen Beziehungen auf kuschelige Zimmertemperatur angewärmt. In der schnelllebigen Mediengesellschaft ist der Irakkrieg auf diese Weise wie durch Zauberhand zu einem Problem der Ära Schröder geworden, und jene Deutschen, die noch vor wenigen Jahren in Millionenscharen gegen die militärische Intervention im Nahen Osten demonstrierten, gönnen sich heimlich ein erleichtertes Aufatmen.

Darüber hinaus scheint die Kanzlerin eine Glückssträhne zu haben. Erst macht sich Gerhard Schröder zum Reform-Buhmann, woraufhin sich Merkel als Mutter der Mäßigung präsentiert. Gleichzeitig bindet die Vogelgrippe für Wochen die Untergangsängste der deutschen Hysterikernation, sodass sich der Staat – ebenso wie beim glücklich aufgelösten Geiseldrama um zwei Leipziger Ingenieure – zur Abwechslung mal wieder als liebender Vater zeigen kann. Zu allem Überfluss lässt eine zaghafte Besserung der Wirtschaftsdaten die Stimmungsmache der Medien in die nächste Haarnadelkurve gehen. Über alldem strahlt die Kanzlerin als eine Ikone der Ermüdeten, als Flaggschiff der politischen Resignation. Denn das vorherrschende Gefühl ist nicht Zuversicht. Sondern Erleichterung über eine Pause im notorischen Gejammer.

DAS FLAGGSCHIFF DER POLITISCHEN RESIGNATION (2006)

Und genau hier liegt ein verblüffendes Phänomen. Einst galt die Auseinandersetzung um rivalisierende politische Ideen als das Wesen der Demokratie. Heute wird Angela Merkel dafür gepriesen, dass sie ultimative Harmonie in die politische Debatte gebracht hat. Die Wähler sind glücklich, wenn die endlose Streiterei einem Ringelpiez mit Anfassen weicht. Man setzt sich an einen Tisch, ist nett zueinander und erklärt kleine Brötchen zum gemeinsamen Leibgericht. Das funktioniert, weil ein uneingeweihter Beobachter niemals entscheiden könnte, welcher Minister zu welcher Partei gehört. Auf beiden Seiten des politischen Lagers regiert aufgeklärte Sozialdemokratie, gepaart mit einem Wirtschaftsliberalismus (Neudeutsch: »Sachzwang«), der allseits als unausweichlich empfunden wird. Selbst die Chefin einer konservativen Partei würde es nicht wagen, sich zur Gruppe der Starken und Erfolgreichen zu bekennen. Sie dürfte nicht laut sagen, dass sie ihre Arbeitskraft den ökonomischen und kulturellen Trägern dieses Systems widmen will, statt sich vom Wehklagen über soziale Ungerechtigkeiten paralysieren zu lassen. Das käme einer Eintrittskarte zum Club der Unmenschen gleich. Auf der anderen Seite besitzt die Kanzlerin nicht genügend Macht (oder Bereitschaft), um Wirtschaft und Industrie, die sich permanent auf die Härten der Globalisierung berufen, in ihre Schranken zu weisen.

Völlig ungeklärt bleibt, ob Aussagen wie die beispielhaft genannten überhaupt der Meinung der Kanzlerin entsprächen. Vor der Wahl im Herbst 2005 wurde Angela Merkel gern als Mysterium porträtiert. Ihr politisches Profil hat nach wie vor das Zeug zur Quizfrage.

Erstaunlicherweise scheint diese Profillosigkeit zur politischen Lage zu passen wie ein maßgeschneidertes Gewand. Politik beschränkt sich hierzulande seit Langem auf die Frage, wie die desolate Finanzlage zu konsolidieren sei. Ohne zu entscheiden, wo unsere längerfristigen Prioritäten liegen, betätigen sich sämtliche Politiker als Löcherstopfer. Das Kabinett wird zu einem Thinktank für die Entwicklung von Notlösungen, Regieren zur Übung in angewandtem Pragmatismus. Und die Regierungschefin leistet Großes als eine Mischung aus Moderatorin, Außenhandelsvertreterin und Pressesprecherin.

Das macht sie gar nicht mal schlecht. Was sie zu dieser Rolle qualifiziert, ist gerade das Fehlen von identitätsstiftenden Kennzeichen. Merkel kommt aus Ostdeutschland, ohne ein »Ossi« zu sein. Sie ist bei den Christdemokraten, steht aber nicht für christliche Werte. Sie ist eine Frau und kümmert sich nicht um weibliche Belange. Sie hat einen Doktortitel in Physik, ohne sich mit dem akademischen Leben zu identifizieren. Sie ist weder konservativ, noch sozial, noch liberal. Man könnte meinen, dass es sie gar nicht gibt.

Gerhard Schröder hat vorgemacht, wie man für eine Partei ins Kanzleramt einziehen kann, ohne sich allzu sehr mit ihren Prinzipien zu belasten. Dafür nannte man ihn Machtmensch und Medienkanzler. Aber im Vergleich zu Angela Merkel war Schröder geradezu ein Mann der Ideen. Die Kanzlerin musste nur noch das Machtgetue und den Medienrummel weglassen, um zur leeren Projektionsfläche zu werden. Und die Leute danken es ihr.

Somit lebt der Merkel-Erfolg vom perfekten Andocken an

die aktuelle Mentalität. Wir befinden uns an einem Punkt der geistesgeschichtlichen Entwicklung, an dem kollektiv gestützte Gewissheiten weitgehend einem – auch politischen – Individualismus gewichen sind. Gesellschaftliche Institutionen wie Kirche, Familie und Vaterland haben an Einfluss verloren. Erfreulicherweise wurde auch die Bedeutung politischer Ideologien von den Dekonstruktionsbemühungen der Postmoderne zurückgedrängt. Effekt dieser Prozesse ist eine Weltanschauung, in der Vernunft vor Prinzipien rangiert. Auf den leeren Schlachtfeldern vergangener Überzeugungskämpfe macht sich der Pragmatismus breit. Ratlos stehen die Menschen vor dem Wahlzettel, weil ihr Politikverständnis nicht von der Identifikation mit einer Partei bestimmt wird. Entsprechend werden sie von Kompetenzteams und Expertengremien regiert. Das im alten Sinn Politische sammelt sich in kleinen Gruppierungen – und wirkt selbst dort ein wenig unzeitgemäß.

Sieht es also schlecht aus für die Parteiendemokratie, aber umso besser für einen nüchternen, lösungsorientierten Regierungsstil? Da mag etwas dran sein, und vielleicht ist ein Teil der guten Stimmung im Land auf eine zunehmende Anpassung der Politik an die Seelenlage der Bevölkerung zurückzuführen. Es sollte aber nicht vergessen werden, dass das Fehlen von Überzeugungen nicht nur ideelle, sondern auch praktische Nachteile besitzt. Ohne Zukunftsvision ist es schwierig, tragfähige Konzepte zu entwickeln, die über das Entscheiden auf Fall-zu-Fall-Basis hinausgehen. Der Politik fehlt es an Rückgrat gegenüber den klar definierten Interessen der Wirtschaft, und die Politiker neigen zur Wankelmütigkeit, um nicht zu sagen zum Opportunismus. Zwar begünstigt Sachlichkeit die Bereitschaft zu Kompromissen. Resultat sind jedoch totverhandelte politische Wolpertinger wie die Reichensteuer, das Elterngeld und die reformierte Ich-AG.

Hinzu kommt, dass die Menschen mit dem Niedergang gesellschaftlicher Institutionen auch das Gefühl für sozialen Rückhalt im außerstaatlichen Bereich verloren haben. Wenn weder Familie noch Kirche für Sinnstiftung und Sicherheitsnetze sorgen, sehen die Bürger im Staat ihren einzigen Rettungsanker. Entsprechend panisch reagieren sie auf die Abwesenheit von klaren Zukunftsaussagen – genau wie auf jeden vorsichtigen Hinweis, der ihnen sagen soll, dass sie, Sozialdemokratie hin oder her, in erster Linie selbst für ihr Leben verantwortlich sind.

Bevor wir aber zu ausführlich über solche Fragen nachdenken, freuen wir uns lieber noch ein bisschen über eine Kanzlerin, die selbst der amerikanische Präsident als klare Denkerin lobt, auch wenn nicht gesichert ist, ob George W. Bush auf diesem Gebiet als Fachmann gelten kann. Und was passiert, wenn die kleinen Brötchen verzehrt sind und irgendein Ereignis nach deutlichen Entscheidungen verlangt? Dann wird sich zeigen, ob Angela Merkel mit den »Mechanismen von Zerfallsreaktionen mit einfachem Bindungsbruch« auch in der politischen Realität umgehen kann. Immerhin hat sie in ihrem Erstberuf eine Doktorarbeit darüber geschrieben.

Wer hat mein Lieblingsspielzeug zerbrochen?
(2006)

Im Sommer 2006 ist ein Buch mit dem Titel *Beim Häuten der Zwiebel* großzügig an alle Zeitungsredakteure, Kulturjournalisten, freien Kritiker und andere interessierte Mitglieder des Literaturbetriebs verteilt worden. Dieses Buch enthält, nur schwer zu übersehen, ein sechzig Seiten langes Kapitel, in dem Günter Grass seine Einberufung zu einem etwa siebenwöchigen Einsatz bei einer Division der Waffen-ss schildert. Zunächst bleibt alles ruhig, niemand scheint an der Autobiografie etwas Auffälliges zu finden.

Aber dann bricht er plötzlich los, der Sturm im Wasserglas. In einem prominent platzierten Interview in der *Frankfurter Allgemeinen Zeitung* wiederholt Grass seine »Enthüllung« in kurzen, gut verständlichen Sätzen – und der Medienzirkus reagiert zuverlässig wie ein Organismus auf einen Schlüsselreiz: mit Schockzustand. An allen Ecken und Enden der Hysteriemaschine ist man entsetzt, empört oder enttäuscht; es wird angeklagt, Verständnis geäußert oder verteidigt. Die Ikone der Altlinken habe sich durch das Geständnis als moralische Instanz demontiert! Nein, im Gegenteil, rufen die anderen, eine große Persönlichkeit zeige sich gerade darin, dass sie, besser spät als nie, gegenüber der öffentlichen Meinung zu Kreuze krieche.

Eine Normalbürgerin wie ich, Jahrgang 1974, geboren in der BRD, politisch, literarisch und historisch einigermaßen interessiert, steht daneben und fragt sich, was zum Teufel der ganze Trubel soll.

Das Geschrei erinnert an die Wut eines Kindes, dem man sein selbst gebasteltes Lieblingsspielzeug zerbrochen hat. Man zürnt wohl kaum wegen der Tatsache, dass Günter Grass als junger Mann recht willig auf die propagandistisch verbreiteten Ideen der NS-Ideologie reagiert hat – denn das war schließlich längst bekannt. Anscheinend findet man es auch nicht so schlimm, dass sich der Siebzehnjährige, der eigentlich ein U-Boot-Held werden wollte, seiner Einberufung zur Division Frundsberg nicht widersetzt hat.

Nein, das öffentliche Ärgernis besteht vielmehr darin, dass der Großschriftsteller es gewagt hat, ein so pikantes Detail seiner Lebensgeschichte jahrzehntelang zu verschweigen, um es dann zu einem selbstgewählten Zeitpunkt im Rahmen der literarischen Aufarbeitung seiner Vergangenheit preiszugeben. Hier fühlt sich nicht das moralische Empfinden der Nation betrogen, sondern ihr Anspruch auf ein öffentliches Eigentum: die Medienfigur Grass.

Jeder, der sich selbst, unserem Land und der Geschichte dieses Landes mit offenem Blick ins Gesicht sehen kann, weiß, dass das NS-Regime kein fiktives Reich der Bösen oder Dummen gewesen ist, sondern dass es, und darin liegt das Entsetzliche, auf denkende und fühlende Menschen gegründet war – auch auf solche Menschen, die heute anerkannte Intellektuelle sind. Niemand wird behaupten wollen, dass der klüger gewordene Nachkriegs-Grass nicht ausreichend innere und äußere Abbitte für das Denken und Handeln des Siebzehnjährigen geleistet hätte. Und niemand, der den Mut zu etwas Ehrlichkeit besitzt, wird es sonderlich überraschend finden, dass Grass den Makel seiner Zugehörigkeit zur Waffen-ss nicht bereits in den sechziger oder siebziger Jahren offenbarte. Hätte er es getan, gäbe es »ihn«, nämlich den anerkannten Schriftsteller, heute vermutlich nicht. Grass hat die Funktionsweise der kollektiven Tabuisierung richtig eingeschätzt. Eine Zugehörigkeit zur Wehrmacht war als Ausgangspunkt des öffentlich nachvollzogenen Gesinnungswandels noch zu verkraften. Die Waffen-ss aber nicht.

Der schlechte Geschmack, den dieser Aufruhr auf der Zunge einer Nachgeborenen hinterlässt, kommt nicht nur daher, dass die Republik ihre großen alten Intellektuellen in den letzten Jahren durch routinemäßig wiederkehrende Skandale mit NS-Bezug in Szene zu setzen weiß – und zwar genau seit dem Augenblick, in dem es möglich wurde, solche Skandale als kontrollierte Flächenbrände zu verwalten, ohne dabei die vollständige Vernichtung der betroffenen Person zu riskieren. Unappetitlich ist vor allem die heuchlerische Entrüstung, mit der ein leicht verständlicher Vorgang ins Moralische gewendet wird. Denn zu einem Flaggschiff des geläuterten Deutschlands, zum Symbol einer demokratischen, politisch integren Nation, also zu jener »moralischen Instanz«, die jetzt so schmachvoll untergehen soll, wurde Günter Grass doch genau von jener medialen Industrie gemacht, die sich nun wegen der unerwarteten Pointe in seiner Biografie so offensiv beleidigt zeigt.

Zu wahr, um schön zu sein
(2006)

Meine persönliche Fiktionalisierungsgeschichte nahm auf der Rückbank eines mit Freizeitgeräten und urlaubswilligen Personen überladenen R4 ihren Anfang. Im präklimatisierten Zeitalter bei 34 Grad im Schatten, 120 Stundenkilometern, nur 7 Jahren Lebensalter und einer starken Affinität zur Reiseübelkeit war Realitätsflucht keine Krankheit, sondern eine Form lebensrettender Selbstverteidigung. Ich blickte aus dem Fenster in die südfranzösische Landschaft, stellte einen Hebel im Kopf von »Alltagstrott« auf »Tagtraum« und begann zu fantasieren. Die Geschichten, die ich mir ausdachte, wurden von einer Heldin dominiert, die zufälligerweise genauso hieß und aussah wie ich und dazu sämtliche Fähigkeiten besaß, die ich mir für mich selber wünschte. Als Nebenfiguren fungierten außer diversen Fabelwesen meine Eltern – meist in der schmachvollen Rolle von Irrenden, die ihr Kind am Schluss um Verzeihung bitten müssen. Weiterhin gab es ein in Gut und Böse unterteiltes Sortiment von Klassenkameraden. Der Aufbau der Handlung war aristotelisch, das *ending* immer *happy*. Dank der Personalunion von Autorin und Rezipientin kam es dabei niemals zu verwirrenden Missverständnissen über den Wirklichkeitsgehalt erzählender Prosa.

ZU WAHR, UM SCHÖN ZU SEIN (2006)

Etwa zwanzig Jahre später sitze ich auf einem harten Plastikstuhl hinter einem Plastiktisch, ein Glas Wasser zur Rechten, das grelle Licht eines Scheinwerfers im Gesicht. Hinter der blendenden Helligkeit lauern unzählige Augenpaare, die auf die Beantwortung verschiedener Fragen warten. Ob und inwieweit die Geschichte meines Romans als autobiografisch bezeichnet werden könne? Ob der Ich-Erzähler (männlich, 35-jährig, kokainabhängig) mit meiner Person (weiblich, damals 27-jährig, nicht kokainabhängig) identisch sei, zumal wir beide Jura mit einer Spezialisierung im Völkerrecht studiert hätten? Woher ich all das wisse, was in dem Buch stehe? Welches konkrete Ereignis sich dahinter verberge? Und welche der anderen Figuren real existierten?

Es ist mein Romandebüt, und ich bin schlecht präpariert. Die Wahrheit ist: Alle diese Fragen habe ich mir selbst zuvor nicht gestellt. Nach meinen erzählerischen Anfängen auf der Autorückbank ist das Verfahren der Fiktionserzeugung für mich eine intuitive Angelegenheit geblieben. Man nehme: Menschen, Ereignisse, Ideen, Gedanken, welche die Autorin stark beeindruckt haben. Man erschaffe eine künstliche Welt, die der echten einigermaßen ähnlich sieht, erhitze sämtliche Zutaten auf höchster Stufe der Einbildungskraft, streiche das Ganze durch ein Sieb und kleide es in Sprache. Je nach Geschmack mit etwas Humor, Melancholie oder Defätismus garnieren und frisch servieren.

Das Leben eines Schriftstellers, erkläre ich dem Publikum, gleicht einem Steinbruch, in dem er das Material für seine Geschichten abbaut. Manche Figuren und Orte besitzen Vorbilder in der sogenannten Realität, andere nicht; wieder andere sind mosaikartige Zusammenschnitte aus Wirklichkeitsfragmenten, nach Belieben mit Erfundenem durchmischt. Der Grad der Verfremdung folgt dabei keinerlei Gesetzen außer jenen des inhaltlichen und formellen Gestaltungswillens und variiert von Fall zu Fall. Mit Autobiografie hat diese Methode nicht das Geringste zu tun. Eine Erzählung zu schreiben, die eins zu eins ein tatsächliches Ereignis spiegelt, wäre für mich todlangweilig; das vollständige Erfinden einer Geschichte, die nichts mit mir zu tun hat, hingegen ohne Sinn.

Die Frage danach, ob das von mir Erzählte »wahr« sei, lässt sich folglich nicht beantworten – weil es die falsche Frage ist.

Seit sich die Literatur gegen Platons Vorwurf der »Lüge« verteidigen muss, gibt es eine Geheimabsprache zwischen Autor und Leser, genannt Fiktionalität. Diese besagt, dass die dichterische Rede den Anspruch auf Wahrheitsbehauptung suspendiert, soll heißen: Solange man nicht behauptet, die Wahrheit zu sagen, kann man auch nicht lügen. Mein Debüt täuscht keine Verwurzelung im empirischen Geschehen vor. Ein Leser, der es aufschlägt, geht somit ein Stillhalteabkommen auf dem Gebiet der Überprüfbarkeit ein.

Aber stimmt es nicht, sagt jemand im Publikum, dass Sie einen Hund besitzen, genau wie Ihre Hauptfigur?

Doch, sage ich lahm, aber mein Hund sieht anders aus und heißt auch nicht Jacques Chirac.

Das, schreit jemand in der letzten Reihe, kann Tarnung sein!

Nicht »Fiktionalität«, sondern »Tarnung«. Was ist einem Einwand, der auf derart profunden Missverständnissen beruht, noch entgegenzusetzen?

ZU WAHR, UM SCHÖN ZU SEIN (2006)

Wer sich derzeit im Literaturbetrieb bewegt, kann einen Umgang mit Texten beobachten, der eher an eine Mischung aus Voyeurismus und Indizienprozess erinnert als an literarische Rezeption. Anstatt sich mit Fragen nach der sprachlichen Machart, nach Darstellungsformen und Dramaturgie zu beschäftigen, bewerten selbst sekundärwissenschaftliche Literaturgeschichten wie *Lichtjahre* von Volker Weidermann die behandelten Werke anhand der Biografien ihrer Autoren. Zeitgenössische Schulklassen mikroskopieren zeitgenössische Literatur mithilfe von Lexika, Stadtplänen und Zeitungsarchiven, um das Geschriebene auf »Fehler« zu untersuchen – also auf Abweichungen des Erzählten von der »Realität«. Eine Verlegerin berichtet, dass sie in einem Roman auftauchende Straßenzüge, die in der realen Stadt nicht faktisch existieren, kurzerhand »weglektorieren« würde. Und immer häufiger finden Leser nicht nur den Autor, sondern auch sich selbst in literarischen Texten wieder, wovon sie sich dann, je nach Zusammenhang, geschmeichelt oder beleidigt fühlen. Neusprachlich ließen sich diese Phänomene vielleicht unter den Begriff »Metrofiktionalität« fassen – als Etikettierung eines Literaturverständnisses, bei dem die Verwechslung von Erzählung und Erlebtem nicht Lapsus ist, sondern Programm. Was also ist mit der Geheimabsprache zwischen Autor und Leser passiert, mit jenem Einverständnis hinsichtlich des fiktionalen Als-Ob, das doch der Mörtel im vielschichtigen Gebäude jedes literarischen Werks ist?

Authentizität läuft auf allen Kanälen. Im Fernsehen mobilisieren Realityshows (echt!), Dokusoaps (echter!) und Big-Brother-Formate (am echtesten!) gigantische Einschaltquoten. Das Kino verkündet in jedem zweiten Vor- oder Abspann, dass das Gezeigte auf einer »wahren Geschichte« beruhe. Die Musikbranche wirbt mit den mehr oder weniger interessanten, dafür aber unverfälschten Lebensgeschichten ihrer Galionsfiguren. An allen Ecken werden dem Publikum die Lockstoffe der »Echtheit« unter die Nase gerieben, auf dass es sich an der Illusion von emphatischem Miterleben und direktem Dabeisein berauschen möge. Es scheint, als würde das Kommunikationszeitalter mit seinen unzähligen Formen der Vermittlung und Übermittlung, der Kopie und des Zitats einen starken Hunger nach Unmittelbarkeit erzeugen, der nun ausgerechnet von der künstlichsten aller Ausdrucksformen gestillt werden soll – von der Kunst. Gleichzeitig lässt die Erkenntnis, dass die Leben realer Personen als schnell verwertbarer und leicht zu beschaffender Rohstoff für den medialen Durchlauferhitzer vortrefflich geeignet sind, den Ruf nach strengerem Persönlichkeitsschutz lauter werden.

In der Literatur, die nicht einmal über Bilder und Töne, sondern nur über schwarze Zeichen auf weißem Papier als Gestaltungsmittel verfügt, wirken diese Entwicklungen besonders absurd. Dennoch bemühen sich in letzter Zeit viele Romane durch den Einsatz von schriftstellernahen Ich-Erzählern und popliterarischen Alltagsschilderungen um die Simulation von Erlebnisunmittelbarkeit. Und bohren dadurch Löcher in die mühsam errichtete Mauer zwischen Autor und Erzähler, zwischen der Darstellung und dem Dargestellten, zwischen *discours* und *histoire*. Zu wahr, um schön zu sein.

ZU WAHR, UM SCHÖN ZU SEIN (2006)

Mimesis, nicht Mimikry: Als Aristoteles in Abgrenzung zum platonischen Vorwurf der »Lüge« sein poetologisches Prinzip der nachahmenden Mimesis begründete, ging es ihm nicht um die Imitation der Umgebung zur Überlistung von Fressfeinden, sondern um eine Zielvorstellung, die sich als Interpretation des Wirklichen durch literarische Darstellung beschreiben lässt. Dieses Konzept, das der abendländischen Literaturauffassung bis heute zugrunde liegt, verlangt von der Dichtung naturgemäß ein gewisses Maß an realistischer Glaubwürdigkeit. Ebenso naturgemäß ergibt sich daraus die Frage, wie viel historische Faktizität in literarischen Texten notwendig, erwünscht oder erlaubt sei. Mit Sicherheit wird jeder Schriftsteller für sich das Recht in Anspruch nehmen, seine diesbezüglichen Entscheidungen in größtmöglicher künstlerischer Freiheit zu treffen. Objektive Festlegungen von qualitativen oder gar juristischen Maßstäben müssen sich auf einem Terrain, das praktisch nur aus Grauzonen besteht, als unhaltbar erweisen und sollten deshalb tunlichst vermieden werden. Ein Schriftsteller jedoch, der versucht, sich mit seinem literarischen Schaffen vollständig hinter den Schutzschild des Gattungsbegriffs »Roman« zurückzuziehen, verhält sich auf komplementäre Weise genauso naiv wie ein Leser, der überzeugt ist, der Autor müsse dieselbe Sockenfarbe tragen wie seine Hauptfigur.

Denn, um vom Standpunkt meiner eigenen Schreiberfahrung zu sprechen: Subjektiv gibt es ihn, den spürbaren Unterschied. Wenn ich mich am oben erwähnten Steinbruch von biografisch Erlebtem bediene, agiere ich nicht mehr wie ein Kind, das sich selbst, Bekannte und Verwandte zum unmittelbaren Opfer seiner Fantasien macht. Es ist der Wunsch nach künstlerischer Aneignung (und nicht etwa juristische Vorsicht), der mich dazu treibt, meinen Figuren erfundene Namen zu geben, ihnen eine Physiognomie auf den Leib zu schneidern, sie in von mir beherrschte Situationen hineinzuversetzen und dann zu sehen, was mit ihnen passiert. Dieser Aneignungswunsch ist Folge eines typisch literarischen Anliegens. Anders als beim journalistischen oder historischen Schreiben geht es in der Literatur nicht um die Mitteilung des Besonderen, also dieses oder jenes kontingenten Einzelfalls. Sondern um etwas Allgemeines, das anhand eines konkreten Ereignisses ins Leben und ins Bewusstsein des Lesers gerufen werden soll. Die literarische Arbeit prüft das verwendete Material auf seine Tauglichkeit zur Metapher, zum Motiv, zum Symbol – und gehorcht damit den Gesetzen einer textimmanenten Notwendigkeit, die mit den Auswahl- und Darstellungsverfahren einer empirisch verankerten Berichterstattung nicht identisch sind.

War das eingangs erwähnte Auto meiner Eltern tatsächlich ein R4? Wie alt war ich genau, als ich meine ersten Geschichten ersann, und fuhren wir im betreffenden Jahr tatsächlich nach Frankreich? Selbst in einem essayistischen Text wie diesem können fiktionale Passagen ihren Platz finden, und, Hand aufs Herz, kein vernünftiger Leser wird nach der exakten Faktizität der Angaben fragen oder sich als real existierende Person von der dargestellten Situation auf unangenehme Weise »gemeint« fühlen. Der aristotelische Pakt ist, sofern man ihn nicht absichtsvoll unterwandert, nach wie vor in Kraft. Ein Rezipient erkennt Signale, die über ein scheinbar konkretes Ereignis hinaus auf einen allgemeinen Zusammenhang verweisen – so wie ein erfahrener Autor erkennt, ob sich sein Text der klassischen Muster der Fiktionalität bedient oder ob er auf das derzeit besonders virulente voyeuristische Interesse der Öffentlichkeit zielt.

Letzteres ist nicht *per se* ein qualitativ-literarisches, schon gar kein juristisches, sondern höchstens ein (diskussionswürdiges) moralisches Problem. Jedenfalls aber gilt: Wenn der Autor nicht ein fiktives »Ich«, sondern seine reale Person zum Textgegenstand macht, ist der Einsturz der Mauer zwischen (tatsächlicher) Außen- und (literarischer) Innenwelt kein überraschender Nebeneffekt, sondern originärer Bestandteil der gewählten Präsentationsform.

Natürlich lassen wir es uns nicht mehr wegnehmen, jenes bequeme *anything goes,* das uns den Luxus inhaltlicher und formeller Kunstfreiheit garantiert. Es wäre aber eine Überlegung wert, ob man dem Wirklichkeitswahn der medialen Unterhaltungsindustrie tatsächlich vollen Zugriff auf die verletzlichen Innereien der Literatur gewähren muss. Und ob dieses Dogma des Echtheitsbegehrens nicht ähnliche Einschränkungen mit sich bringt wie die Auflagen einer persönlichkeitsrechtlichen (Selbst-)Zensur. Aus höchstpersönlicher poetischer Neigung möchte ich den Kollegen deshalb zurufen: Wir haben die Sprache, wir haben die Idee, wir haben das Privileg, keinen Wahrheitsanspruch behaupten zu müssen – *mon dieu, stay fictional,* und zur Hölle mit der Authentizität!

Gigagroße Semi-Diktatur
(2007)

Es ist gar nicht so weit. Von Frankfurt aus acht Stunden – nicht länger als eine Autofahrt von Leipzig nach Wien. Ein Call-by-Call-Telefonat nach China ist billiger als ein Telekom-Ortsgespräch in Deutschland. Und der Flughafen in Peking erweist sich nicht als Teil einer futuristischen Glas- und-Glimmer-Welt, sondern als gewöhnlicher Menschen- umschlagplatz von, man wagt es kaum zu sagen, eher provinzieller Atmosphäre. Das auf der ganzen Welt berüchtigte Verkehrschaos, unter dem die chinesische Hauptstadt angeblich zusammenzubrechen droht, besteht in einem respektablen Stop-and-go-Stau, der allerdings mit den zweistündigen Wartezeiten beim Durchqueren der Budapester Innenstadt bei Weitem nicht mithalten kann. Niemand auf der Straße trägt Mundschutz. Dafür fährt, radelt und rennt alles durcheinander, ohne sich um Ampeln, Verkehrsschilder oder die Anwesenheit von Polizeiautos zu scheren. Der Taxifahrer hat keine Ahnung, wo sich das Fahrziel befindet, weil die Stadt kaum noch feste Koordinaten besitzt – alle paar Tage wird sie umgebaut. Es riecht nach fröhlichem Chaos. Oder vielleicht ist das der Wind, der aus der Mongolei kommt und jenen Sand durch die Straßen treibt, unter dem Peking in ein paar Jahrzehnten verschwunden sein wird. Weshalb man sich hier, wie ein Bonmot besagt, auch gar nicht erst besondere Mühe mit der ästhetischen Gestaltung der neuen Hochhäuser gibt. Wenn es so weit ist, kann man Chinas 12-Millionen-Hauptstadt schließlich abbrechen und woanders wieder aufbauen. Gemäß deutscher Schreckensvisionen wahrscheinlich mitten in Baden-Württemberg.

China ist *in*. China steht ganz oben auf der Liste deutscher Lieblingsängste. China läuft auf allen Kanälen: so groß, so fremd, so undurchschaubar. Das dabei vermittelte Bild ist erstaunlich homogen: »Wirtschaftlich werden uns die Chinesen über kurz oder lang in die Tasche stecken, und in Sachen Demokratie, da haben sie noch eine Menge zu tun!« – Einerseits scheint sich die gigagroße Semi-Diktatur auf einem anderen Planeten zu befinden. Andererseits wird sie misstrauisch beäugt, als wollte sie demnächst einen Antrag auf Aufnahme in die EU stellen. Jeder Staatsbesucher hat eine Wirtschaftsdelegation im Gepäck, jeder Tourist eine Menge merkwürdiger Ratschläge. Immer Gastgeschenke bereithalten. Auf offener Straße nicht die Nase schnäuzen. Nicht über Politik reden.

Als Schriftstellerin, die zum literarischen Austausch nach China eingeladen wurde, durfte ich weder meinen Beruf noch den Zweck der Reise im Visumantrag angeben. Ein Westler in China ist grundsätzlich auf *leisure* und von Beruf *tourist*. Wasser auf den Mühlen der üblichen Vorurteile, die das Riesenreich der Mitte vor allem mit George Orwells *1984*, mit Turbokapitalismus und gleichgeschalteten Massen verbinden. Umso eindrucksvoller sind die Abweichungen des Geschauten vom Gedachten. Das Erste, was in Peking auffällt, sind keineswegs diszipliniert-kontrollierte Massen. Es ist die milde Alltagsanarchie. Man kauft und verkauft alles an allen möglichen und unmöglichen Orten. Man schläft in Schubkarren oder auf dem Autodach. Man geht am hellen Nachmittag in Pyjama und Pantoffeln auf der Straße spazieren. Und wird von einem Passanten, der seinen Schuh richten muss, auch schon mal ungefragt als Haltegriff benutzt.

Das Zweite ist die gute Laune. Die Menschen strahlen eine Mischung aus Zufriedenheit und Zuversicht aus, die in *good old Europe* selten geworden ist. Sie wirken nicht unterdrückt; nicht wie schlaue Opportunisten, die ihr Leben in Schlangenlinien auf einem politischen Minenfeld führen müssen. Sie wirken nicht einmal vom Leistungsdruck zerrieben, obwohl mir später am Tag Studenten von der Pekinger Universität erzählen, dass sie gelegentlich in der Mensa vor Erschöpfung einschlafen. Aber das passiert deutschen Jurastudenten auch.

Hinzu kommt ein starker Sinn für Humor. Am Abend nach einer Diskussionsrunde mit Vertretern des Pekinger literarischen Lebens stehe ich mit einer chinesischen Journalistin, einer Schriftstellerin und einem Übersetzer beisammen. Im Gespräch entpuppt sich das Land des Lächelns schnell als ein Land des herzhaften Gelächters. Jeder Scherz wird dankbar aufgenommen und mit einem ebensolchen erwidert, und sobald die deutsche Chinareisende ihre Scheu vor den allseits beliebten kulturellen Unterschieden (Asiatische Höflichkeit! Politische Zensur!) verloren hat, gewinnen die Späße an Inhalt und Schärfe. Wie es so ist, wenn gelacht wird: Gleich ist China nicht mehr ganz so groß und fremd. Den größten Lacherfolg ernte ich mit der Bemerkung, wie sehr sich die

Deutschen vor der Wirtschaftsmacht Chinas fürchten. Dabei war das gar nicht als Witz gemeint.

Ob den Deutschen bekannt sei, fragt die Journalistin, dass sowohl die deutsche Exportwirtschaft als auch die deutschen Verbraucher bislang in unvergleichlicher Weise von der Öffnung Chinas profitiert haben? Das ist vermutlich bekannt, aber wenig ausgedeutet. Ich gebe zu, dass sich bei einem schlichten Spaziergang durch eine Pekinger Einkaufsstraße schwer übersehen lässt, dass die Hälfte der hiesigen Plakate mit lateinischer Schrift und europäischen Models wirbt. Europa exportiert sogar den Zuschnitt von Frauenaugen – es sind chinesische Mädchen, die sich dem europäischen Vorbild angleichen lassen, nicht umgekehrt. Kein Grund für die Chinesen, ein Klagelied von der kulturellen Überfremdung anzustimmen. Was das allerdings für die Frage bedeutet, wer hier eigentlich wen in die Tasche steckt – darüber wäre nachzudenken.

Überhaupt ist alles, was meine chinesischen Gesprächspartner zwischen den Witzen berichten, ein paar Tage intensiven Nachdenkens wert. Im Kopf beginnt sich das Bild von der größten Wachstumsnation der Welt wie ein Karussell im Kreis zu drehen. Zumal ich erwartet hatte, in diesem Rahmen bestenfalls über das Wetter reden zu können – solange dabei das Thema »Klima und Umweltzerstörung« vermieden wird. Stattdessen sprechen wir über Wirtschaft und Politik. Und plötzlich wirkt der Wirtschaftsgigant wie eine Kreuzung zwischen Fata Morgana und Heißluftballon.

Der Übersetzer erzählt von faulen Krediten und unterkapitalisierten Staatsbanken, die allesamt kurz vor dem Zusammenbruch stehen. Die Journalistin erklärt, was es bedeutet, wenn ein Großteil der Investitionen von staatlicher Hand getätigt werden. In alldem, meint die Schriftstellerin, könne man ökonomische Dummheit sehen oder die paradoxen Auswüchse der »sozialistischen Marktwirtschaft chinesischer Prägung«. Man müsse sich aber auch fragen, ob die staatliche Kandare nicht vielleicht die einzige Möglichkeit war und ist, das Wirtschaftswunder vom Explodieren abzuhalten. Denn Chinas größte Probleme liegen im sozialen Bereich. Oder, wie es die Schriftstellerin schließlich unverblümt ausdrückt: Das Land befinde sich am Rande eines Bürgerkriegs.

Selbst der staatlich geprüfte Vormarsch des Liberalismus, sagt sie, verlaufe noch rasant genug, um das Land in zwei Hälften zu reißen. Auf der einen Seite befänden sich die blitzschnell modernisierten und für die Weltwirtschaft fit gemachten Städte; auf der anderen die auf einem mittelalterlichen Entwicklungsstand verharrende Landwirtschaft. Letztere mit derzeit 400 Millionen Beschäftigten und bereits 150 Millionen »überschüssigen Arbeitskräften«. Die gegenwärtigen milliardenschweren Sozialprogramme der Regierung würden weniger aus Menschenliebe oder demokratischer Überzeugung als aufgrund von politischem Pragmatismus implementiert. Wenn es nicht gelinge, durch den Ausbau eines sozialen Netzes und gewisse Umverteilungsmaßnahmen die Lebensbedingungen in den ländlichen Regionen zu verbessern, werde das Land, so die Meinung vieler, eines Tages auseinanderbrechen. Schon jetzt zähle man im Jahr 70 000 öffentliche Unmutsbekundungen landesweit – Demonstrationen, Aufstände, Unruhen. Noch wüssten die Unzufriedenen nichts voneinander, denn die Volksrepublik ist groß, die Presse alles andere als frei und das Kommunikationssystem nicht überall so gut ausgebaut wie in Peking oder Shanghai. Aber schon die bloße Vorstellung, die Verlierer des Aufschwungs könnten eines Tages in einer Koalition der Unzufriedenen zueinanderfinden, komme für die Herrschenden einem Alptraum gleich. Bedeutungsvoll hebt die Schriftstellerin eine Augenbraue: Sie wissen, was ich meine.

Das weiß ich, beziehungsweise, ich beginne, es mir denken zu können. Vor diesem Hintergrund erschließt sich die paranoide Angst der chinesischen Regierung vor allen Formen von Netzwerken. Ebenso die eigenartigen Reaktionen auf einen friedlichen Meditationskreis wie Falun Gong: Jede bestehende Institution oder Organisation, jede leitbildtaugliche Idee, jede potenzielle Führerfigur könnte theoretisch in der Lage sein, den unterschwellig gärenden Widerstand unter einer gemeinsamen Flagge zu versammeln. In der Tat, auch wenn man nicht der chinesischen Regierung angehört, mag man sich das Horrorszenario kaum ausmalen. Ein Bürgerkrieg in einem 1,3-Milliarden-Staat! Während in der Runde weiter geredet und gescherzt wird, gerate ich ins Grübeln. Waren es nicht auch in Jugoslawien drastische Entwicklungsunterschiede zwischen Stadt und Land plus eine rasante politische und ökonomische Liberalisierung, die in die Katastrophe führten? Als historischer Vergleich taugt diese Gegenüberstellung sicher nicht. Aber als Assoziation versieht sie die vom Westen unablässig vorgebrachte Forderung, China möge sich lieber gestern als heute zu jenen freiheitlichen

Standards bekennen, denen man in Europa Jahrzehnte oder gar Jahrhunderte Zeit zum Werden ließ, mit einigen vorsichtigen Fragezeichen.

Was wäre, wenn das Verbot unabhängiger Gewerkschaften, die Unterdrückung kritischer Meinungen, die Verfolgung politischer Widerständler und möglicher Rädelsführer – wenn all diese menschenrechtswidrigen Maßnahmen tatsächlich dazu dienten, einen Koloss wie China vom Kollabieren abzuhalten? Wenn sie verhindern würden, was vor fünfzehn Jahren im vergleichsweise winzigen Jugoslawien passiert ist? Wer wollte sich angesichts einer solchen Vision die Deutungshoheit anmaßen und weiterhin fordern: Demokratie sofort? Oder sind solche Gedanken, ist eine solche Perspektivverschiebung bereits Folge einer propagandistischen Gehirnwäsche, die jeden erfasst, der einen Fuß auf volksrepublikanischen Boden setzt? Und warum lässt sich, sobald Vorurteile und vertraute Denkmuster ins Wanken geraten sind, jede Frage nur noch mit einer Gegenfrage beantworten, bis in alle Ewigkeit?

Weil vor Ort natürlich alles viel komplizierter ist, als aus der Distanz betrachtet. Auf meine Erkundigung, wie es denn nun wirklich um die (bei uns viel diskutierte) chinesische Zensur bestellt sei, antwortet die chinesische Journalistin, die Menschen gingen mit der Zensur ähnlich um wie mit Halteverboten und Geschwindigkeitsbegrenzungen. Das würde ich gern glauben. Leider lässt sich nicht beurteilen, ob diese Behauptung wahr oder ihrerseits Ergebnis einer flächendeckenden Meinungszensur ist. Ich kann ja nicht einmal wissen, ob die fröhliche Runde, in der ich mich so wohl fühle, nicht eine Inszenierung für den Besuch aus Deutschland darstellt. Ist es Zufall, dass man mir gleich als Allererstes etwas von der Bedrohung des Landes durch einen Bürgerkrieg erzählt hat? Oder wurde vorausgesehen, dass diese Information meine von zu Hause mitgebrachte kritische Haltung gegenüber der chinesischen Führung schwieriger macht? Und noch einmal andersherum gedacht: Müsste man sich, bevor man die chinesische Regierung kritisiert, nicht zunächst einmal fragen, wie eigentlich im demokratischen Deutschland medial, politisch und juristisch mit Meinungen umgegangen wird, die sich gegen das System, also gegen die Demokratie richten? Auf welche Weise würde ich denn einem chinesischen Besucher in Deutschland erklären, warum bei uns das Verbot verfassungsfeindlicher Äußerungen ganz und gar nichts mit Zensur zu tun hat?

Das Karussell im Kopf dreht Runde um Runde, und am Ende des Abends ist mir fast schlecht von den eigenen Zweifeln. Selten habe ich so deutlich erfahren, dass es unmöglich ist, in der eigenen Reaktion auf eine unbekannte Realität zu unterscheiden, ob man von gesundem Misstrauen geleitet wird oder von dem Versuch, mitgebrachte Vorurteile am lebenden Objekt zu bestätigen. Alle verabschieden sich herzlich, einander mit beiden Händen und kleinen Verbeugungen ihre Visitenkarten überreichend. Ich bin die Einzige, die keine Visitenkarte hat, aber dafür ein latent schlechtes Gewissen, weil ich bereit war, eine nette Unterhaltung heimlich für ein politisches Lügentheater zu halten.

So ist das wohl: Bei einer kleinen Stippvisite in einem großen Land lernt man wenig über das Land und eine Menge über sich selbst. Eins jedenfalls steht fest: China eignet sich weder zum Feind- noch zum Schreckensbild. China ist noch nicht einmal eine Weltmacht – zumindest nicht in China. Und der Grund, warum deutsche Handys in China besser funktionieren als auf der Schwäbischen Alb, liegt wohl darin, dass China in mancher, ach was, in vielerlei Hinsicht gar nicht so weit weg ist.

Kostenkontrolle oder Menschenwürde?
(2007)

Die Diagnose vorab. Sie lautet: Erosion des demokratischen Denkvermögens im fortgeschrittenen Stadium. Symptome: Scheinlogik aufseiten der politischen Akteure; Indifferenz bis zum politischen Autismus bei den Bürgern. Krankheitstypische Äußerungen von infizierten Personen: »Der Rechtsstaat muss verteidigt werden, aber in Zeiten wie diesen hat Sicherheit Vorrang« (ein eifriger Minister). Oder: »Dann sollen sie halt Festplatten scannen – das betrifft ja nicht Leute wie mich, die nichts zu verbergen haben« (ein unbescholtener Bürger). Verbreitungsgrad des Syndroms: epidemisch.

Die Optimisten unter uns glauben bislang, die Ausbreitung des beschriebenen Krankheitsbilds beschränke sich auf den sogenannten Anti-Terror-Kampf. Sie beobachten den Umbau eines Wohlfahrtsstaates in ein präventiv denkendes und handelndes Kontrollsystem und reden sich ein, es handele sich nicht um eine dauerhafte Entwicklung, nicht um ein grundsätzliches Umdenken in Sachen Bürger-Staat-Verhältnis, sondern um temporäre Härtefallregeln, mit deren Hilfe wir – leider, leider! – den derzeit so virulenten Bedrohungen unserer Gesellschaft begegnen müssen. Aber was, wenn das Virus ein wenig mutiert und plötzlich die Abteilung Terrorismus verlässt? Wenn es sich ein Wirtstier sucht, das es in alle Lebensbereiche trägt?

Das Bundesgesundheitsministerium arbeitet an einer Gesetzesinitiative, die Ärzte verpflichten soll, unter Aufhebung der Schweigepflicht bestimmte Patienten bei den Krankenkassen zu melden. Und zwar solche Patienten, die an ihrem jeweiligen Leiden selbst schuld sind. Als Beispiele werden die Folgen von Tätowierungen, Piercings oder Schönheitsoperationen genannt. Die Begründung dieser absurden Idee liest sich wie ein Lehrbuchbeispiel für politische Scheinlogik unter Zugrundelegung verdrehter Prämissen. Eine Nasenoperation stelle einen Eingriff dar, der medizinisch nicht indiziert und vom Patienten frei gewählt sei. Wenn dabei etwas schief gehe, habe der Patient für Folgeschäden konsequenterweise selbst aufzukommen.

Natürlich!, ruft der von Demokratie-Erosion infizierte Bürger. Wenn sich jemand partout selbst verletzen will, warum soll die Solidargemeinschaft die Kosten dafür tragen?

Genau, empört sich Gesundheitsministerin Ulla Schmidt, es gehe keineswegs um einen Angriff auf die Privatsphäre des Patienten oder gar die ärztliche Schweigepflicht, sondern vielmehr um eine »klare gesetzliche Regelung zum Zweck der Kostenkontrolle«.

Kostenkontrolle? Ein Vorzeige-Euphemismus. In Wahrheit geht es um viel, viel mehr. Die Regierung hat nicht weniger vor, als das Privateste, Intimste, das uns zu eigen ist, zur Staatssache zu erheben: den menschlichen Körper. Dabei wird die Idee einer flächendeckenden (von Beitragszahlern finanzierten!) Krankenversicherung in ihr Gegenteil verkehrt. Nicht das Krankenkassensystem schuldet uns Beistand in der Not – sondern wir schulden dem System die unbedingte Aufrechterhaltung unserer Gesundheit! Diese neue, fiktive Bürgerpflicht gibt dem Staat ein Machtinstrument an die Hand, welches auf fatale Weise an Huxleys *Brave New World* erinnert. »Krankheit« wird potenziell mit »Schuld« identifiziert, und um innerhalb dieses Zusammenhangs die Spreu vom Weizen zu trennen, bedarf es einer perfiden Form von Selektion.

Tätowierte, Gepiercte und Schönheitsoperierte, lehrt uns der Gesetzesentwurf, gehören schon mal zu den schwarzen Schafen. Auch Patienten, die sich durch ein von ihnen begangenes Verbrechen oder Vergehen selbst geschädigt haben, sollen laut der neuen Initiative gemeldet werden. Wer also beim Kirschenklauen vom Baum fällt, sollte fürderhin besser keinen Arzt aufsuchen, da dieser den medizinischen Fall nicht vertraulich behandeln könnte und die entstandenen Kosten ohnehin nicht von den Kassen gedeckt würden. Und um die neue staatliche Zugriffsgewalt endgültig in ein weites Feld zu verwandeln, soll die Meldepflicht generell für Krankheiten gelten, die sich der Patient »vorsätzlich« zugezogen hat.

In der Sprache der Juristen bedeutet einfacher Vorsatz, eine bestimmte Folge »billigend in Kauf zu nehmen«. Nimmt also der Raucher den eventuellen Lungenkrebs billigend in Kauf? Der Alkoholiker die Leberzirrhose? Der Schokoladenliebhaber sein Übergewicht? Der Skifahrer den Beinbruch, der Fußballspieler den Bänderriss, der Autofahrer das Schleudertrauma? Und wie haben wir uns das Antlitz eines

Behördenapparats vorzustellen, der in all diesen Situationen das Urteil »schuldig »oder »unschuldig« fällt?

Auf jeden Fall hässlich. Es wäre ein Staat, der seinen Bürgern vorschreibt, auf welche Weise sie mit ihrem Ureigensten, ihrer höchstpersönlichen Physis zu verfahren haben: beim Sex, beim Sport, beim Essen, beim Wechseln der Glühbirne im Badezimmer – letztlich bei jeder denkbaren Alltagshandlung. Nicht ohne Grund verfügen wir über ein Rechtssystem, das es bei Strafe verbietet, andere Menschen zu verletzen oder auch nur zu gefährden, während Selbstgefährdungen bis hin zur Selbsttötung straflos bleiben. Die Kernidee der Demokratie wurzelt in jenem intimen Bereich, in dem der Mensch frei ist, also die volle Hoheitsgewalt über sich selbst besitzt. Eigentlich sprechen wir hier nicht von Kostenkontrolle, sondern von Menschenwürde.

Wer an diesen Grundsätzen rüttelt, pervertiert unser immer noch gültiges Menschen- und Gesellschaftsbild. Oder, in der Sprache der Gesetzesinitiative ausgedrückt, er fügt dem Gesellschaftskörper vorsätzlich Schaden zu. Die Schweigepflicht sei aufgehoben, der Meldepflicht hiermit Genüge getan: Ein weiterer Fall von Erosion des demokratischen Denkvermögens im fortgeschrittenen Stadium wurde identifiziert. Impft euch. Schützt euch. Tut was dagegen.

Folterjuristen
(2008)

Gleich zwei versierte Juristen äußerten sich im März 2008 in der ZEIT zum Thema Folter. Ein seltenes Erlebnis, dazu geeignet, dem Leser eine Gänsehaut zu verschaffen. An einem friedlichen Donnerstagmorgen im rechtsstaatlich verfassten Deutschland sieht man Strafrechtsprofessoren dabei zu, wie sie begründen, warum das Foltern von Delinquenten in bestimmten Situationen nicht nur erlaubt, sondern sogar geboten sein soll. Der eine, Reinhard Merkel, legt dazu eine juristische Argumentation vor, und der andere, Klaus Günther, gibt ihm (theoretisch) recht – und das, obwohl er (menschlich) ganz offensichtlich gegen die Folter ist.

Reinhard Merkel beginnt mit einem ebenso abwegigen wie anschaulichen Fall. In einem Flugzeug über dem Atlantik befinde sich ein Terrorist samt Zeitbombe. Eine Landung wäre unmöglich, die Bombe werde unweigerlich alle Insassen töten. Gleichzeitig sei der Polizist P. an Bord. Nun die Gretchenfrage: Darf, soll oder muss P. dem Terroristen Schmerzen zufügen, um ihn zum Entschärfen der Bombe zu veranlassen?

Derartige Beispielfälle sind dafür gedacht, am nüchternen Verstand vorbei direkt auf das Bauchgefühl zu zielen. Schon sausen die Fäuste auf den juristischen Stammtisch nieder:

Natürlich! Niemandem könne in einer solchen Lage zugemutet werden, sich und die Mitreisenden nicht zu retten. Ein Staat, der das Foltern untersage, sei nichts Geringeres als ein Gehilfe beim Massenmord. Der Terrorist hingegen habe sich das Verhalten seiner Folterknechte selbst zuzuschreiben, ja, er würde sich gewissermaßen eigenhändig quälen.

Hier also ein schwächlicher Staat, der zum Mörder wird; dort ein Terrorist, dem man bloß dabei hilft, sich selber zu peinigen, um das Schlimmste zu verhindern. Wie würden Sie entscheiden?

Worauf unser Rechtsempfinden dabei anspricht, ist das Notwehrprinzip. Jeder Mensch darf Leib, Leben, Eigentum in Angriffssituationen schützen; sogar ein Totschlag kann als Selbstverteidigung gerechtfertigt sein. Deshalb antwortet unser Gefühl, dass der (gute) Polizist dem (bösen) Terroristen Leid zufügen darf, wenn es darum geht, einen Angriff abzuwehren.

Derartige argumentative Kniffe sind ebenso simpel wie wirkungsvoll. Es lassen sich mühelos Beispiele finden, in denen ein Diebstahl zur barmherzigen Handlung, eine Freiheitsberaubung zur moralischen Pflicht und ein Kopfschuss zur Heldentat wird. Gerade weil im Einzelfall Täter und Opfer die Plätze tauschen können, ist unser (Straf-)Recht durchsetzt von Abwägungs- und Ausnahmetatbeständen, mit deren Hilfe dem makabren Einfallsreichtum des Lebens begegnet werden soll. Da Ausnahmen aber nicht zur Regel taugen, sind Grenzfälle kein Stoff für grundsätzliche rechtspolitische Erwägungen. Wer allgemeine Überlegungen auf Extrembeispiele stützt, begibt sich in Gefahr, als Extremist zu denken.

FOLTERJURISTEN (2008)

Reinhard Merkel bricht mit einem wichtigen Prinzip. Staatliche Organe können sich, anders als der Bürger, grundsätzlich nicht auf Notwehrrechte berufen. Dennoch fordert der Strafrechtler und Rechtsphilosoph Merkel auf dieser Basis eine Relativierung des Folterverbots, bis hin zum Vorschlag, Deutschlands Mitgliedschaft in völkerrechtlichen Anti-Folter-Konventionen noch einmal zu überdenken. Sein Kollege Klaus Günther findet das »scharfsinnig«. In Anlehnung an Hegel weist er darauf hin, dass der Verbrecher mit der Folter immerhin als vernünftiges Wesen »geehrt« würde, denn schließlich hätte er sich auch gegen das Bombenbasteln entscheiden können. Günther bekommt nur Bauchzwacken, wenn er sich vorstellt, dass der Terrorist nach ein bisschen Knuffen und Puffen vielleicht nicht auspacken will. Müssen wir ihn dann unter Strom setzen? Ihm bei lebendigem Leib die Leber herausschneiden? Das wird schnell unappetitlich.

Ein Terrorist, der sich selber foltert, ja vom Staat durch Folter geehrt wird – das muss man sich auf der Zunge zergehen lassen. Anscheinend hat uns die omnipräsente Fixierung auf den »Terrorismus« so weit gebracht, dass sich die klügsten Vertreter unseres Rechtssystems gemütlich darüber austauschen, wie viel Folter in welchem Fall gerade noch geschmackvoll wäre. Verlassen wir einmal den Bereich der Splatter-Szenen und malen uns aus, was die beschriebenen Argumentationen tatsächlich nahelegen.

Ein Notwehrübender darf in Verteidigung seiner Rechtsgüter (fast) alles. Ein Polizist darf bei seiner Arbeit Manches, aber nur innerhalb klar umrissener Grenzen, unter Anwendung gesetzlich geregelter Mittel und stets nur im angemessenen Verhältnis zum jeweiligen Anlass. Wer das Notwehrrecht mit dem Polizeirecht vermischt, hebt die strengen Kontrollmechanismen des Letzteren auf. Nach der Selberschuld-Idee müsste sich der Täter nahezu jede Reaktion eines Sicherheitsbeamten gefallen lassen. Der Sicherheitsbeamte wiederum bräuchte nicht über seine Eingriffsbefugnisse nachzudenken. Er dürfte ganz nach Bauchgefühl und gesundem Menschenverstand entscheiden und dabei, wie Merkel betont, nur eben keinen Unschuldigen treffen. – Ach ja? Und wer ist unschuldig nach Meinung unseres Grundgesetzes? Jeder, der nicht rechtskräftig verurteilt wurde. Ein notwehrübender Polizist müsste sich auch darum nicht kümmern. Denn nach der simplen, aber eben auch willkürlichen Logik des sogenannten gesunden Menschenverstands gilt: Wo Terrorist draufsteht, ist auch Terrorist drin. Irren ist dann gegebenenfalls menschlich.

Das zweite Problem ist komplexer, aber nicht weniger brisant. In den Argumentationen von Merkel und Günther verteidigt der Polizist zwar nicht unbedingt sein eigenes Leben, denn in der Praxis wird er für gewöhnlich kein Ziel des Angriffs sein. Aber dafür leistet er Nothilfe: Eine Art Notwehrrecht zugunsten Dritter, im Beispiel zugunsten der mitreisenden Passagiere. Von hier aus ist es ein kleiner Schritt zu der Annahme, jeder Polizist würde bei der Gefahrenabwehr doch immer das Leben (oder andere Rechtsgüter) bestimmter Personen oder Personengruppen schützen, also stets in Nothilfe agieren. Wenn man nun die Personengruppe weit genug fasst, heißt sie »Gesellschaft«, und daraus folgt ein höchst gefährliches Staatsverständnis. Es evoziert einen

Machtapparat, der sich nach naturrechtlichen Notwehrprinzipien gegen Individuen wehrt. Dieser verborgene Gedanke liegt dem gesamten Kampf gegen den Terrorismus zugrunde, und er trägt totalitäre Züge.

Es gibt verdammt gute Gründe dafür, warum Amtsträger in unserem System den Privatpersonen nicht gleichgestellt sind. Um unkontrollierte Selbstjustiz zu vermeiden, haben wir dem Staat das Gewaltmonopol verliehen. Im Gegenzug verpflichtet Machtkonzentration auf klar umrissene Aufgabenkataloge, auf den schonenden Gebrauch von Kompetenzen und auf Verhältnismäßigkeit. Auch mögliche Verbrecher besitzen Rechtspositionen wie Unschuldsvermutung und Anspruch auf ein gerichtliches Verfahren. Es geht um das Ausbalancieren von Macht, um das Verhindern von ausufernden Eingriffen, die die Menschenwürde verletzen. Dafür nehmen wir in Kauf, dass Sicherheitsbeamte nicht immer alles dürfen, auch wenn das manchmal in der Praxis (und erst recht in plakativ konstruierten Beispielen) zu tragischen Ergebnissen führt. An diesen Grundüberzeugungen gilt es nicht weniger, sondern umso mehr festzuhalten, je stärker die gefühlte Bedrohung wächst. Rechtsstaatliche Verfasstheit ist nicht nur für Sonnentage gemacht. Ihr Wert muss sich gerade bei schlechtem Wetter beweisen.

Solange man nicht bereit ist, offen für eine Aufnahme der Folter in die Instrumentarien der Polizeigesetze zu plädieren, stellt es ein janusköpfiges Verhalten dar, über das Notwehrrecht eine Grauzone des polizeilichen *anything goes* eröffnen zu wollen. Schwer vorstellbar, dass Merkel und Günther bereit wären, ihre Auffassungen in gesetzliche Formen gießen zu lassen. Gerade Juristen wissen, dass es schon einmal ein »Gesetz über Maßnahmen der Staatsnotwehr« gegeben hat. Es wurde 1934 von Adolf Hitler unterzeichnet und diente zur Legitimation der Morde an den angeblichen Betreibern des »Röhm-Putsches«.

Vor allem aber muss, bei aller Bedeutsamkeit juristischer Diskurse, am Ende eins gesagt werden: Wir wollen in Deutschland keine Folter. Unter keinen wie auch immer gearteten Bedingungen. Wir glauben, dass unsere Gesellschaft innerhalb des demokratischen Werteverständnisses erhalten werden kann – und muss. Alles andere wäre Staatsversagen oder, schlicht gesagt: eine menschliche Katastrophe.

Verteidigung des Virtuellen
(2008)

An: alle@2008.de
Von: internet@2050.de
Betreff: Nachricht vom Netz

Liebe 2008ler,
hier spricht das Netz. Wir schreiben das Jahr 2050 und haben beschlossen, Euch eine Mail zu senden, weil Ihr die Eltern und Großeltern unserer Nutzer seid und es an der Zeit wäre, dass Ihr ein paar grundlegende Dinge begreift. Die Entscheidung, mit Euch Kontakt aufzunehmen, ist uns nicht leichtgefallen, denn wer aus der Zukunft schreibt, hat ein grammatikalisches Problem. Euch zuliebe wollen wir uns durch die komplizierten Schichten des »war«, »ist« und »wird gewesen sein« quälen. Wofür haben wir schließlich das Futur II.

Wie Ihr Euch denken könnt, gibt es hier eine Menge Leute, die sich mit Euch beschäftigen. In alter Tradition nennen sie sich Historiker, obwohl das längst ein anachronistischer Begriff geworden ist. Um gleich mit der Tür ins Haus zu fallen: Das, was Ihr Euch unter Vergangenheit vorstellt, existiert nicht mehr. Die Gegenwart, dieser fiktive Moment, immer schon vorbei oder noch nicht ganz da, hat sich ausgedehnt. Sie umfasst bereits einige Jahrzehnte. Heutzutage ist die Zeit keine Linie mehr, auf der man von Punkt zu Punkt gleitet, sondern eine Fläche, die sich zu den Rändern ausdehnt. Raumzeit!, hören wir die Naseweisen unter Euch rufen, die dehnt sich, das war schon immer so! – Sehr schön, liebe 2008ler, aber wir reden hier nicht von Physik. Wir wollen über den Menschen sprechen. Über Euch und über uns. Wir wollen erklären, warum nicht Raum und Zeit, sondern Ihr und wir dasselbe sind. Aber vielleicht ein bisschen langsamer.

Ihr führt diese niedlichen Diskurse über Virtualität. »Virtuelle Welten« findet Ihr privat ziemlich reizvoll und öffentlich ziemlich böse, vor allem, wenn junge Leute damit umgehen. Grämt Euch nicht, das ist normal. Als die ersten Züge fuhren, glaubten Eure Vorfahren, dass Reisende bei Geschwindigkeiten über 50 Stundenkilometer dem Wahnsinn verfallen müssten, weil die menschlichen Sinnesorgane mit der Informationsflut nicht zurechtkämen. Nun glaubt Ihr eben, die neue Informationsflut im Internet werde den Menschen eines Tages isoliert, realitätsfern, soziopathisch, kurz: wahnsinnig machen. Warum ausgerechnet Kommunikation zur Vereinsamung führen soll, hat bis heute niemand verstanden. Sei's drum.

Was Ihr möglichst bald einsehen solltet: Virtualität ist ein virtueller Begriff. Er findet keine Entsprechung in der sogenannten Realität. Mal Hand aufs Herz, liebe 2008ler: Mehr als die Hälfte dessen, was Ihr für Erinnerungen haltet, ist frei erfunden. Der Mensch baut seine eigene Biografie und damit sich selbst nach narrativen, sprich: kommunikativen Mustern, und nicht etwa durch eine Abbildung tatsächlicher Ereignisse. Die Welt, die Ihr betrachtet, ist ein Interpretationsprodukt Eures Verstands. Wenn Ihr Euch am Gartenzaun mit dem Nachbarn unterhaltet und jeder dabei glaubt, er habe den anderen verstanden, teilt Ihr einen glückseligen Raum gemeinsamer Virtualität. Wenn Ihr den Namen »Angela Merkel« hört und an eine bestimmte Person denkt, begegnet Ihr einem Avatar. Wenn Ihr einen Text lest, ein Spiel spielt oder eine mathematische Gleichung löst, bedient Ihr Euch der Fähigkeit zum Umgang mit Abstraktion. Die Liste der Beispiele ließe sich endlos fortsetzen. Ihr steht an der Schwelle zu der Erkenntnis, dass Virtualität und Wirklichkeit einander ähneln, dass sie sich facettenartig ineinanderschieben. Jetzt geht noch einen Schritt weiter: Virtualität *ist* Wirklichkeit. Keine andere, fremde, neue oder parallele Wirklichkeit, sondern die ganz normale, gute, alte Wirklichkeit in einem wieder neuen Gewand. Der Mensch ist nun mal eine Informationsmaschine. Datenverarbeitung ist kein neuer technischer Prozess, sondern vor allem das, was unsere Köpfe seit hunderttausend Jahren machen. So viel zu den Voraussetzungen.

Bald wird das Erdöl aufgebraucht sein. Ihr stellt Windräder auf, quetscht Raps, führt Kriege und diskutiert unter neuen Vorzeichen über Atomkraftwerke. Dabei seht ihr den Wald vor lauter Bäumen nicht. Erinnert Ihr Euch an Google Earth? Entschuldigung, Ihr habt es ja noch vor Euch. Nun denkt Euch ein Google Earth, das die Erde dreidimensional abbilden kann. Als Livestream in Echtzeit. Vergesst die Sache mit den Flachbildschirmen, »flach« kann immer nur ein Vorstadium sein. Stellt Euch Euren Monitor als Zimmer vor, acht bis zweihundert Quadratmeter, je nach Bedürfnis und Geldbeutel. Wie das funktioniert, müssen wir nicht erklären, weil

Ihr in Kürze selbst darauf kommt. Bei uns gehen die Menschen nicht mehr zur Arbeit, sie gehen auch nicht ins Netz. Sie *sind* das Netz. Sie sind Frankfurt zum Arbeiten, New York zum Einkaufen und Thailand für den Urlaub. Die Zeit der stinkenden Eisen-und-Schmieröl-Maschine ist vorbei. Freut Euch darauf: Das Netz wird Euch Auto sein, ICE, Flugzeug und Raumschiff. Ihr habt lange mit Minuten- und Stundenkontingenten für Telefon und Internet gelebt. Wir leben aufgrund der Energieknappheit mit Kilometerkontingenten. Jeder von uns darf sich zwanzig Kilometer pro Monat mit Transportmitteln seiner Wahl fortbewegen lassen. Für Euch klingt das unvorstellbar wenig, nicht wahr? Ein fast auf nichts geschrumpfter Bewegungsradius. Bei uns bleiben am Monatsende fast immer ein paar Kilometerchen übrig. Wer muss schon rausgehen, wenn zwischen draußen und drinnen kein Unterschied besteht.

Falls Ihr jetzt schon wieder Angst bekommt, erinnert Euch einfach daran, dass Eure Großeltern auch nicht zugrunde gegangen sind, weil sie keine 50 000 Kilometer pro Jahr zurücklegen konnten. Und die hatten nicht einmal Faxgeräte.

Vielleicht ahnt Ihr langsam, worauf wir hinauswollen: Bewegung ist vermittelte Information und umgekehrt. Für Euch mal einfach gesagt: Wir fahren nicht mehr Auto, sondern bewegen uns geistig an jeden beliebigen Ort. Dadurch sind wir, Eurer eigenen Unterscheidung nach, eigentlich weniger »virtuell« als Ihr. Immerhin beziehen wir uns direkt auf die Information und möglichst wenig auf die Koordinaten, die sie vermitteln. Oder, anders gesagt: Der Berg kommt jetzt zum Propheten. Wir rasen nicht mehr in schmutzigen

Maschinen herum, um Informationen nachzujagen, sondern lassen die Informationen leise und sauber zu uns kommen. Auch in der Zeit können wir uns auf diese Weise frei bewegen – Daten altern nicht. »Gestern« und »heute« sind zu schwimmenden Begriffen geworden. Auch Euch gibt es noch. Wir haben Euch hier. Denn, Achtung bitte: Wir verfügen über Euren gesamten E-Mail-Verkehr.

Zu Eurer Zeit war Geschichtsschreibung ein romantisierender, ein (zynisch gesagt) durch und durch virtueller Prozess. Vor Erfindung des Internets trugen Schriftsteller angefangene Briefe über Wochen hinweg in einer Ledermappe mit sich herum und feilten immer wieder daran, weil sie wussten, dass der Brief sie mit großer Wahrscheinlichkeit überleben würde. Sie arbeiteten an Ihrem Nachruhm. Und jetzt, liebe 2008ler, denkt einmal daran, was Ihr in Eurem Heute tagtäglich im Internet alles anstellt! Ihr macht Euch nicht klar, dass wir keine gefühligen Fantasien mehr darüber entwickeln, wie die Vergangenheit gewesen sein könnte. Das Netz hat die Daten, aus denen das menschliche Leben schon immer bestand, keineswegs erschaffen. Die wachsende Übereinstimmung von Leben und Netz hat diese Daten nur dokumentierbar gemacht. Hier kommt die zentrale Erkenntnis: Mit jeder E-Mail, die Ihr schreibt, arbeitet Ihr an Eurer zukünftigen Vergangenheit. Wir wissen viel über Euch und alles über Eure Kinder, ganz gleich, ob sie Popstars oder Sachbearbeiter bei der Allianz (gewesen) sind.

Die Zukunft kann der Vergangenheit niemals Pädagoge sein; das klappt schon andersherum ziemlich schlecht. Trotzdem schreiben wir diese Zeilen, um einen vorsichtigen Hinweis zu geben. Liebe 2008ler, Ihr rennt durchs Internet, als gäbe es kein Morgen. Gewissermaßen im Lendenschurz, die Keule in der Hand, instinktgesteuert, der menschlichen Sprache kaum mächtig. Im Netz benehmt Ihr Euch, wie Ihr es draußen niemals wagen würdet. Ihr erzählt jedem alles über Euch und noch einen Haufen Lügen obendrein. Ihr veröffentlicht Eure intimsten Absurditäten für den kleinen Traum von der Unsterblichkeit. Aber es gibt keine Alles-nur-geträumt-Taste, und Unsterblichkeit macht nur in einem hübschen Kleidchen Spaß. Beendet Euren hysterischen Irrtum über die Virtualität. Zivilisiert Euch, bevor es andere tun. Uns hat es viel Blut, Schweiß und Tränen gekostet, bis die Vorfahrtsregeln zwischen Bürger und Staat auf der Datenautobahn ähnlich demokratisch wurden wie draußen auf der Straße. Das hätte schmerzloser funktioniert, wenn es im Netz Bürger gegeben hätte und nicht nur informationelle Neandertaler, die glaubten, dass ein nackter Mann nichts zu verlieren und damit auch nichts zu verbergen habe.

Zieht Euch was an, sprecht in ganzen Sätzen, tragt die Köpfe hoch. Wir freuen uns auf Euch, auch wenn wir wissen, was selbst die Größten und Berühmtesten unter Euch für erstaunliche Scheißkerle waren.

Auf bald, mit lieben Grüßen und Küssen,
Euer Netz

Vater Staat und Mutter Demokratie
Rede im Rahmen der 16. Schönhauser Gespräche
(2008)

Neulich war ich Zeuge eines faszinierenden Vorgangs. Stellen Sie sich ein Institut vor, sagen wir, etwas Geisteswissenschaftliches, an einer mittelgroßen deutschen Universität. Jedes Jahr sind die Studenten an diesem Institut aufgerufen, sich einen Studentensprecher zu bestimmen – also jenen demokratischen Interessenvertreter, der sie während der bevorstehenden Semester gegen die Willkürherrschaft der Professoren im Allgemeinen und menschenrechtsverachtende Entscheidungen von Prüfungskommissionen im Besonderen verteidigen soll. Real existierend kümmert sich der Studentensprecher vor allem um die Organisation des Sommerfestes, aber nichtsdestotrotz steht er in irgendeiner Studienordnung, also hat er zu existieren.

Wie so etwas abläuft, können Sie sich denken, meine Damen und Herren: Einberufen wird eine sogenannte Vollversammlung. Von den vielleicht 150 mehr oder weniger Studierenden des Instituts kommt ein Drittel. 50 Leute, ein Seminarraum, man sitzt auf Stühlen, Tischen und Fensterbänken.

Jetzt geschieht's. Überraschend signalisieren *zwei* Kandidaten Regierungswilligkeit. Eine völlig unbekannte Situation. Normalerweise wird das Amt des Studentensprechers an denjenigen vergeben, der sich versehentlich an die Brille fasst oder nicht schnell genug zur Seite guckt. Was nun?

Jemand schlägt vor, eine Wahl abzuhalten. Jeder Anwesende schreibe seinen Favoriten auf einen Zettel, danach seien die Stimmen auszuzählen. Und der Wahlkampf? Der bestehe aus Zeitgründen in der Nennung von Namen und Alter des jeweiligen Kandidaten.

So weit, so gut. Nun aber werden Proteste laut. Ob von den Anwesenden allen Ernstes verlangt werde, dass sie hier Schicksal spielten? Es sei doch möglicherweise eine wichtige Frage für jeden der beiden, ob er das Amt bekomme oder nicht. Das könne nicht einfach über ihre Köpfe hinweg entschieden werden. So eine Wahl greife ja unmittelbar in die Biografien, wenn nicht gar in die »C. V.s« der Betroffenen ein! Eine solche Verantwortung sei untragbar. Die Kandidaten hätten das gefälligst unter sich auszumachen.

Erst wird diskutiert, dann gestritten. Es wird so lange gestritten, ob man nun abstimmen könne oder nicht, bis einer der Kandidaten mit den Worten »Das wird mir hier zu blöd, macht euren Mist doch alleine!« den Raum verlässt. Und siehe da – nur einer ist übrig. »Was haben wir gesagt!«, frohlocken die Gegner des Wahlverfahrens.

Die schöne Moral von der Geschichte: Alle Probleme mit der Demokratie werden sich demnächst in Luft auflösen! Politikverdrossene Bürger und bürgerverdrossene Politiker werden sich einfach so lange gegenseitig auf die Nerven gehen, bis alle erschöpft nach Hause wollen, und der Letzte macht dann nicht das Licht aus, sondern wird Chef.

Aber im Ernst. Die kleine Anekdote soll nicht als Anlass

herhalten, um den altbekannten Gassenhauer vom Untergang des Abendlands anzustimmen. Mir geht es nicht einmal darum, auf der unfähigen Jugend von heute herumzuhacken, der ich schließlich selbst – nach moderner Zeitrechnung – eben erst mit knapper Not entronnen bin. Vielmehr hat mich die Begebenheit auf die Frage gebracht, ob die »Demokratie ohne Wähler« vielleicht ein großes Missverständnis sein könnte. Ein ganzes Panorama aus Missverständnissen darüber, was Demokratie ist, will, kann und soll. Begeben wir uns auf eine kleine Geisterbahnfahrt durch unser Demokratieverständnis. Eine *Tour d'Horizon* der Missverständnisse in sechs Skizzen.

Irrtum Nummer Eins: Demokratie ist die Frau von Vater Staat. Gemeinsam haben sich die beiden um 80 Millionen anspruchsvoller Einzelkinder zu kümmern.

Sei du selbst! Verwirkliche dich! Finde dich! Setz dich durch! Keine Kompromisse! Sei spontan! Authentisch! Widerborstig! Originell! Lass dich nicht verbiegen! Brave Mädchen kommen in den Himmel, die bösen überallhin! Das Gleiche gilt für Jungs! Also geh deinen eigenen Weg!

Mehr als eine Generation ist inzwischen unter einem Mantra aufgewachsen, mit dem Medien und Werbung den Abklatsch eines Individualismus zelebrieren, der ursprünglich als die Verwirklichung der Idee vom »mündigen Bürger« gedacht – oder jedenfalls gewünscht war. Herausgekommen ist: Käpt'n Ego.

Wie beim Malen nach Zahlen steht Käpt'n Ego ein Sortiment aus Vorlagen zur Verfügung, die ihm rund um die Uhr live und in Farbe angeboten werden. Da gibt es die Karrierefrau, den unangepassten jungen Mann, die Kreative, den modernen Vater und noch viel mehr. Mithilfe dieser Schablonen sucht sich Käpt'n Ego unentwegt selbst – und findet eine permanente Pubertät. Wer sich täglich selbst zur Welt bringt, fühlt sich auch ständig wie neugeboren: nämlich nackt, hilflos und mit großer Lust zu schreien. Er braucht Fürsorge, Sicherheit, Beachtung. Einen Vater. Einen *Vater Staat*, der ihn in liebevoller Strenge als das betrachtet, was er immer sein wollte und sollte: als Individuum.

So wird Käpt'n Ego zum Zentrum eines Ein-Mann-Universums. Sein Gerechtigkeitsgefühl ist so stark wie das eines Kindes, das den kleineren Schokoriegel bekommen hat. Er vergisst, dass ihm in einem Staat mit 80 Millionen Menschen nicht mehr als ein Achtzigmillionstel der politischen Aufmerksamkeit zusteht. Wer mehr will, müsste etwas dafür tun. Das aber ist dem wahren Einzelkämpfer verwehrt. Wie soll einer, der vor lauter Individualismus schon Schwierigkeiten hat, eine Familie zu gründen, denn bitte einer Partei beitreten? Bereits das Wählen wird für den Individualisten der Marke »eigen, nicht artig« zum Problem, wo doch kein einziges Parteiprogramm auch nur die Hälfte seiner persönlichen Wünsche und Auffassungen widerspiegelt. Wie soll man da in der Wahlkabine »zu sich selber stehen«? Wie ein Kreuz machen, ohne sich zu »verbiegen«? Und überhaupt: Wählt man einen Vater? Nimmt man an ihm teil, bringt man sich in ihn ein? Nein. Man nimmt Geschenke entgegen, duckt sich weg, wenn er die Hand hebt, und nörgelt hintenrum.

Kinder sind die Freude unseres Lebens, aber schlechte Demokraten. Individualismus sollte besser nicht zu einer rechtschreibreformierten Schreibweise von Infantilismus werden.

Irrtum Nummer Zwei: Politik ist einfach zu langweilig geworden. Es fehlt an *echten* Persönlichkeiten mit Ecken und Kanten. Genauso mangelt es an *echten* Auseinandersetzungen. Die Parteien sind sich zu ähnlich, man weiß gar nicht mehr, wen man wählen soll. Im Vergleich zu Barack Obama und seinem republikanischen Herausforderer John McCain sind Angela Merkel und ihr Gegenkandidat Frank-Walter Steinmeier ja gewissermaßen ein- und dieselbe Person! Kein Wunder, dass die Amerikaner bei der Wahl im November 2008 eine Rekordwahlbeteiligung hatten.

Nun ja: Die historisch schlechteste Wahlbeteiligung in der »politikverdrossenen« Bundesrepublik lag im selben Jahr mit 77,7 Prozent immer noch 15 Prozentpunkte höher als jene der Obama-Wahl in den so politikbegeisterten USA. Auch muss man, um einen Obama feiern zu können, vorher acht Jahre lang einen Bush ertragen haben – ob diese Art von Profilierung beneidenswert ist, sei dahingestellt. Weltweit ist und war zu allen Zeiten eine ganze Reihe von politischen Führungspersönlichkeiten bekannt, bei denen man sich durchaus ein paar Ecken und Kanten weniger wünschen würde.

Aber das nur am Rande. Nachgerade erstaunlich ist die Tatsache, dass unsere Demokratie unter dem Fehlen von eigenwilligen Charakteren leiden soll, während zugleich die öffentliche Meinung dafür sorgt, dass jeder, der in Politik oder Gesellschaft einen Ausfallschritt wagt, sogleich auf das normierte Maß zurückgestutzt wird. Gegenüber den notorisch »wachsamen« Medien kann sich eine Bundeskanzlerin nicht einmal eine schlecht sitzende Frisur, geschweige denn eine vom politischen Mittelmaß abweichende Äußerung erlauben.

Gleiches gilt für »echte Auseinandersetzungen«. Kommt es zu einer solchen, beispielsweise innerhalb einer Partei, wird diese nach spätestens zwei Tagen als »tief zerstritten«, »in sich zerrissen« und deshalb »schwach« gebrandmarkt. Dem jeweiligen Führungspersonal wird ans Herz gelegt, seine Leute »auf Linie zu bringen«, da es andernfalls »den Laden« offensichtlich »nicht im Griff« habe. Vor wichtigen Parlaments- oder Fraktionsentscheidungen werden Unentschlossene zunächst als »unabhängige Geister« gefeiert, die sich nur ihrem »Gewissen« verantwortlich fühlen. Gelingt es der Chefetage dann aber nicht, die »Abweichler« auf »Mehrheitskurs einzuschwören«, fehlt es ihr an »Führungsstärke« und der Partei an »Geschlossenheit«, was die Medien mit Häme und die Wähler mit Stimmenentzug quittieren.

Man kann aber nicht nach neuen, möglichst kantigen Adenauers, Brandts und Schmidts jammern und dann den Weltuntergang ausrufen, wenn diese in der Öffentlichkeit rauchen. Ebenso sinnlos ist es, nach klaren Unterschieden zwischen den Parteien zu verlangen und dann jeden auszusortieren, der das Steuersystem wirklich reformieren will. Es bringt nichts, sich nach »anderen« Meinungen zu sehnen und dann jeden für geisteskrank zu halten, der erzählt, der Klimawandel sei vielleicht *nicht* menschengemacht, Sport nicht nützlich und Gesundheit nicht das Wichtigste im Leben.

In einer funktionierenden Demokratie hält die Politik der Gesellschaft einen Spiegel vor. Wer sich über Profillosigkeit beklagt, tut nicht schlecht daran, sich erst einmal an die eigene Nase zu fassen.

Irrtum Nummer Drei: »Mehr Demokratie!«

Wir sind politikverdrossen. Die-da-oben machen ja ohnehin, was sie wollen. Alle vier Jahre ein Kreuz, das ist doch keine echte Mitwirkung. Der kleine Mann hat zu wenig zu sagen und fühlt sich deshalb von der Politik nicht »gemeint«. Dann macht er eben gar nicht mehr mit. Stellt euch vor, es ist Staat, und keiner geht hin.

Solange in einer Gemeinde mit, sagen wir, 3000 Einwohnern genau zwei etwa 75-jährige Rentner regelmäßig die Sitzungen des Gemeinderats besuchen, während alle anderen noch nie etwas von einem Gemeinderat gehört haben, kann der Ruf »Mehr Demokratie!« eigentlich nicht als Forderung gemeint sein. Es muss sich eher um eine Art guten Vorsatz handeln, zu Silvester etwa, so ähnlich wie »Mehr Bewegung« oder »Weniger Bier«. Woher die Idee kommt, dass ausgerechnet etwas so Wichtiges wie politische Mitwirkung zwar permanent eingefordert werden muss, aber keinerlei Anstrengung kosten darf, wird wohl ein ewiges Geheimnis unseres Demokratieverständnisses bleiben.

Irrtum Nummer Vier: Demokratie und Kapitalismus sind Zwillinge, aber sie wurden bei der Geburt getrennt.

Ist Ihnen aufgefallen, dass ich bisher noch kein einziges Mal das Wort »Finanzkrise« verwendet habe?

In der Tat bin ich angetreten, um dem Themenkreis »Demokratie ohne Wähler« gegenüber dem derzeit aktuelleren »Wirtschaft ohne Vertrauen« ein wenig den Rücken zu stärken. Aber in einer Sammlung von Missverständnissen über die Demokratie darf das Verhältnis zur Wirtschaft natürlich nicht ganz fehlen.

Seit Beginn der Finanzkrise spürt man hier und da eine Art verstohlener Freude, mindestens aber die verblüffende Gelassenheit eines Publikums, welches das Geschehen in der Arena eher als Schaukampf der Ideen denn als wachsende Ansammlung konkreter Probleme wahrnimmt. Jetzt hat sich der hochfahrende Kapitalismus selbst ein Bein gestellt – geschieht ihm recht! Genau wie »die Politik« scheint auch »die Wirtschaft« das Empfinden des Bürgers nicht mehr unmittelbar anzugehen. Der Bürger ist kein Teil von beidem, sondern fühlt sich, im Optimalfall, ganz gut unterhalten (und zwar sowohl im Sinne von »kept« als auch im Sinne von »entertained«); im schlimmsten Fall wähnt er sich gepiesackt, betrogen oder gar versklavt. Mal von »der Politik«, mal von »der Wirtschaft«, je nach Nachrichtenlage. Vielleicht sollten angesichts dieser Tendenz wenigstens Demokratie und Kapitalismus zusammenhalten. Vielleicht ist es genau das, was momentan, trotz aller Schwierigkeiten, gar nicht so schlecht gelingt.

Auch wenn derzeit auf Podien und in Talkshows landauf, landab um »Alternativen zum Kapitalismus« gerungen wird, bleibt doch wohl festzuhalten: Freie Wirtschaft kann nicht der Feind politischer Freiheit sein, weil sie ihr Korrelat ist. Das Gleiche gilt allerdings auch umgekehrt. Gelegentlich hört man aus Wirtschaftskreisen die Meinung, demokratische Verhältnisse wären ja ganz angenehm, solange sie keine Beeinträchtigung des dynamischen Wirtschaftens mit sich brächten; darüber hinaus seien sie für ein prosperierendes Zusammenleben aber eigentlich nicht zentral. Boomende

Ökonomien wie China scheinen zu beweisen, dass es auch anders geht – schließlich muss man sich so etwas Umständliches und Teures wie Demokratie erst einmal leisten können. Dass die historische Erfahrung diesen Kausalzusammenhang genau umgekehrt erweist, ist in letzter Zeit angesichts rasanter Transformationsprozesse ein wenig in Vergessenheit geraten. Das Interesse an stabilen und verlässlichen Verhältnissen verlangt jedoch, sich von Zeit zu Zeit daran zu erinnern, dass Demokratie hier wie überall kein träger Klotz am Bein der Marktwirtschaft ist – sondern ein Verfahren, das die Marktwirtschaft auf Dauer bedingt.

Fünfter Irrtum: Das muss hier alles mal effizienter werden.

Apropos »träge« und »umständlich«. Weniger reden, mehr handeln! – So schallt es von den Stammtischen, wenn ein Sachverhalt mal wieder zu kleinteilig und komplex ist, um in Bildunterschriften auf den Punkt gebracht zu werden. – Immer dieses Geschwätz der Politiker! Da muss mal wieder einer auf den Tisch hauen, richtig durchgreifen, ordentlich aufräumen!

Eigentlich gäbe es doch nichts Flexibleres, Dynamischeres, Mobileres, mit einem Wort: Zeitgemäßeres als einen Gesetzgeber, der nur aus einer Person oder vielleicht aus einer kleinen Gruppe bestünde. Zum Beispiel eine Art »Rat der Weisen«, in dem die klügsten Männer und Frauen sitzen, sogenannte Experten, und nicht lauter Grundschullehrer wie im Parlament. So ein Gesetzgeber könnte schnell und spontan auf die jeweiligen Herausforderungen reagieren. Endlich wäre Schluss mit langatmigen, fruchtlosen Debatten, mit diesen halbherzigen Kompromissen und der ganzen Bürokratie.

Hier liegt ja auch ein Grund für die Politikverdrossenheit: Alles dauert viel zu lang, und bis dann am Ende viel zu wenig herauskommt, haben sowieso alle schon vergessen, worum es eigentlich ging. Falls sie es überhaupt jemals verstanden hatten. Effizienz hat Charisma! Schließlich sagt schon ein altes Sprichwort, dass viele Köche den Brei verderben.

Stimmt. Aber ein System, in dem nur ein Koch schnell und effizient den Brei verdirbt, heißt eben – Diktatur.

Möglichst erst denken, dann viel reden und am Schluss vielleicht handeln: Zugegebenermaßen hat das in einer Welt aus Fünf-Wörter-Sätzen und Zwanzig-Sekunden-Statements nicht den verlangten Sexappeal. Es bleibt trotzdem der Leitspruch der Demokratie und langfristig die bessere Devise.

Irrtum Nummer Sechs, mein Lieblingsmissverständnis: Die Politiker schielen ja doch nur nach Wählerstimmen.

Es geschah im Bundestagswahlkampf 2002. Umfragen zeigten an, dass bis zu 80 Prozent der Bevölkerung einen Krieg gegen den Irak ablehnten. Als sich Gerhard Schröder vor der Wahl deutlich gegen die Teilnahme an einem solchen Einsatz aussprach, wurde ihm bitter vorgeworfen, das sei doch nur mit Blick auf die Wählerstimmen geschehen. Wie skandalös: Ein Kanzlerkandidat verspricht dem deutschen Volk vor der Wahl, es nicht in einen Krieg zu führen – und das »nur«, weil das Volk es so will!

Was verlangt der Umkehrschluss? Einen Regierungschef, der den Willen des Volkes vor lauter Rückgrat hartnäckig ignoriert? Den man dann dafür tadeln kann, dass er mit seiner Elfenbeinturmpolitik fernab von den Wünschen der Massen operiert?

VATER STAAT UND MUTTER DEMOKRATIE (2008)

Manchmal will man die Hände über dem Kopf zusammenschlagen und schlägt sich dann doch nur vor die Stirn.

Fazit oder: Die Mutter aller Missverständnisse: »Der Staat ist für die Menschen, nicht die Menschen für den Staat«, hat einst ein kluger Mann gesagt. Dieser kluge Mann war Physikprofessor, kein Politikwissenschaftler.

Dem wohlklingenden Satz liegt vielleicht die Mutter aller bis hierhin skizzierten Missverständnisse zugrunde, nämlich die grundsätzliche, nicht ganz ungefährliche Trennung zwischen »Mensch« und »Staat«. Gefährlich ist ein Staat, der die Menschen nicht als jene Substanz betrachtet, aus der er selbst besteht, sondern als ein Anderes – als dummes Wahlvolk, lästige Bedürfnisträger, Untertanen oder potenzielle Kriminelle. Gefährlich sind auch Menschen, die sich dem Staat nicht mehr zugehörig fühlen. Die ihm fremd gegenüberstehen und ihn für einen Selbstbedienungsladen halten. Oder die ihn als Versagervater sehen, der ständig ihre persönlichen Bedürfnisse und Erwartungen enttäuscht. Als gierigen Steuerschlucker. Als sperriges Hindernis bei der Selbstverwirklichung.

In funktionierenden Systemen gilt: Eine Kritik, die sich mit ihrem Gegenstand nicht mehr identifiziert, ist bestenfalls Nörgelei. Ihr wohnt die Potenz zu Frustration, Resignation oder Schlimmerem inne. Jedes Missverständnis besitzt zwei mögliche Auflösungen. Die eine heißt Verständnis, die andere Missstand. Der Vorteil des Missverständnisses gegenüber dem späteren Missstand besteht darin, dass man Erstgenanntes tatsächlich noch durch Reden bekämpfen kann, was vergleichsweise einfach und günstig ist. Wir würden künftigen

Generationen schon jetzt einen großen Gefallen tun, wenn wir endlich einsehen wollten, dass unsere Demokratie um ein Vielfaches besser ist als ihr Ruf. Dann wären wir nämlich vielleicht bereit, Errungenschaften zu verteidigen, die sich unsere Vorväter schmerzhaft erkämpfen mussten. Anstatt ein privilegiertes System mit verächtlich gerümpfter Nase zu betrachten, wie verwöhnte Kinder, die ihre Spielsachen zerbrechen, weil sie zu viele Geschenke bekommen.

Goldene Zeiten
(2008)

Ich bin in goldenen Zeiten geboren. Die Welt war aufgeräumt wie eine gut sortierte Besenkammer. In der Schule lernte ich, dass man bei Giftgasangriffen Backpulver auf einen Waschlappen streut und ihn sich vor das Gesicht presst. Bei Atomschlägen sollten wir uns eine Aktentasche über den Kopf halten. Klassenkameraden aus gut situierten Familien hatten einen Bunker zu Hause, in dem die Tischtennisplatte stand. An Sonntagen spielten wir Sirenenraten beim Probealarm. Seit der Kuba-Krise glaubten unsere Eltern nicht mehr daran, dass irgendjemand von uns den Beginn des dritten Jahrtausends erleben würde. In diesem Bewusstsein war es warm und gemütlich. Man hatte sich in der Angst vor dem Weltuntergang eingerichtet wie in einem sicheren Nest. Die Fragestellungen waren simpel, die Abläufe vorhersehbar. Es gab die Guten und die Bösen, wie das in jeder anständigen Geschichte der Fall ist.

Dann kam die »Wende« und mit ihr ein Epochenwechsel. Es folgten zehn taumelnde, stammelnde, kichernde Jahre: die Kindheit eines neuen Zeitalters, an dessen Rand das Morden auf dem Balkan nicht recht wahr sein konnte. Am 11. September 2001 ging diese Kindheit mit einem Schlag zu Ende. Wir rissen die großen blauen Augen auf und sahen: Gefahr und Chaos überall! Ungeachtet der Tatsache, dass wir noch vor Kurzem das Ausbrechen des dritten Weltkriegs für unausweichlich gehalten hatten, riefen wir den emotionalen Notstand aus. Die neue gefühlte Friedlosigkeit hatte begonnen.

Und so schaut sie aus: In den Zwanzig-Uhr-Nachrichten lernen wir langsam aber sicher die Landkarten des Nahen Ostens kennen. Herumstehende Koffer flößen uns Unbehagen ein. Unsere Nagelscheren und Taschenmesser sind in den Besitz der Lufthansa übergegangen. Am Flughafen warten wir länger, wenn vor uns in der Schlange ein Mann mit Turban steht. Der Staat baut seine exekutiven Machtbefugnisse aus, schränkt Grundrechte ein und nennt das »Verbesserung der inneren Sicherheit«, ohne dass jemand widerspräche. Unterm Strich haben wir das Gefühl, die Welt sei wieder einmal ein Stück schlechter geworden. Seien wir ehrlich: »Terrorismus« und »neue Friedlosigkeit« sind für uns bislang vor allem ein rhetorisches Problem.

Und kein kleines. Presse, Funk und Fernsehen dokumentieren die Vorgänge mit einem Eifer, der jeder Sportberichterstattung würdig wäre. Fragen, die wir längst bei den Akten glaubten, erfahren eine Renaissance. Ob Deutschland eine Leitkultur brauche. Wie viel religiöse Symbolik ein Lehrerkörper vertrage. Wie unsere Werte beschaffen sind und auf welche Weise sie verteidigt werden können, dürfen oder gar müssen. Und seit Veröffentlichung der Mohammed-Karikaturen in der dänischen Zeitung *Jyllands-Posten* ist einer der schrecklichsten Begriffe, die der öffentliche Diskurs hervorgebracht hat, endgültig salonfähig geworden. »Clash of Civilizations« war schlimm genug. Der »Kampf der Kulturen« ist brechreizerregend.

Was ist diese »islamische Welt«, die den Krieg der religiösen Monolithe aufzuwärmen gedenkt, wo findet sie statt, wer gehört ihr an? Menschen muslimischen Glaubens, die in europäischen Ländern leben? Die Bewohner Balis, die uns im Urlaub eine Cola bringen? Saudis, mit deren Öl unsere Motoren laufen? Oder hat diese bedrohliche »islamische Welt« genauso viele Mitglieder, wie es »Terroristen« gibt?

Aus mir spricht das Erstaunen eines Menschen, für den der Zusammenbruch des Blocksystems ein Geschenk bedeutete, eine einmalige Chance, die Welt nach einem System zu ordnen, das auf freiwilligem Gleichgewicht statt auf gegenseitiger Abschreckung, Bedrohung und Angst vor Vernichtung basiert. Rund fünfzehn Jahre nach der großen Wende ist vom Willen, die Gelegenheit im positiven Sinn zu nutzen, kaum noch etwas zu spüren. Statt dankbar zu sein für das Ende der Angst vor dem dritten Weltkrieg, stilisieren wir den »Terrorismus« zu einer Bedrohung, deren Ausmaß den Schrecken der Blockkonfrontation zu übersteigen beginnt. Aus dem Kalten Krieg ist ein Heißer Frieden geworden – nicht als notwendige Konsequenz der Ereignisse, sondern als Folge eines rhetorischen Phänomens.

Denn aus pragmatischer Sicht sind »Terroristen« keine Vorboten eines drohenden »clash of civilizations«. Sie sind Verbrecher, die es einzufangen und zu bestrafen gilt. Die Jagd auf sie und ihre Hintermänner heißt »Strafverfolgung« oder »internationale Fahndung« – nicht »Selbstverteidigung«. Die Anschläge sind schwere Delikte und für die Betroffenen tragische Katastrophen – nicht jedoch »Kriegserklärungen«, die Anlass für militärische Auseinandersetzungen zwischen Staaten bieten. Der »Terrorismus« ist eine staatenübergreifende, übrigens nicht erst am 11. September 2001 erfundene Erscheinung, die nach Wesen und Form den komplexen Strukturen international operierender Kriminalität entspricht. Die Attentäter als Kreuzritter des Islam zu betrachten, gesteht ihnen eine religiöse Würde zu, die sie aufgrund der gewählten Methoden nicht verdienen. Die geltenden Gesetze auf allen Seiten des »Kulturkampfes« behandeln sie als Kriminelle. Sämtliche politischen Anstrengungen hätten sich unter diesen Vorzeichen auf das Erreichen einer global einheitlichen Betrachtungsweise richten müssen.

Stattdessen wirken politische Kräfte in die entgegengesetzte Richtung, indem sie die leicht zu bedienenden Ordnungsmechanismen aus Zeiten der Blockkonfrontation durch einen neuen *public enemy* zu ersetzen versuchen. »Islamist« statt »Iwan«, »Gottesstaat« statt »Kommunismus« – und die gegenseitigen Dämonisierungen, die kollektiv geschlürften Cocktails aus Pauschalisierungen, Propaganda und Polemik bleiben die gleichen. Alles in bester Weltordnung.

Wem diese Interpretation zu simpel erscheint, der sei daran erinnert, dass die NATO als natürliche Tochter des Kalten Krieges ihre Auflösung im Lauf der neunziger Jahre nicht zuletzt mit dem Argument verhinderte, sie habe in der wachsenden Bedrohung des Friedens durch Diktatoren im Nahen Osten eine neue Existenzberechtigung gefunden. Das NATO-Strategiepapier des Jahres 1999 zählt die »Proliferation von

Massenvernichtungswaffen« sowie »Terrorismus und Sabotage« zu bündnisrelevanten Sicherheitsrisiken – und das schon zwei Jahre vor den Anschlägen auf das World Trade Center, die zu einem Angriff der »muslimischen« auf die »westliche Welt« erhoben wurden. Nach Meinung der amerikanischen Regierung hat der terroristische Großanschlag alias »die Kriegserklärung« sogar den Bündnisfall nach Artikel 5 des Nordatlantikvertrags ausgelöst. Das sind Töne, die einem ehemaligen Anrainer des Eisernen Vorhangs vertraut in den Ohren klingen. Und es sind Beispiele dafür, dass die Verwendung bestimmter Begriffe überaus weitreichende Folgen haben kann.

Anschläge wie jene von New York oder von Madrid und London wenige Jahre später sind durch nichts zu rechtfertigen. Das gilt aus moralischen wie aus praktischen Gründen: Sie treffen Unschuldige und sind gleichzeitig nicht geeignet, zweifellos bestehende globale Ungerechtigkeiten auf kurze oder lange Sicht zu beseitigen. Ursachenforschung, die im »Verhalten ehemaliger Kolonialmächte« oder in »kultureller Arroganz« eine Begründung für das Unfassbare sucht, kann getrost dem historischen Rückblick der Geschichts- und Sozialforscher in ein paar Jahrzehnten überlassen bleiben. Beim gegenwärtigen Umgang mit Großverbrechen verzerren solche Erklärungsversuche den Blick auf das Geschehen. Zudem erscheint die öffentliche Geißelung unserer »westlichen Ausbeutersysteme« durch Menschen, die nicht einmal bereit sind, zur Beseitigung von Missständen im eigenen Land auf persönliche Vorteile zu verzichten, als Gipfel zynischer Heuchelei. Sicher: Der Kolonialismus diente der Ausbeutung von

Ländern, deren Kulturen von den westeuropäischen Imperien als minderwertig definiert wurden. Gewiss: Von dieser wirtschaftsgeschichtlichen Perversion profitieren wir noch heute. Aber die Bereitschaft, daran etwas zu ändern, geht gegen null – und zwar nicht nur bei »den Regierungen«, sondern auch bei den Menschen, die diese Regierungen gewählt haben und die in Panikzustände verfallen, wenn der Ölpreis steigt oder ihnen die Pendlerpauschale gestrichen werden soll. Mit vollem Mund auf die ökonomische Überlegenheit des eigenen Landes zu schimpfen, ist nicht nur unhöflich. Es ist geschmacklos.

Es geht mir also keineswegs um die Sandkastenfrage, wer denn angefangen habe mit der Schlammschmeißerei. Mein vorherrschendes Gefühl ist nicht Wut oder Angst, Rachlust oder Scham. Es besteht vielmehr in lähmender Enttäuschung über die Erkenntnis, dass zwei Weltkriege und fast fünf Jahrzehnte ernsthafter internationaler Spannungen es nicht geschafft haben, die Prinzipien der Deeskalation auf Platz Eins unserer Verhaltensmaximen zu heben.

Sprachlich gesehen existiert er bereits, der »Kampf der Kulturen«. Das Pikante daran ist, dass er in Wahrheit nicht zwischen den Angehörigen verschiedener Religionen, sondern vor allem innerhalb des jeweiligen eigenen Lagers geführt wird. Nehmen wir Deutschland: Seit Veröffentlichung der Mohammed-Karikaturen verfolgen wir eine Debatte, innerhalb derer einflussreiche Intellektuelle beginnen, sich über den angestrebten »Dialog der Kulturen« als Gegenbegriff zum »Kampf der Kulturen« lustig zu machen. Sie werten das Bemühen um Zivilität im Umgang mit den umstrittenen Publikationen als Ausdruck von Ohnmacht und Hilflosigkeit. Sie verspotten Gesprächsversuche als Zeichen der »Therapeutisierung« einer demokratischen Gesellschaft, die dem notorischen Irrtum unterliege, dass man Konflikte gesprächsweise lösen oder wenigstens entschärfen könne. Einen Dialog mit der »anderen Seite« halten sie für ebenso aussichtslos wie die Idee, »Kannibalen und Vegetarier« am selben Tisch zu versammeln – unter buchstäblicher Verwendung dieses Vokabulars. Die Demokratie dürfe nicht zu »schwach« sein, um ihre »Werte« zu verteidigen, und mit den Muslimen sei es wie bei »störrischen Kindern«: Wer ihnen nachgebe, korrumpiere sie.

Mal abgesehen vom Durchscheinen alter Asymmetrien beim Umgang mit Kulturbegriffen (europäische Hochkultur versus unterentwickelte Kannibalen und störrische Kinder) zeigt sich an derartigen Äußerungen ein interessantes Phänomen. Hinter der Geringschätzung des Dialogs als Mittel der Politik verbirgt sich ein populistischer Aktionismus, der in »krisenhaften« Zeiten gerne auch mal ins politische Feuilleton überschwappt. Zugrunde liegt ein tiefgehendes Missverständnis über das Wesen der Demokratie. »Reden«, also das Herbeiführen eines Interessenausgleichs in dafür vorgesehenen, nach Gerechtigkeitsgesichtspunkten ausgestalteten Verfahren entspricht der demokratischen Grundidee. Auch als Instrument der Außenpolitik hat das Reden unter dem Namen »Diplomatie« eine nicht unbeachtliche Tradition – ganz besonders für Staaten, die Krieg als Mittel der Politik ablehnen. Wer genug hat vom Dialog, ließe sich polemisch sagen, hat genug von der Demokratie.

Wie sähe es aus, das von manchen geforderte Ende des Dialogs? Soll Angela Merkel nicht mehr zum Staatsbesuch in muslimische Länder fahren? Sollen wir unsere Botschafter abberufen? Im Inland Integrationsprojekte für Menschen arabischer Herkunft stoppen? Türkischstämmige Abgeordnete aus unserem Parlament vertreiben? Im Urlaub nicht mehr nach Ägypten reisen? An Schulen und Universitäten keine Islamkunde betreiben? Malt man sich das Ende des »Redens« in solchen Farben aus, will man lieber gar nicht erst wissen, was »Handeln« bedeuten soll.

Wenn also dem »Kampf der Kulturen« überhaupt ein semantischer Gehalt beigemessen werden kann, bezeichnet er eine Konfliktlinie, die quer zu geografischen Kategorisierungen liegt. Der Begriff behandelt keine Auseinandersetzung zwischen »muslimischer« und »christlicher« Welt, sondern die Frage, nach welchen Grundsätzen Menschen das Zusammenleben auf diesem engen Planeten gestalten wollen. Gegner wie Befürworter von gegenseitiger Toleranz und höchstmöglicher Freiheit des Einzelnen finden sich innerhalb sämtlicher beteiligter »Kulturen«. Es ist immer ein Fehler, Allianzen anhand von reißbrettartig umrissenen Identitäten schmieden zu wollen. Viel wichtiger ist es, auf allen Seiten nach Vertretern einer freiheitlichen Weltsicht Ausschau zu halten und ihre Anstrengungen zu unterstützen. Genauso gilt es auf allen Seiten, demokratiefeindliche Tendenzen kritisch zu identifizieren – ganz gleich, ob sie sich in unangemessenen Reaktionen auf eine Karikatur zeigen, in der Absenkung der Grundrechtsstandards zugunsten von »innerer Sicherheit« oder in rhetorischen Entgleisungen gegen »Islamversteher«. Und dies ist kein Plan zur Konsolidierung einer kulturellen oder sonstigen Krise. Es ist Alltagshygiene zur Förderung und zum Erhalt der Demokratie.

Für einen Schriftsteller ist »Reden« mehr als ein natürliches Kommunikationsverhalten und sogar mehr als ein demokratisches Recht. Es ist Gegenstand seiner Berufsausübung und seines Kunstverständnisses. In einer Situation, deren »Friedlosigkeit« sich in unserem Teil der Welt bislang (glücklicherweise!) als rein diskursives Phänomen darstellt, kommt allen Experten des gesprochenen und geschriebenen Wortes eine besondere Verantwortung zu. Politik wird nicht an internationalen Konferenztischen gemacht, sondern zuallererst in den Köpfen der Menschen, in denen sich, ja: Wörter befinden. Wenn ich mich an die Zeiten von atomarer Bedrohung, Wettrüsten und Eisernem Vorhang erinnere, wirken die gegenwärtig inflationär verwendeten Begriffe »Kampf«, »Krieg«, »Krise« und »Katastrophe« wie Kraftausdrücke eines pubertierenden Jahrzehnts, das auf die Spielkind- und Spaßgesellschaft der neunziger Jahre folgt. Wer beruflich mit Wörtern umgeht, sollte nicht vergessen, dass derartige Überhöhungen emotionalen Sprengstoff enthalten und dass ihre Verwendung im öffentlichen Sprechen über kurz oder lang Realitäten schaffen kann, deren Eintritt die Mehrheit der Menschen in aller Herren Länder eigentlich vermeiden will. So begriffen, ist Schreiben immer und gerade jetzt ein politischer Akt: Er beginnt bei der Frage, ob man den »Kampf der Kulturen« in Anführungszeichen setzt oder nicht.

Vielleicht bin ich ein unverbesserlicher Optimist, vielleicht habe ich die Naivität meiner Nach-Wende-Hoffnung nicht hartnäckig genug bekämpft. Ich kann es nicht lassen: Das ist unser Jahrhundert! Ich will nicht in vierzig Jahren in den Geschichtsbüchern lesen, dass ich es hätte wissen müssen. Dass ich es hätte verhindern können. Wie unerklärlich es sei, dass sich die ganze Welt wie eine Horde entfesselter Halbstarker in einen überflüssigen Bandenkrieg stürzte. Was im Rückblick häufig nach einem unfassbaren, unverständlichen Unglück aussieht, stellt sich im Moment des Geschehens als eine Reihe kausal verknüpfter Ereignisse dar: Ein Wort gibt das andere, eine Tat die nächste. Dabei handelt es sich keineswegs um einen determinierten Ablauf der »Geschichte«. Jedem neuen Schritt liegt menschlicher Wille zugrunde, eine menschliche Entscheidung. Es ist an uns, den Kreislauf zu durchbrechen. Wir können uns an die Furcht vor dem dritten Weltkrieg erinnern und uns fragen, was an der neuen Friedlosigkeit »neu« und was »friedlos« ist. Wir können feststellen, dass terroristische Akte, religiös oder ethnisch motivierte Krisen, amerikanische Einflusspolitik und europäische Hegemonialzwiste keine Erfindung des dritten Jahrtausends, sondern ein altvertrautes Erbe sind. Dieses Wissen darf uns weder zum Verkennen eines etwaigen Ernstes der Lage noch zu Resignation verleiten. Es soll helfen, die Panik besser zu verwalten. Wir können Vokabeln wie »Kulturkampf« und »clash of civilizations« aus unserem Wortschatz streichen. Wir können aufhören, »die Muslime« zu sagen oder zu denken, solange wir nicht als »die Christen« über einen Kamm geschoren werden wollen. Wir können lernen, ohne Feindbilder zu leben, wir können unsere Skandallust im Zaum halten und uns den angenehmen Schwindel am Rand des Abgrunds beim Bergsteigen verschaffen statt in der Weltpolitik.

Das ist alles, was wir tun können, aber vielleicht ist es schon viel: Wir können Propheten der Mäßigung sein. Denn das ist kein Kinderspiel. Auch wenn es nicht selten danach aussieht.

Plädoyer für das Warum
Rede anlässlich der Verleihung des Carl-Amery-Literaturpreises
(2009)

Alle Schriftsteller kennen die Top 3 der verhassten Fragen, die mit schöner Regelmäßigkeit auf Lesungen oder in Interviews gestellt werden.

Auf Platz 3: »Wie viel Prozent von Ihrer eigenen Person steckt in Ihren Figuren?« – eine Frage von beinahe gentechnischer Präzision, über die man so lange nachdenken kann, bis die Antwort niemanden mehr interessiert.

Platz 2: »Woher nehmen Sie Ihre Ideen?« Platon antwortete mit einem Lebenswerk, ich beschränke mich meist auf die Antwort: »Aus meinem Kopf«, was niemanden zufriedenstellt.

Mein persönlicher Favorit und Nummer-Eins-Hit ist und bleibt aber die Mutter aller Schriftstellerfragen: »Warum schreiben Sie?«

Na ja: Warum essen, trinken, arbeiten, lieben wir? Warum stellen wir Warum-Fragen? Darauf antworten kann man mit einer Sammlung von Hilfsverben: »Weil ich darf, will, kann oder muss, je nach Situation.« Erfahrungsgemäß veranlasst diese Auskunft den Fragesteller zu einem Dauernicken, begleitet von viel Aha, Soso und Jaja. Ich will diese Frage nicht

PLÄDOYER FÜR DAS WARUM (2009)

ein weiteres Mal unter Zuhilfenahme blumiger Metaphern oder literaturwissenschaftlicher Fachbegriffe klären. Kluge Kollegen haben das ein ums andere Mal getan, und ihre Erklärungen hat man »Poetologie« genannt – ein Begriff, der mir Angstschauer über den Rücken jagt, weil ich unter dem Gefühl leide, eigentlich eine Poetologie mindestens besitzen, wenn nicht gar implementieren zu müssen – aber wenn ich in mich hineinhorche und lockend »Poetologie!?« rufe, kommt *nichts* zurück.

Eine Poetologie ist wohl etwas, das man entwickeln muss. Was entwickelt werden muss, ist logischerweise noch nicht da, es kommt erst zu etwas anderem hinzu, und dieses »Andere« ist wohl der wahre Grund, aus dem man schreibt.

Warum habe ich überhaupt davon angefangen? Im Verlauf der letzten Jahre hat die berühmte Warum-schreiben-Sie-Frage einen neuen Geschmack bekommen, angesichts derer die Entwicklung von Poetologien eine glatte Themaverfehlung wäre. Nach Lesungen melden sich vornehmlich jüngere Leute und formulieren das Ganze ein wenig um: »Warum schreiben Sie ... wenn man damit kein Geld verdienen kann?«

Dahinter steckt ein Bewusstseinswandel, den ich durch eine ausgeliehene Anekdote illustrieren will. Neulich erzählte eine Autorenkollegin, dass sie an Schulen ein Projekt mit Kindern durchführt, bei dem versucht wird, sich fremde Kulturen mithilfe von Kreativität und Fantasie zu erschließen. Zu Beginn des Workshops schlug sie den Kindern vor, dass als Einstieg erst einmal jeder einen Traum aufschreiben solle. Da meldete sich ein Mädchen und fragte: »Und – wozu?«

Ich mache jetzt ein Fass auf. Nehmen wir diese kleine Begebenheit als Anlass zu einer Behauptung: Die Kinderfrage des 21. Jahrhunderts lautet nicht mehr »Warum?« – sie lautet: »Wozu?« *Warum* und *Wozu* sind Schwestern, die unterschiedlicher nicht sein könnten. Die »Warum«-Frage forscht in die Vergangenheit. Sie erkundigt sich nach Ursachen, nach Hinter- und Beweggründen, möchte Zusammenhänge erwägen. Sie ist nachdenklich, vielleicht ein wenig introvertiert; sie appelliert an das Gedächtnis, interessiert sich für Motive, vielleicht sogar für eine moralische Gestimmtheit.

Ihre Schwester »Wozu« ist frecher. Schneller. Fordernder. Irgendwie zeitgemäßer. Ihr Blick richtet sich in die Zukunft. Wozu gehen wir arbeiten, treffen Freunde, lesen Bücher, treiben Sport? Mit welchem Nutzen? Was ist der Zweck? Gibt es Maßstäbe, die zu erfüllen, Prognosen, die zu verifizieren, Effizienzkalkulationen, die zu berücksichtigen wären? »Warum« ist kontemplativer, »Wozu« im weitesten Sinne ökonomischer Natur. Seit Beginn der Finanzkrise haben wir uns daran gewöhnt, als volkswirtschaftliche Laien darüber zu spekulieren, ob und in welcher Höhe weitere Export-Einbrüche zu erwarten sind, mit welchen Arbeitslosenzahlen wir zu rechnen haben und welche Form der Unternehmensverstaatlichung nun genau wirkungsvoll und wünschenswert wäre. Würden wir das unterlassen, hätten wir Zeit. Zeit nämlich, um uns ein paar begleitende, grundlegende Gedanken zu machen, während das ganze Größer-Schneller-Weiter-Mehr wenigstens scheinbar für eine Weile zum Erliegen gekommen ist. Ich schlage folgenden Ansatzpunkt vor: Es kann nicht sein, dass die wichtigste Frage im 21. Jahrhundert lautet, *wozu* wir uns eigentlich noch für das »Warum« interessieren. Vielmehr sollten wir überlegen, *warum* wir ständig nach dem »Wozu« fragen. »Wozu« steht im Begriff, ihre Schwester »Warum« zu okkupieren, mit ihr identisch zu werden, sie sich einzuverleiben in einem Akt des inzestuösen Kannibalismus.

Wir leben in einer Gesellschaft, die nicht nur ökonomische Entwicklungen, sondern zunehmend auch den Einzelnen als Problemfall innerhalb eines Optimierungsprozesses betrachtet. Wir reden dauernd vom »Individualismus« – und denken in Normierungen, in Leistungsklassen, in Kosten-Nutzen-Kalkulationen. Der Werdegang unserer Kinder ist genauso sorgfältig berechnet wie der cw-Wert unserer Autos, und zwar, das macht die Sache schlimmer, vor allem von den Kindern selbst. Wir stehen im Begriff, unsere Schulen und Universitäten von Persönlichkeitsbildungsanstalten in praxisorientierte Ausbildungszentren zu verwandeln. Unsere Lebensweisheiten entnehmen wir weder einer Religion noch der Philosophie, sondern gut verkäuflichen Ernährungsratgebern. Liebe heißt jetzt bestenfalls Partnerschaft und ist zum Anwendungsfall für einen Handwerkskasten voller Flirttechniken, Kommunikationstechniken, Sextechniken und Deeskalationstechniken geworden. Freiheit heißt jetzt Sicherheit. Der Mensch heißt Merkmalsträger und wird in schönster Einhelligkeit von Wirtschaft, Gesundheitswesen, Medien und Sicherheitsbehörden auch so behandelt.

Wir beteuern den »Nutzen« (!) der Literatur und haben angeblich keine Zeit zu lesen. In einer postindustriellen Zeit, die eigentlich täglich und dringlich eine Neudefinition des

Arbeitsbegriffs von uns verlangt, geben wir immer noch damit an, wie sehr wir im Stress sind und wie viel wir zu tun haben – weil sich der Wert eines Menschen eben nur noch anhand der Anzahl von Stunden bemessen lässt, in denen er täglich einen legitimierbaren Zweck erfüllt.

Gibt es schon Studien darüber, wie viel Prozent der Bevölkerung ein schlechtes Gewissen bekommen, wenn sie länger als zehn Minuten aus dem Fenster sehen? Die Zeitungsartikel werden kürzer, Radio- und Fernsehbeiträge werden kürzer, die Konzentration des Einzelnen auf ein Thema, heißt es, sei nach drei Minuten erschöpft, die der ganzen Gesellschaft im Normalfall nach ein paar Tagen. Reinziehen, Wegmachen, Weitermachen.

Seltsamerweise hat die Vergangenheit unendlich viel Geduld, während die Zukunft ständig in Eile ist, dabei sind beide doch eigentlich gleich groß, gleich lang und gleich fiktiv. Die Wozu-Frage verengt unsere Wahrnehmung. Sie sortiert aus – Beschäftigungen, Gedanken, Prioritäten, wenn wir nicht aufpassen, irgendwann Menschen. Wir sind vermessen im doppelten Sinn – vermessen innerhalb von Maßstäben und Kriterien, welche immerfort die Frage nach dem Nutzen beantworten und uns alle anderen, womöglich metaphysischen Fragen vom Leib halten sollen. Vermessen aber auch in dem Bestreben, die ganze breite Zukunft in unsere schmale Gegenwart hineinzuholen, weil wir so gut um die Kürze unserer diesseitigen Zeitspanne wissen und weil uns am Ende kein endlos-glückseliges Jenseits mehr winkt, sondern nur noch eine schwarze Wand. *Wozu* lässt keine Zeit mehr für das *Warum*. Ein auf diesem Planeten vollkommen sinnloses

Wort wie »Existenzberechtigung« geht uns inzwischen so glatt über die Lippen, dass es uns nicht einmal mehr wundert, wenn wir selbst eine solche zu benötigen, nein: minütlich neu erwerben zu müssen meinen.

»Zukunft« war jahrzehntelang unser Leitbegriff, mit »Zukunft« lässt sich noch immer von Politik bis Zahnpasta alles bewerben. Nun geht es uns zu Beginn des 21. Jahrhunderts in Deutschland so gut wie kaum jemals zuvor in der Menschheitsgeschichte, und trotzdem stellt sich ein allgemeines Unbehagen ein. Die Menschen, hört und liest man, seien orientierungslos, verunsichert, sie hätten Angst. Vielleicht liegt das an der Tatsache, dass »Zukunft«, noch viel mehr als der gute alte »Fortschritt«, für uns zeitlich beschränkte Wesen gar nicht unbedingt ein so positiv besetzter Begriff ist. Haben Sie schon mal versucht, sich vor der Vergangenheit zu fürchten? Zukunftsangst ist dem Menschen geläufiger. Eine Gesellschaft, die sich auf Zukunft spezialisiert, wird über kurz oder lang zur Sorgengesellschaft. Die Zukunft ist ein unbekanntes und deshalb bedrohliches Ding, das es durch immer neue Regulierungen und Kriterien und Maßstäbe zu domestizieren gilt. Der Zukunft halten wir unser angestrengtes Allesrichtig-Machen entgegen. Zukunft ist ein allumfassendes Risiko, das durch ebenso umfassende Prävention in Schach gehalten werden soll. So wird der Einzelne zum selbst- und fremdverwalteten Streber, der in allen Lebensbereichen, auf der Arbeit, in der Freizeit, bei der Liebe, in Gesundheit und Kultur und noch beim Kaufen der ultimativ politisch korrekten Geflügelwurst immerzu um Normerfüllung ringt. So rennen wir unter der Fahne des Individualismus alle in dieselbe Richtung, geeint durch ein einträchtig geteiltes Mangelgefühl, das wir »Orientierungslosigkeit« nennen – dabei ist es doch vielleicht vor allem eins: ein gefühlter Mangel an Zeit, gleichbedeutend mit einer sträflichen Vernachlässigung der Frage nach dem »Warum«.

Wenn es eine Disziplin gibt, die für das Innehalten, für die Pflege von Gedächtnis und Erinnerung und für das Fragen nach dem »Warum?« zuständig ist und die sich deshalb gut als Stoßdämpfer in Krisen- und Umbruchsituationen eignet, dann ist es wohl die Kunst und damit auch die Literatur. Gerade jetzt darf die Devise für jeden von uns nicht nur lauten: Wozu schreiben, reden, lesen, denken Sie?, sondern vor allem: Schreiben, reden, lesen, denken Sie nach über das *Warum*! Denn wenn wir ehrlich sind, dann gibt es sie eben doch noch, die Sehnsucht nach Erlösung, den Wunsch nach dem Aufreißen von Fenstern ins Unendliche, die hinausweisen aus dem Minuten- und Stundenmarsch des Alltags. Und deshalb gibt es auch immer wieder die Chance, sich zurückzubesinnen auf das, was den Menschen am edelsten prägt, auch wenn er sich die längste Zeit seines Lebens recht erfolgreich um das Gegenteil bemüht: Nämlich die Gabe, sich über alle Zwänge, Reduktionen, Normierungen und zugrunde liegenden Verunsicherungen hinwegzusetzen. Das gelingt ihm nicht durch Plan- und Sollerfüllung, sondern einzig durch die Kraft seines persönlichen, intimen, ihm auf rätselhafte Weise gehörenden Geistes. Die Krise beweist es: Reines Streben im sich beschleunigenden Takt funktioniert nicht, es ist von kurzer Dauer. Die gute Nachricht lautet: Die Krise kann uns das Geld nehmen, aber nicht die Zeit. Wahrer Individualismus und richtig verstandene Freiheit bestehen darin, sich seine persönliche Zeit anzueignen oder zurückzuerobern: Zeit zum Nachdenken, Lesen, Reden, sich Verständigen.

Nur daraus resultiert Selbst-Bewusstsein im wahrsten Sinne des schönen Wortes, und nichts anderes brauchen wir momentan so nötig, nichts anderes fehlt uns so sehr. Es ist ganz leicht zu erlangen, ich habe es ausprobiert: Wenn Sie das nächste Mal jemand fragt, *wozu* Sie etwas machen, fragen Sie erst einmal zurück, *warum* er das wissen will. Vor allem, wenn dieser Jemand – Sie selbst sind.

Null Toleranz
(2009)

Hier ein Vorschlag zur Lösung unserer Sicherheitsprobleme: Wir verhängen eine Ausgangssperre. Leute, die einfach so draußen herumrennen, stellen eine permanente Gefahr für sich selbst und andere dar. Sie erleiden Unfälle oder stecken sich mit Krankheiten an, was das Gesundheitssystem belastet. Oder sie begehen Verbrechen. Am sichersten wäre die Welt, wenn alle zu Hause blieben. Wer mal dringend raus muss, kann eine Genehmigung beantragen. Falls er gute Gründe hat.

Das klingt absurd? Wieso denn? Schließlich, so suggerieren Medien und Politik, leben wir im Ausnahmezustand. Potenzielle Terroristen haben unser Land infiltriert, und zwar ziemlich viele, genauer gesagt: rund 80 Millionen.

Deswegen speichern die Sicherheitsbehörden unsere E-Mails, nehmen unsere Fingerabdrücke, scannen unsere Kfz-Kennzeichen und kontrollieren unsere Bankkonten. Das Einschreiten des Bundesverfassungsgerichts wird dabei zur Routine. Wer immer noch glaubt, dass ihn das alles nichts angehe, weil er kein Terrorist sei und »nichts zu verbergen« habe, sollte sich mal überlegen, wie viele Terroranschläge bislang durch Rasterfahndung, Vorratsdatenspeicherung und Videoüberwachung verhindert worden sind. Genau: gar keiner.

NULL TOLERANZ (2009)

Da drängt sich doch die Frage auf, wozu das ganze Brimborium in Wahrheit gut sein soll. Die Antwort liefert ein Blick nach Großbritannien. Dort werden die reichlich vorhandenen Terrorgesetze inzwischen eingesetzt, um »antisocial behaviour« zu bekämpfen. »Sozialschädliches Verhalten« ist alles, was einen Hausmeister stören würde: lärmende Kinder, Hundescheiße, beschwipste Jugendliche, illegal verkaufte Pizza. Zur Bekämpfung derartiger Bedrohungen werden Videokameras und Richtmikrofone zum Einsatz gebracht. Auch Angela Merkel hat in einer Rede auf dem Berliner Kranoldplatz betont, dass sie weggeschmissenen Müll und falsch geparkte Autos für ein Problem der inneren Sicherheit hält, dem mit »null Toleranz« zu begegnen sei. So wird Terrorismus zum dehnbaren Begriff.

Selbstverständlich ist nichts dagegen einzuwenden, dass die Sicherheitsbehörden ihre Arbeit tun, und dazu gehört unter anderem auch die Terrorismusbekämpfung. Dafür bräuchten die Zuständigen, wie sie selbst gelegentlich betonen, vor allem eine bessere Ausstattung mit Personal und Sachmitteln. Stattdessen aber spielt sich jeder Innenpolitiker als weißer Ritter auf, der die Bürger durch das Erfinden neuer Gesetze beschützt. Dabei ist die Wahrscheinlichkeit, in Deutschland bei einem Terroranschlag zu sterben, immer noch um ein Vielfaches geringer als die Gefahr, vom Blitz getroffen zu werden oder als Kind beim Baden zu ertrinken. Wer wirklich Menschenleben retten will, müsste als Erstes den Kampf gegen den internationalen Straßenverkehr ausrufen.

Gefährlich ist die politische Argumentation mit »Sicherheit«, weil sie sich uferlos ausdehnen lässt. Sie führt immer zu einer Kräfteverschiebung zugunsten des Staates und zuungunsten des Bürgers. Mithilfe von medialer Panikmache wird die Auffassung durchgesetzt, dass die wichtigste Aufgabe der Politik in einer Minimierung des Lebensrisikos bestehe. Danach ist jeder noch so weitreichende Eingriff legitimierbar, ganz gleich, ob es sich um Terrorismusbekämpfung oder Gesundheitspolitik handelt.

Der Bürger wird dazu erzogen, dem in Politik und Wirtschaft entbrannten Verteilungskampf um die neue Ressource »Daten« als bloßer Zuschauer beizuwohnen. Unter dem Zepter des Sicherheitsdenkens ist der Einzelne leichte Beute für Kontrollansprüche von allen Seiten. Jedes von der Norm abweichende Verhalten kann leicht als »sozialschädlich« oder anderweitig gefährlich definiert werden. Ich sage nur: Ausgangssperre.

Vielleicht sollten wir vor dem Abnicken des nächsten Sicherheitsgesetzes tief durchatmen und uns daran erinnern, dass wir in historisch einmalig friedlichen und sicheren Zeiten leben. Gerade die deutsche Geschichte beweist, dass ein solches Glück nicht durch staatliche Überwachungsapparate, sondern nur durch ein freiheitlich-demokratisches Selbstverständnis der Gesellschaft erreicht werden kann. Dieses Selbstverständnis gilt es zu schützen. Es ist der wahre Garant unserer Sicherheit.

Fest hinter Gittern
(2009, mit Rainer Stadler)

Metallzäune, Panzerfahrzeuge, Hunderte Polizisten, bis an die Zähne bewaffnet – wer in der letzten Septemberwoche des Jahres 2009 zum Oktoberfest aufgebrochen ist, konnte leicht auf die Idee kommen, sich im Datum geirrt zu haben. Einen vergleichbaren Großeinsatz erlebt München sonst nur im Februar zur jährlichen Sicherheitskonferenz. Aber eine Bannmeile um die Bierzelte, das gab es bisher nie. Die Wiesn 2009, ein Fest hinter Gittern: drinnen ein Prosit der Gemütlichkeit, draußen Alarmstufe rot.

Tariq Samir ist draußen. Der Informatikstudent sitzt am Morgen des 26. September zehn Kilometer entfernt im Münchner Norden am Schreibtisch und lernt für seine Diplomprüfung. Sein Blick schweift aus dem Fenster, zum Firmenparkplatz gegenüber seiner Wohnung. An Wochenenden ist der sonst wie leer gefegt, jetzt steht dort ein silbergrauer BMW.

Eigentlich würde sich Samir nichts dabei denken. Aber da war dieser Mann vor drei Monaten in der Unibibliothek, der ihn mit einer Handykamera filmte. Als Samir ihn aufforderte, die Aufnahmen zu löschen, hat er sich umgedreht und ist auf die Straße gerannt, in ein Auto gesprungen und losgefahren, bei Rot über die Ampel. Wie im Film. Samir notierte sich das

Kennzeichen und erstattete Anzeige bei der Polizei. Der Beamte sagte, das Kennzeichen sei im Computer gesperrt, und wunderte sich.

Samir liest regelmäßig Zeitung und kennt auch den Fall von Murat Kurnaz, der mit Wissen deutscher Behörden nach Guantanamo deportiert wurde. Irgendwie ahnt Samir, dass auch er selbst – Muslim, männlich, 26 Jahre alt, geboren in Marokko, regelmäßiger Moscheebesucher – im Krieg gegen den Terror verdächtig sein könnte.

Natürlich würde kein Vertreter des deutschen Staates im Entferntesten andeuten, dass er einen Mann wie Samir nach seiner Haut- und Haarfarbe oder gar nach seiner Religion beurteilt. Auch Wolf-Dieter Remmele nicht, Chef des Verfassungsschutzes im Bayerischen Innenministerium. Er beteuert, dass es den Nachrichtendiensten »nicht um den Islam als Religion, sondern um den Islamismus« gehe. Es gebe in Deutschland aber eine große Zahl von Muslimen, die »unserer Ordnung und Demokratie nicht sehr positiv gegenüberstehen«. Deshalb gelte es, »unsere unveräußerlichen Menschenrechte« gegen diese radikalen Kräfte zu verteidigen. Am Morgen des 26. September zeigt sich, dass diese unveräußerlichen Rechte gegenüber vermeintlichen Feinden nicht mehr viel gelten. Und dass aufgeheizte Stimmung dazu neigt, sich ihre Feinde selbst zu suchen.

Als der silbergraue BMW gegen zwölf Uhr immer noch nicht verschwunden ist, läuft Samir die Treppe hinunter, um sich den Wagen genauer anzuschauen. Zwei Männer sitzen im Innenraum, einer starrt ihn an, der andere wendet den Blick ab. Samir notiert das Kennzeichen und ruft mit dem

Handy die Polizei an. Er hat das Telefonat kaum beendet, als der Beifahrer aus dem BMW steigt und zu Samirs Wohnblock läuft. Dann heult der Motor auf, und der BMW entschwindet Richtung Hauptstraße. Samir ruft noch mal bei der Polizei an. Der BMW gehöre zur Polizei, beruhigt ihn der Beamte, aber »die sind nicht wegen Ihnen da«.

Der Informatikstudent verständigt eine Anwältin, die er schon länger kennt. Gegen 16 Uhr erhält er eine SMS von ihr: »Sind die immer noch da?« Wieder verlässt Samir die Wohnung, um nach den Beobachtern zu schauen. Nun geht alles sehr schnell: Zwei VW-Busse bremsen neben ihm, Männer springen heraus. Samir sieht eine Nachbarin und schreit, sie solle die Polizei anrufen. Einer der Männer, er trägt eine Sonnenbrille, lacht nur: »Wir sind doch von der Polizei.« Samir wird in einen VW-Bus gedrängt und davongefahren.

In einer Einzelzelle auf dem Polizeipräsidium verbringt Samir, wie er später sagt, »die schlimmste Nacht meines Lebens«. Er versteht nicht, warum er hier ist. In den Nachbarzellen schreien die Betrunkenen; es ist Oktoberfest. Samir hat Angst. Angst hat ihn hierher gebracht. Nicht seine eigene, sondern die Angst eines ganzes Landes. Am nächsten Morgen erklärt ihm die Richterin, er werde verdächtigt, ein Attentat auf das Oktoberfest zu planen.

Die meisten Menschen wissen, dass sie sich, statistisch betrachtet, der größten Gefahr aussetzen, wenn sie ins Auto oder in die Badewanne steigen oder sich mit Grippe infizieren. Trotzdem geben laut einer Forsa-Umfrage im Auftrag von n-tv 76 Prozent der Deutschen an, dass sie vor allem Angst haben, Opfer eines Terroranschlags zu werden. Die

Anschläge von New York, London und Madrid haben sich tief ins kollektive Bewusstsein eingegraben; islamistischer Terror ist seit Jahren ein medialer und politischer Dauerbrenner. Jeder Deutsche würde wohl den Satz unterschreiben, dass gegen den Terrorismus »irgendetwas« getan werden muss.

Deshalb arbeiten Polizei und Verfassungsschutz schon Wochen vor dem feierlichen Anstich in München an der Sicherung des Oktoberfestes. Mehrere Drohvideos im Internet haben die Behörden auf den Plan gerufen. Der deutsche Islamist Bekkay Harrach warnt vor einem Attentat innerhalb von zwei Wochen nach der Bundestagswahl, sollte die neue Regierung weiter am Afghanistan-Einsatz festhalten. Im Video erzählt Harrach von einem jungen Muslim, der ein Selbstmordattentat mit einer Autobombe begeht, um sich auf diese Weise von seinen Sünden zu befreien. Auf einem anderen Video, in dem ein Islamist namens Ayyub spricht, ist im Hintergrund das Oktoberfest zu sehen. Ermittler haben die Videos als authentisch bewertet. Immerhin wurde Harrach von Al Zawahiri, der Nummer 2 des Terrornetzwerkes Al Kaida, als Sprecher der Organisation in Deutschland autorisiert. Deshalb bereiten sich die Sicherheitskräfte auf ein Alptraumszenario vor: Ein mit Sprengstoff beladener Lkw könnte in das Oktoberfest rasen. Das Festgelände wird großräumig abgesperrt.

Dabei bleiben viele Fragen offen: Warum sollten Terroristen, die einen Anschlag planen, davor warnen? Weder die Attentäter des 11. September 2001 noch die sogenannte Sauerlandgruppe stellten Botschaften ins Netz. Junge Muslime, mutmaßen die Behörden, könnten sich doch von den aktuellen Drohvideos zu einer spontanen Aktion ermuntert fühlen. Aber wie spontan lässt sich ein mit Sprengstoff beladener Lkw ins Oktoberfest steuern? Wie muss man sich »junge Muslime« überhaupt vorstellen, die sich durch das Betrachten eines Videos in Massenmörder verwandeln? Und warum spricht ein Islamist, der zum Anschlag anstacheln will, seine Brüder nicht auf Arabisch an, sondern auf Deutsch – wo doch so viele Muslime diese Sprache nicht beherrschen, wie hiesige Politiker immer beklagen?

Doch Angst fragt nicht. Anders als Liebe macht Angst tatsächlich blind. Und die Sicherheitsbehörden treibt nicht nur die Angst vor einem Anschlag. Sie treibt auch die Angst, nicht alles unternommen zu haben, um ihn zu verhindern. Wer wollte das verantworten?

Vor diesem Dilemma steht auch die Ermittlungsrichterin, die am Wochenende von Samirs Verhaftung Bereitschaftsdienst hat. Sie ist Jugendstrafrichterin am Amtsgericht, in Sachen Terror hat sie keine Erfahrung. Stundenlang wird um den Beschluss gerungen, auf dessen Grundlage Samir bis zum Ende des Oktoberfests ins Gefängnis soll. Die Polizei begründet Samirs Festnahme mit einem 13 Seiten starken Dossier. Unter dem Punkt »staatsschutzmäßige Erkenntnisse« heißt es, zwei enge Bekannte von Samir hätten sich mit Bekkay Harrach getroffen – vor sechs Jahren. Daher sei es wahrscheinlich, dass auch Samir den Islamisten Harrach kenne. Außerdem habe Samir zwischen Mai und Juli 2007 mit einem Mann verkehrt, der mit dem Anführer der »Sauerlandgruppe« in Kontakt gewesen sei.

Die Richterin fragt die Polizei nach weiteren Belegen. Gegenüber Samirs Anwältin deutet sie an, dass sie die Beweislage für dünn hält. Die Polizei bleibt stur, obwohl auch eine Durchsuchung von Samirs Wohnung nichts Verdächtiges liefert. Gegen 23 Uhr gibt die Richterin dem Drängen der Staatsschützer nach: Samir wird acht Tage eingesperrt, um »einen möglichen Anschlag sicher zu verhindern«.

Die Entscheidung stützt sich auf Paragraf 17 des Polizeiaufgabengesetzes: »Die Polizei kann eine Person in Gewahrsam nehmen, wenn das unerlässlich ist, um die unmittelbar bevorstehende Begehung einer Straftat von erheblicher Bedeutung für die Allgemeinheit zu verhindern.« Nie zuvor wurde dieser Passus im Zusammenhang mit potenziellen Terroristen angewendet. Die Norm ist zum Beispiel für Betrunkene gedacht, für aggressive Demonstranten oder Fußballfans, die ihre Gewaltbereitschaft offen zur Schau tragen. Der Münchner Polizeipräsident Werner Schmidbauer räumt ein, dass die Einsatzkräfte bei der Neu-Interpretation der Gewahrsamsvorschrift vor einer schwierigen Aufgabe stehen. Man habe es schließlich nicht mit einem Täter zu tun, der ein Verbrechen begangen hat. Es gehe darum, einem Menschen nachzuweisen, dass er in unmittelbarer Zukunft ein Verbrechen begehen wird. »Wir müssen also eine Prognose stellen«, sagt Schmidbauer und verhehlt dabei nicht, »dass Prognosen auch falsch sein können, das sieht man ja fast jeden Tag am Wetterbericht. Aber wir haben unser Bestes getan.«

Seit dem 11. September 2001 liegt der Schwerpunkt polizeilicher Arbeit im Bereich Terrorismus nicht mehr auf der

FEST HINTER GITTERN (2009)

Aufklärung begangener Delikte, sondern auf deren Verhinderung. Angesichts der Attentate von New York, London und Madrid erscheint dieses Vorgehen logisch. Aber nur auf den ersten Blick. Denn wer künftige Verbrechen verhüten will, ohne mit hellseherischen Fähigkeiten ausgestattet zu sein, muss auch Menschen observieren, denen keinerlei Fehlverhalten vorzuwerfen ist. Weil theoretisch jeder Mensch ein Attentat planen könnte, aber nicht jeder beschattet werden kann, muss der Kreis der Zielpersonen irgendwie eingegrenzt werden. Dabei richten sich die Ermittler nach Kriterien, die nach dem Gleichheitsprinzip gerade nicht zur Beurteilung von Menschen herangezogen werden sollen: Alter, Geschlecht, Religion, soziale Netzwerke. Der Präventionsstaat kollidiert also zwangsläufig mit dem Rechtsstaat, der verteidigt werden soll.

Um ihren massiven Eingriff zu rechtfertigen, gibt sich die Polizei alle Mühe, Samir als höchst gefährlich erscheinen zu lassen. Seine Freunde heißen in dem Observationsbericht »Kontakt- und Vertrauenspersonen«, sein Bekanntenkreis ist ein »Geflecht«. Dass er sich in der Moschee mehrmals mit einem Bekannten unterhielt und beide das Gebäude »jeweils getrennt voneinander« verließen, wird als verdächtig eingestuft, ebenso wie die Tatsache, dass Samir sich von der Beobachtung durch die Sicherheitsbehörden belästigt fühlte. »Der Betroffene zeigte sich äußerst misstrauisch« und »versuchte, seine Verfolger abzuschütteln«. Weil Samir sich nicht in aller Ruhe von Unbekannten fotografieren und verfolgen ließ, gehen die Ermittler davon aus, dass er »Freiraum für Aktivitäten gewinnen« wollte.

Die Tatsache, dass Samir vor seiner Festnahme zweimal bei der Polizei angerufen hat, fehlt in den ansonsten detaillierten Berichten. Schließlich würde dieser Umstand die Position der Polizei erheblich schwächen. Um den besagten Paragrafen 17 anwenden zu können, müssen die Behörden nachweisen, dass die betreffende Person eine schwerwiegende Straftat begehen wird und nur durch eine Inhaftierung davon abgehalten werden kann. Aber würde ein Attentäter kurz vor dem Anschlag wirklich zweimal bei der Polizei anrufen, um Hilfe gegen seine Verfolger zu erbitten? Das müsste selbst einer in Terrorangelegenheiten unerfahrenen Richterin merkwürdig vorkommen.

Doch auch die Richterin hat sich das präventive Prognosedenken zu eigen gemacht. In ihrem Beschluss wiederholt sie, was die Polizei in Bezug auf Samirs vermeintliche Kontakte zur Islamistenszene vorgebracht hat. Und schreibt: »Weitere Kontakte können nicht belegt, aber auch nicht widerlegt werden.« Mit dieser Argumentation könnte man gleich alle 80 Millionen Bundesbürger wegsperren. Schließlich besteht immer die Möglichkeit, dass irgendjemand ein Attentat plant. Jedenfalls kann es nicht belegt, aber auch nicht widerlegt werden.

Nach acht Tagen in der Justizvollzugsanstalt Stadelheim wird Samir in der Nacht zum Montag, 5. Oktober, auf freien Fuß gesetzt. Er hat acht Kilo abgenommen und trägt seinen Gürtel um zwei Löcher enger. Als er um halb drei Uhr früh seine Wohnung aufschließt, sieht er sich einem Schlachtfeld gegenüber. Überall liegt Papier verstreut, darunter auch seine Zeugnisse. Der Mülleimer wurde auf dem Boden ausgeleert, die Ermittler haben ganze Arbeit geleistet. Samir findet keinen Schlaf und beginnt, die Wohnung aufzuräumen. Was er nicht beseitigen kann, ist das ungute Gefühl, dass die Polizei vielleicht ein paar Abhörwanzen hinterlassen hat.

Polizeipräsident Schmidbauer und Verfassungsschützer Remmele verbuchen den Einsatz rückblickend als Erfolg – das Oktoberfest sei ja ohne Zwischenfälle über die Bühne gegangen. Trotzdem verkündet der bayerische Innenminister Joachim Herrmann am Tag nach dem Oktoberfest, dass die Alarmstufe Rot keineswegs beendet sei. Al Kaida habe sich mit der Ankündigung, in den zwei Wochen nach der Bundestagswahl zuzuschlagen, selbst unter Zugzwang gesetzt. Als auch die Zwei-Wochen-Frist verstreicht, berichten die Zeitungen von Sicherheitskreisen, die weiter auf einer fortdauernden Gefahrenlage beharren. Worauf sich die Prognose stützt – die Öffentlichkeit wird es nie erfahren. Geheimschutz und Polizeitaktik sorgen dafür, dass jenseits der nebulösen Einschätzungen von »Terrorexperten« und anderen Fachleuten alles im Unklaren bleibt. Die Bevölkerung reagiert mit einer gewissen Abstumpfung: Irgendetwas muss an all den Prognosen doch dran sein. Solange es nur eine Minderheit betrifft, in diesem Fall die Muslime, bleibt der allgemeine Aufschrei aus.

Darf sich die schweigende Mehrheit wirklich so sicher fühlen? Besonders stutzig am Fall Samir macht die Begründung der Richterin, warum sie den Informatikstudenten für so gefährlich hält: Aufgrund der Islamistenvideos im Internet sei von einer »aktuell gesteigerten Gefährdungslage« auszugehen. »Das Ausmaß eines terroristischen Anschlags hätte erhebliche Auswirkungen für die Allgemeinheit.« Schließlich heißt es in dem Beschluss: »An die Wahrscheinlichkeit eines Schadenseintritts sind umso geringere Anforderungen zu stellen, je größer und folgenschwerer der möglicherweise eintretende Schaden ist.« Nach der Logik des Präventivstaats bedeutet dieser Grundsatz: Ist das Szenario für einen Anschlag nur verheerend genug, haben die Sicherheitsbehörden weitgehend freie Hand. Wie wahrscheinlich das Szenario ist – unwichtig. Es reicht, dass es möglich erscheint. Und möglich erscheint nach dem 11. September vieles. Das heißt aber auch: Niemand – egal wie gesetzestreu er sich verhält – kann mehr sicher sein, nicht doch in die Mühlen des Sicherheitsapparats zu geraten.

Nach seiner Freilassung hat Samir wieder begonnen, für sein Diplom zu lernen. Eine Prüfung muss er im Frühjahr nachholen – sie fand genau in der Woche statt, als er in Haft saß. Das wäre zu verkraften. Dass ihn weiterhin Polizeibeamte verfolgen, auch damit kann er leben. Nicht jedoch mit dem Terrorverdacht, der auf ihm lastet. Zwar läuft das Beschwerdeverfahren gegen seine Inhaftierung. Aber selbst wenn das Landgericht zu seinen Gunsten entscheiden sollte, wird ihm das nicht viel nützen. Sein richtiger Name kursiert im Internet. Nach dem Studium wollte er in Deutschland arbeiten. Doch welche Firma will einen Bewerber, den eine einfache Google-Suche als »terrorverdächtig« ausweist? Selbst unter seinen Bekannten »fragt doch jeder, warum die gerade gegen mich ermittelt haben. Viele sagen: Die Polizei ermittelt doch nicht einfach so, das wird schon seinen Grund gehabt haben.« Seine Existenz in Deutschland ist zerstört. Vermutlich wird er nach Marokko zurückgehen. »Dann haben die Behörden ihr Ziel erreicht«, lautet sein bitteres Fazit.

Aber wiegt die Sicherheit von Tausenden nicht schwerer als das Schicksal eines Einzelnen? Fordert nicht jeder Krieg seine Kollateralschäden? Auch diese Überlegung führt in die Irre. Wirkliche Kriege sind zeitlich und räumlich begrenzt; im sogenannten Krieg gegen den Terror ist der Ausnahmezustand die Regel – es könnte immer irgendetwas passieren. Ein paar Internetvideos haben gereicht, damit unsere Gesellschaft aus dem Ruder lief. Warum soll sich das nicht wiederholen, auf dem Weihnachtsmarkt, im Fußballstadion, beim Karneval? Benjamin Franklin, einer der Gründerväter der USA, mahnte schon vor mehr als zweihundert Jahren: »Wer die grundlegenden Freiheiten aufgibt, um vorübergehend etwas mehr Sicherheit zu erkaufen, hat weder Freiheit noch Sicherheit verdient.« Auch kein Prosit der Gemütlichkeit, würde er heute wohl ergänzen.

Schweinebedingungen
(2009)

Deutsche Kinder haben Schwierigkeiten mit dem Lesen. In Schulbüchern erscheinen vereinfachte Fassungen bekannter Texte, weil Astrid Lindgren für einen durchschnittlichen Achtjährigen zu hoch ist. Auch die Studenten, die seit Monaten für bessere Studienbedingungen demonstrieren, sind ihres Lesens nicht mehr sicher. Laut einer Untersuchung der Universität Dortmund können nur noch die wenigsten einen komplexen und abstrakten Text durchdringen, weshalb nicht mehr von Lesefaulheit, sondern von »intellektueller Legasthenie« zu sprechen sei. In der Gesamtbevölkerung gelten inzwischen vier Millionen Bundesbürger als funktionale Analphabeten. Sie kennen zwar die Buchstaben, sind aber schon mit dem Lesen eines einfachen Hinweisschilds hoffnungslos überfordert.

Vor diesem Hintergrund ein Zitat von Angela Merkel, nachzulesen, wenn Sie können, in der deutschen *Le monde diplomatique* vom November 2009:

»Stellen Sie sich nur kurz einmal vor, wir würden zehn Jahre lang, vier Stunden in der Woche, genauso viel über unsere Körper lernen wie über die deutsche Sprache und Geschichte. Medizin als Hauptfach – warum eigentlich nicht, meine Damen und Herren, soll das Lesenlernen eine öffentliche Angelegenheit sein, aber das Gesund-leben-Lernen nicht? Warum soll der Körper nur im Sportunterricht vorkommen, warum könnte nicht im Lehrplan stehen, wie man Kopfschmerzen vermeidet, wie man Zuckerkrankheit gar nicht erst entstehen lässt, wie man gesund kocht oder einen Wadenwickel anlegt?«

Ja, zum Teufel, warum eigentlich nicht? Jetzt ganz scharf nachdenken. Vielleicht weil ein Wadenwickel weniger wichtig ist als Sprache und Geschichte? Weil das Vermeiden von Kopfschmerzen im Gegensatz zur Alphabetisierung tatsächlich keine öffentliche Angelegenheit darstellt? Falsch? Falsch. Wer derartige Zweifel hegt, muss in spießigen bildungsbürgerlichen Ideen aus dem vorletzten Jahrhundert gefangen sein. Immerhin ist auch die Schweinegrippe eindeutig wichtiger als der Notstand im deutschen Schul- und Hochschulsystem. Wir leben schließlich nicht in einer Bildungsnation, sondern in einer öffentlichen Krankenstation.

Ein Blick in die Schlagzeilen der letzten Monate beweist das. Während sich Studenten und Schüler gegen die Auswirkungen der Bologna-Umstellung wehren, kämpfen Presse und Politik lautstark gegen H1N1. Die Bundesländer haben 600 Millionen Euro, also einen Betrag, der in etwa dem geschätzten Gesamtaufkommen der Erststudiengebühren im Wintersemester 09/10 entspricht, für einen Impfstoff ausgegeben, der von der Bevölkerung nicht angenommen wird und deshalb zur Kostendeckung ins Ausland verscherbelt werden muss. Bislang hat Deutschland 94 Schweinegrippeopfer zu verzeichnen. Auf »normale« Influenza sind, je nach Statistik, 6000 bis 20 000 Todesfälle pro Jahr zurückzuführen.

Angesichts solcher Vergleichszahlen muss man den Schweinegrippehype wohl als gesundheitspolitische Hysterie bezeichnen. Die Schweinebedingungen im Bildungssystem hingegen sind äußerst konkret. Was haben diese beiden Dinge nun miteinander zu tun? Ganz einfach: In einer Demokratie sind politische Entscheidungen auf eine gesamtgesellschaftliche Prioritätensetzung zurückzuführen. Wenn für Bildung auf politischer Ebene notorisch das Geld und auf privater Ebene notorisch die Zeit fehlen, dann stellt dieser Zusammenhang keinen Zufall dar. Im Gegenteil: Er ist ein Ausdruck von wechselseitiger Kausalität. Anders gesagt: Wer keine Zeit hat, ein Buch zu lesen, während es für die tägliche Stunde Fitnesscenter oder Yoga durchaus reicht; wem ein Theaterbesuch zu teuer ist, die neue Anti-Falten-Creme mit dreifachem Wirkstoffkomplex aber nicht; wer politische Demonstrationen sinnlos findet und am Wochenende mit Tausenden von Gleichgesinnten in bunten Wurstpellen durch die Innenstadt joggt – der muss sich nicht wundern, wenn sein Kind in der Schule Lindgren light zu lesen bekommt.

Einst gab es den schönen Satz: »Es kommt auf die inneren Werte an.« Gemeint waren nicht die Blut- oder Leberwerte. Stark, schön und gesund sein kann auch ein Tier; lesen und schreiben kann nur der Mensch, vorausgesetzt, man bringt es ihm bei. *Homo sapiens* definierte sich über seine Vernunft, über Sprachbegabung, Intelligenz, Bewusstsein oder Seele, mithin über geistige Eigenschaften. Selbst die immer wieder aufs Neue missverstandene *Mens-sana-in-corpore-sano*-Formel begründete die Notwendigkeit von körperlicher Ertüchtigung mit dem Erhalt der Geisteskraft und betrachtete somit das Herumschrauben an der Physis als Mittel zu einem höheren Zweck.

Es bereitet mir kaum noch Mühe, diese Sätze in der Vergangenheitsform zu formulieren. Würde man heute jungen Eltern die Frage stellen: »Was hättet ihr lieber, ein schlankes Kind oder ein fettes, das den Dreisatz kann?« – ich würde für die Antwort nicht die Hand ins Feuer legen. Wer wissen will, wie es um unsere Präferenzen bestellt ist, muss nur die Gehirnwaschmaschine namens Werbung einschalten. Ob Fernsehen, Radio oder Plakate – gezeigt werden nicht Menschen, die 23 mal 7 im Kopf multiplizieren, »Satellit« buchstabieren oder das deutsche Wahlsystem erklären können. Sondern solche, die jung, schön und leistungsfähig sind, weil sie das Richtige essen, die richtige Kosmetik benutzen und mehr Vitaminpräparate als Bücher im Schrank haben. Auch der Spam in meinem E-Mail-Postfach bietet keine Goethe-Gesamtausgaben, sondern Schwanzverlängerungen und Diätprogramme an. Es lebe der Körper. Bildung ist unsexy.

Vielleicht erklärt sich in diesem Zusammenhang, warum kein Aufschrei durchs Land ging, als sich ein Kamikaze-Kommando aus europäischen Bildungsministern anschickte, eine unserer schönsten Errungenschaften, nämlich das Universitätssystem Humboldt'scher Prägung in eine Karikatur seiner selbst zu verwandeln. Ausgerechnet das deutsche Dichter-und-Denker-Land kämpfte an erster Front für eine Reform, die nicht aus Not stattfand, sondern in der Überzeugung, die Umdeutung von Bildungsanstalten in Ausbildungscamps sei eine »zeitgemäße« und damit gute Idee. Die Hauptziele der Reform heißen nicht Wissensvermittlung, Persönlichkeitsbildung und Forschungsfreiheit. Sie heißen Mobilität, Wettbewerbsfähigkeit und Arbeitstauglichkeit.

Die Umstellung von Köpfchen auf Kröpfchen ist ausnahmsweise nicht den allgegenwärtigen Sachzwängen geschuldet. Sie geschieht freiwillig. Dahinter steht ein Paradigmenwechsel, der die geistigen Qualitäten des Menschen von Platz Eins der Werteskala verdrängt und das materiell Messbare über alles setzt. *Exit* unberechenbares Rätsel Mensch, *enter* genormte Biomaschine. Dies ist nicht nur eine Folge des Gottesverlustes, der die Menschen zwingt, in Ermangelung eines Unsterblichkeitsversprechens ihr Heil in der Perfektionierung des Körperlich-Diesseitigen zu suchen. Es ist zugleich Ausdruck der umfassenden Ökonomisierung aller Lebensbereiche, nach deren Gesetzen Zeit niemals mehr als Geld sein kann und kurzfristige Effizienzerwägungen mehr zählen als das längerfristig angelegte humanistische Bildungsideal.

Der ideale Mensch von heute muss funktionieren. Er darf nicht nur nicht krank sein, er muss sich auch sonst stets innerhalb der Norm bewegen. Das Verbot von Abweichungen wird mit Kostenrelevanz begründet. Entgegen dem Gerede von gesellschaftlicher Solidarität lädt jeder Bürger Schuld auf sich, dessen individueller Weg die sogenannte Gemeinschaft teuer zu stehen kommt. Deshalb muss sich ein Student, der länger als acht Semester die Uni besucht, ebenso schämen wie ein dicker Mensch, der als potenzieller Herzpatient eines Tages erhöhte Pflegeleistungen in Anspruch nehmen könnte. So kommt es, dass Juraprofessoren weitgehend ungehört darüber klagen, dass angehende Anwälte nicht mehr in der Lage sind, einen korrekten Satz zu formulieren, während sich Volksbegehren mit Rauchverboten beschäftigen und das Gesundheitsministerium die Hälfte der Bundesbevölkerung für fettleibig erklärt. Als Zugeständnis an die protestierenden Studenten verspricht die Kultusministerkonferenz kleine Nachbesserungen am Bologna-Debakel. Etwas weniger Prüfungen hier, ein bisschen erleichterter Hochschulwechsel da. Aber jeder, der schon einmal eine Tasse zerbrochen hat, weiß, dass man diese nicht reparieren kann, indem man einzelne Stücke hin und her wendet. Es ist ein altes menschliches Dilemma, dass es Jahrhunderte dauern kann, etwas aufzubauen, während die Zerstörung erstaunlich kurze Zeit in Anspruch nimmt.

Als Dozentin habe ich erlebt, wie sich Studenten, die angetreten waren, ihre intellektuellen Fähigkeiten zu schulen, binnen weniger Wochen nur noch wie ferngesteuert um ihre Creditpoints kümmerten. Die verbesserte internationale Mobilität wird nicht genutzt, weil niemand Zeit und Nerven für einen Auslandsaufenthalt besitzt. Ein Geschichtsprofessor rechnete mir vor, dass ein Student nach Erfüllung der Bologna-Anforderungen noch eine Stunde pro Woche dem Lesen eines Buchs widmen kann.

Vergessen wir doch einfach die Sache mit dem Lesen. Dank modernster RFID-Technologie kann bald die Packungsbeilage jedes Grippemittels als Hörbuch herausgebracht werden. Vergessen wir überhaupt diese ganzen vertrödelten, ökonomisch nicht zu legitimierenden Geisteswissenschaften. Das würde gewiss auch zur Vermeidung von Kopfschmerzen beitragen. Lassen wir die protestierenden Studenten für die Bachelorprüfung fleißig mit dem Wadenwickel üben. Dann ist bald endgültig Schluss mit Aufmüpfigkeiten aller Art. Wo steht denn überhaupt geschrieben, dass es auf die inneren Werte ankomme? Es gilt doch längst eine viel simplere Weisheit, die niemand mehr anzuzweifeln wagt: Hauptsache, wir sind gesund.

Deutschland dankt ab
(2010)

Kennen Sie das Gefühl, wenn man mitten in der Nacht aufwacht und keine Ahnung hat, wo man sich befindet? Tür und Fenster haben die Plätze getauscht, das Bett ist viel zu breit, und die Stille klingt merkwürdig in den Ohren, irgendwie unvertraut. Für ein paar Augenblicke schwebt man in einer Zwischenwelt, ort- und zeitlos, im veritablen Nichts. Endlich ahnt man: Das muss ein Hotelzimmer sein.

Eben war ich doch noch zu Hause, wo die Presslufthämmer der Wirtschaftskrise vor den Fenstern tobten, dieser zermürbende Lärm einer Dauerbaustelle namens »Neuordnung der Finanzmärkte«, auf der nichts vorangeht. Dazu das Prasseln des Dauerregens, der im Wonnemonat Mai tagelang gegen die Fenster peitschte und angesichts der eisigen Temperaturen jederzeit in Hagel übergehen konnte. Als wäre der Sommer im Jahr 2010 entweder zurückgetreten oder im Rahmen eines Sparpakets gestrichen worden. Nach einem ohnedies endlosen Winter, vollgepackt mit altmodischen Dingen wie Schnee und Eis, kann einem da schon die Lust vergehen. Zum Beispiel die aufs Anführen. Jedenfalls war immer, wenn ich das Radio anschaltete, gerade ein Anführer verschwunden. An die Rücktritte von Franz Josef Jung und Margot Käßmann hatte man sich schon gewöhnt, bei Walter Mixa war es ohnehin höchste Zeit. Aber dann ging es plötzlich Schlag auf Schlag. Michael Ballack musste wegen Sehnenverletzung als Kapitän der deutschen Fußballnationalmannschaft ausscheiden. Horst Köhler, Kapitän der Bundesrepublik Deutschland, verließ wegen Seelenverletzung das schlingernde Schiff – frühe Ratte schwimmt ganz vorn. Auch Hessen-Kapitän Roland Koch schmiss den Bettel hin und gab zur Begründung an, dass Politik eben nicht alles sei. Schon gar nicht im Vergleich zur Wirtschaft.

Und plötzlich – Stille. In Berlin basteln die übrig gebliebenen Anführer mäßig wasserdichte Rettungsschirme aus bunten Schuldscheinen, die über den Köpfen halb bankrotter EU-Mitglieder aufgespannt werden sollen. Die Bürger hingegen benutzen ihre von der Gesundheitspauschale bedrohten Köpfe vor allem dazu, sie in milder Verwunderung zu schütteln.

Ach so, auf die Finanz- und Wirtschaftskrise folgen jetzt Währungs- und Vertrauenskrise? Wird auch langsam langweilig. Aha, das neueste Rettungspaket konnte den Kurssturz des Euro nicht aufhalten? War doch eh klar. Schau an, wir haben keinen Bundespräsidenten mehr? Wenn er nicht rausposaunt hätte, dass er zurücktritt, wäre das gar nicht weiter aufgefallen. Na so was, Jogi Löw will nach der Fußball-WM vielleicht auch abdanken? Können wir verstehen. Abdanken tut gut, abdanken liegt im Trend. Deshalb machen wir das als politische Öffentlichkeit jetzt auch. Schickt uns eine SMS, falls die Abdankprämie erfunden wird. Wir sind dann mal weg, nämlich am Flughafen in Hannover, um Lena abzuholen.

Hilfe! Ist dies das Land, das regelmäßig in Hysterie geriet, wenn die Pendlerpauschale abgeschafft werden sollte oder ein paar grippeinfizierte Vögel in den deutschen Luftraum eindrangen? Warum ist es so ruhig? Wo sind die Empör-Kömmlinge, deren Aufgabe es wäre, den Untergang von Republik und Abendland zur beschlossenen Sache zu erklären? Wo die Opposition, die mit ausgebreiteten Armen verspricht, alles besser zu können? Wo ist das Fenster, wo die Tür? Sinn und Verstand haben die Plätze getauscht, und die Stille klingt nicht nur merkwürdig unvertraut, sondern dröhnt regelrecht in den Ohren. Erst einmal durchatmen. Ein Hotelzimmer also, Zwischenstopp auf dem Weg von einem Ort zum anderen. Vielleicht ist es gar nicht so schlecht hier. Ich beschließe, aus dem Fenster zu schauen und abzuwarten, ob das Frühstück gebracht wird. Beim Gedanken an frischen Orangensaft und warme Croissants wirkt die Stille gleich weniger bedrohlich, im Gegenteil, eigentlich ist die Ruhe himmlisch. Und regnen tut es auch nicht mehr.

Langsam nimmt die Umgebung Konturen an, draußen dämmert ein nebliger Morgen. In der Ferne bewegt sich eine Gruppe seltsamer Gestalten. Sie drehen sich umeinander, tauschen die Plätze wie Figuren auf einem Schachbrett. Ein paar Zuschauer mit Kameras und Mikrofonen stehen am Rand und verfolgen das Geschehen. Jetzt erkenne ich, was die Akteure machen: Sie packen zusammen. Da ist der Bundesverteidigungsminister, ganz allein damit beschäftigt, die Bundeswehr abzuschaffen. Tatsächlich hat er die Logik auf seiner Seite: Wenn unsere Jungs in Uniform, wie die Causa Köhler beweist, nun doch keine Wirtschaftskriege führen dürfen – wozu brauchen wir sie dann? Das globale Kapital soll sich gefälligst seine eigenen militärischen Dienstleister mieten, falls es unbedingt Krieg führen muss; die Telefonnummer von Blackwater gibt's im Internet.

Dem Gesundheitsminister Philipp Rösler am äußeren Rand des Spielfelds könnte das nicht gleichgültiger sein. Er steht über seinen Rechenschieber gebeugt und kalkuliert sich in großen Schritten einer vagen Zukunft entgegen. Einstweilen posiert Außenminister Guido Westerwelle hoch aufgerichtet in seiner Ecke, drückt sich ein Telefon an jedes Ohr und verteidigt die Subventionierung jener Hotelbetten, in die man einzuziehen gedenkt, sobald man hier mit der Haushaltsauflösung fertig ist. Eine Gruppe unauffälliger Experten um den Wirtschaftsminister bereitet die letzten deutschen Unternehmen auf den Verkauf an ausländische Investoren vor. Und im Zentrum der Ereignisse bewegt sich, seltsam zeitlupenhaft, die Kanzlerin. Gerade hat sie versucht, Arbeitsministerin Ursula von der Leyen mit einem gekonnten Bodycheck in die Mitte des Spielfelds zu befördern, und sie dabei versehentlich über den Rand geschubst. In einem sekundenschnellen Taktikwechsel tauscht sie nun den gefallenen König Köhler gegen eine durchsichtige, fast gar nicht vorhandene Ersatzfigur. Währenddessen versuchen eifrige Journalisten, den munteren Gauck zum Einsatz zu bringen. Die FDP-Mannschaft macht La Ola für den sympathischen Quereinsteiger und kündigt gleichzeitig an, ihm den Zutritt zu verweigern. Leider, leider – man hat es so weit gebracht bei dem Vorhaben, die Regierung mithilfe giftiger Injektionen von innen zu paralysieren, da kann man das allgemeine Absterben jetzt nicht gefährden, indem man einen Parteilosen engagiert.

Chaotisch sieht das Gewusel der Aufräumarbeiten aus. Schaut man allerdings länger zu, entdeckt man Strukturen, die dem Spiel eine ganz eigene Schönheit verleihen. Man erkennt, dass von langer Hand vorbereitet wurde, was hier in die entscheidende Phase tritt. Ein großes, einvernehmliches Projekt, an dem das ganze Land in schönster demokratischer Harmonie beteiligt ist. Ich denke daran, wie wir uns jahrelang darin übten, Politiker und andere Figuren des öffentlichen Lebens über unsauber formulierte Sätze stolpern zu lassen, bis sich alle treu und brav mühten, immer dasselbe zu sagen, und in Sekundenschnelle zurücktraten, wenn das einmal nicht gelang. Ich erinnere mich, wie die Politik Personalfragen in Castingshows, Minister in Medienstars und Wahlkämpfe in Unterhaltungsformate verwandelte, um dann ehrlich und auf Augenhöhe gegen eine 19-jährige Sängerin aus Niedersachsen zu verlieren. Wie man links gegen rechts, Solidarität gegen Eigenverantwortung, Freiheit gegen Sicherheit und Sparen gegen Wachsen ausspielte, bis die totale Stagnation in greifbarer Nähe lag. Derweil wollten wir Bürger unbedingt als Konsumenten behandelt werden und politische Ziele als Serviceleistungen begreifen. Regelmäßig waren wir stinksauer, weil die durch Stimmabgabe erkauften Produkte nicht die erhoffte Qualität besaßen und es in Berlin keine Hotline für individuelle Reklamationswünsche gab. Als Politikverdrossene haben wir eine Kanzlerin wiedergewählt, die ihre ungeheuren Beliebtheitswerte darauf stützte, möglichst wenig Politik zu machen. Weil sie von Anfang an nur für strategisches Schweigen und personelle Nabelschau stand, ist sie heute eine Idealbesetzung als Zeremonienmeisterin des großen Abdankens vor dem effektvollen Hintergrund abstürzender Umfragewerte. In friedfertigem Einverständnis haben wir auch den finalen Schachzug hingenommen, der darin bestand, erst das Wort »Sachzwang«, dann »alternativlos« zu erfinden und beides mantramäßig zu wiederholen, bis allen Beteiligten klar war, dass die Handlungsspielräume von Politik zwischen EU-Gesetzgebung und globalisierter Ökonomie weit genug gegen null tendieren, um den Laden langsam dicht zu machen.

Hinter der Hügelkette am Horizont sind die zurückgetretenen Bürger, »Satellite« pfeifend, damit beschäftigt, kleine Deutschlandfähnchen an ihren Autos zu befestigen. Haben wir nicht schon während der Parlamentsferien und in der Weihnachtspause regelmäßig gedacht, dass ein Leben ohne Politik eigentlich viel angenehmer ist? Die Welt dreht sich weiter, man vermisst nichts, für Gesprächsstoff sorgen Papst, Prominente und Fußball-WM. Geistige Beweglichkeit bewahrt man sich durch das Lösen von Sudokus oder indem man die aktuelle Wetterlage möglichst kunstvoll in die Abschiedsformeln seiner E-Mails einarbeitet. Sonnige Grüße aus Hannover nach Berlin! – denn, wie der Ex-Präsidentschaftskandidat *in spe* schon lange weiß: Auf einen Winter im Sommer folgt der Frühling im Herbst. Bald darf auch Kachelmann wieder aus dem Gefängnis, nachdem er punktgenau am Tag des Ausbruchs eines unaussprechlichen isländischen Vulkans vorübergehend von der Fernsehbildfläche verschwinden musste. Schließlich sollte kein prominenter

Fachmann verraten, wozu die Vulkanasche in Wahrheit taugte: Sie verhinderte im kritischen Augenblick, dass wir hoch genug aufstiegen, um Draufblick zu gewinnen. Sie machte das Fliegen auf Sicht gesellschaftsfähig und bewies zugleich auf sanfte Weise, dass nicht einmal Flugverkehr und Frühlingswetter unverzichtbar sind. Inzwischen ist die Bodenhaftung vollkommen, weitere Asche auf unseren Häuptern überflüssig.

Ich ziehe die Vorhänge zu, schalte den Wecker aus und lege mich wieder ins Bett. Abdanken ist wie Dauersonntag. Heiteren Gemüts werde ich darauf warten, dass die Regierung im Zuge der Ausarbeitung neuer Sparpläne auf die einzig konsequente Idee verfällt: sich zur Reduzierung der Neuverschuldung selbst einzusparen. Abbitte sehr, Abdanke schön: Bald ist es so weit. Man muss nur lernen, die Stille zu genießen, dann ist das alles gar nicht so schlimm.

Das Mögliche und die Möglichkeiten
Rede an die Abiturienten
(2010)

Alles Gute für die Zukunft!« oder: »Viel Erfolg in der Zukunft!« – das sind Sätze, die Sie, liebe Abiturienten, in letzter Zeit das eine oder andere Mal gehört haben dürften. Denn nach allgemeiner Auffassung beginnt die Zukunft nach dem Abitur, und zwar mit sofortiger Wirkung. Ebenso wie das sogenannte echte Leben. Was dann eigentlich während der gesamten Schulzeit stattfindet – Vergangenheit und unechtes Leben? – wollen wir an dieser Stelle einmal dahingestellt sein lassen.

Das Abitur ist ein kurioses Zertifikat. Zum einen stellt es den kürzesten Entwicklungsroman der Welt dar: ein menschliches Lebensjahrzehnt in einer Zahl zusammengefasst. So weiß man, was Sie in den vergangenen Jahren gemacht haben: 1,3 oder 2,5 oder 3,9. Zum anderen verkörpert die Zahl den Wert Ihres Optionspapiers im Rahmen eines besonderen Termingeschäfts. Gegen Vorlage dieser Urkunde wird dem Berechtigten, also Ihnen, ein Stück Zukunft ausgehändigt, auf das Sie Anspruch erworben haben. So will es das deutsche Schulsystem, und so hört man es überall: Wer das Abitur macht, »hat« eine Zukunft. Beim Inhaber eines Hauptschulabschlusses sieht es da schon anders aus. Da wiegt die herrschende Meinung sorgenvoll den Kopf: Ob der wohl eine Zukunft hat?

Zu meiner Zeit gab es einen Aufkleber, den man auf Schulbänke oder Toilettentüren klebte. Unter einem gezeichneten Faulpelz, der auf einer Couch herumlümmelte, stand der Spruch: »Achtung! Heute beginnt der Rest des Lebens.« Ich weiß gar nicht, ob wir wussten, warum wir das damals witzig fanden. Faul sein, in den Tag hineinleben, nicht an die Zukunft denken – das war damals der Inbegriff von »cool«. Wer viel lernen wollte, tat das besser heimlich, um nicht als Streber ausgelacht zu werden. Die Standardantwort auf die nervtötende Frage, was man nach der Schule vorhabe, lautete: »Mal gucken.« Vielleicht wurden noch ein paar Ideen hinterhergenuschelt: erst mal ein Jahr rumhängen bzw. jobben bzw. reisen bzw. soziales Jahr oder Zivildienst – dann weitersehen. Planung war etwas für Kontrollfreaks. Der Starke musste in der Lage sein, die Ungewissheit nicht nur zu ertragen, sondern als etwas Positives zu betrachten, nämlich als das Wesen der Freiheit. »Heute beginnt der Rest des Lebens« – ein Spottvers auf den Versuch der Erwachsenenwelt, das Leben in eine Treppe mit aufwärtsführenden Stufen zu verwandeln. Zu jedem Silvester, an jedem Geburtstag soll man glauben und dafür kämpfen, dass im neuen Jahr alles anders, nämlich besser wird. Erst recht gilt diese Forderung für den Schulabschluss. Kaum ein anderer Zeitpunkt im menschlichen Leben wird mit so viel Bedeutung befrachtet. Das Ende der Schulzeit sei ein Einschnitt, ein Wendepunkt, die alles entscheidende Weichenstellung für das, was da komme.

Also: »Alles Gute für die Zukunft!«

Klingt das nicht ein bisschen wie eine Drohung?

Da Sie alle hier Abiturienten sind und folglich das Abitur als Zertifikat Ihrer Zukunftstauglichkeit erworben haben, müssen Sie wohl an den Wert der Zukunft glauben. Die Zukunft muss etwas Gutes sein, wenn man bereit ist, dafür acht bis neun lange Jahre früh aufzustehen, um stundenlang auf rückenschädlichen Stühlen in schlecht gelüfteten Räumen herumzusitzen, während draußen das »echte Leben« stattfindet.

Wenn man nun aber den Zeitgeist befragt, wie er sich in Zeitungen, Filmen und in der Werbung manifestiert, stellt man fest, dass vor allem Gegenstände eine Zukunft besitzen – ganz ohne Abitur. Es gibt das Handy der Zukunft, das Auto der Zukunft, den Rasierapparat der Zukunft, das Haus der Zukunft, den Fernseher der Zukunft, den Computer der Zukunft und das Energiesystem der Zukunft. Aber was ist mit der Zukunft des Menschen, der Gesellschaft, der Welt?

Da, erfährt man, sieht es düster aus. Die Gesellschaft überaltert, Gesundheits- und Rentensystem stehen vor dem absehbaren Aus. In den wenigen Jobs, die es noch gibt, müssen immer weniger Menschen für immer weniger Geld immer mehr arbeiten. Der Staat häuft gewaltige Schuldenberge an, die von kommenden Generationen zu tragen sind. Ohne grundlegende Änderungen im Finanz- und Wirtschaftssystem bleiben künftige Finanz- und Wirtschaftskrisen absehbar – und von grundlegenden Änderungen keine Spur. Wenn erst einmal alle Chinesen Auto fahren, bricht das Ökosystem zusammen. Gleichzeitig gehen die Ölreserven zu Ende, was zum Ausbruch von Weltkriegen um die verbliebenen Ressourcen führen wird. Die Klimaerwärmung erzeugt Überschwemmungen und Verwüstungen in weiten Teilen der Welt, was kriegerische Völkerwanderungen zur Folge haben muss. Die Globalisierung legt über kurz oder lang unsere sozialen Sicherungssysteme in Schutt und Asche, weil wir, sofern wir uns nicht anpassen, von Ländern ausgebootet werden, die keinen Kündigungsschutz und keine Lohnfortzahlung im Krankheitsfall kennen. Zu allem Überfluss unterwandert der gewalttätige islamistische Terrorismus die westliche Hemisphäre, während immer häufigere und heftigere Naturkatastrophen das verwüsten, was von der westlichen Zivilisation noch übrig ist. Und überhaupt – wir feiern jetzt schon 65 Jahre Frieden in Europa. Sie, liebe Abiturienten, haben angesichts der steigenden Lebenserwartung noch locker 60 bis 70 Jahre Zukunft vor der Nase – wie wahrscheinlich ist, nach einem kurzen Blick in die europäische Historie, eine Friedensphase von 125 bis 135 Jahren? Wenn Sie ein Außerirdischer wären und die Erde wäre ein Big-Brother-Container im Alien-TV – wie hoch würden Sie auf Ihre Zukunft wetten? Anders gefragt: Sind Sie noch nie auf die Idee gekommen, dass Ihr Abitur so viel wert sein könnte wie eine Telekom-Aktie?

Doch, sind Sie, höchstwahrscheinlich. Sie machen trotzdem weiter. Warum? Weil Ihnen gar nichts anderes übrig bleibt. »Was soll ich denn tun«, werden Sie fragen, »zu Hause die Rollläden runterlassen und morgens nicht mehr aufstehen? Mich in einem Erdloch verbuddeln?« – Sie machen also weiter, weil es keine Alternative gibt. Aber mit welchem Gefühl?

Liebe Abiturienten, ich werde Ihnen jetzt verraten, warum ich heute vor Ihnen spreche. Vermutlich sind Sie mittlerweile zu der Überzeugung gelangt, ich wollte Sie veranlassen, morgen zu Ihren Ex-Schuldirektoren zu gehen und zu fragen, ob eine Aberkennung des Abiturs gegen Rückerstattung von acht oder neun Jahren Lebenszeit möglich sei. Mein tatsächlicher Grund ist viel profaner: Ich bin hier, weil ich mich über einen Schriftstellerkollegen geärgert habe. 2004 hat Raoul Schrott zu den damaligen Abiturienten gesprochen, und zwar in Form einer Abiturientenbeschimpfung. Gewiss mit einem Augenzwinkern, aber deshalb noch lange nicht ironisch gemeint, warf er Ihren Vorgängern vor, dass sie eine Generation von Schlappschwänzen und Duckmäusern seien. Er nannte sie »Konformisten«. Beim Lesen habe ich mich gefragt, ob Raoul Schrott während seiner Schulzeit ein Revoluzzer war. Ob er sich an eine wilde Jugend erinnert, in der er und seine Klassenkameraden vor Engagement, Widerstandsgeist und revolutionärem Potenzial nur so platzten. Wie dem auch sei – in den jungen Menschen von heute sieht er keine echten Manns- und Weibsbilder mehr, sondern nur noch brave Mädchen und Jungs. Eine angepasste, farblose, geduckte Generation.

Absurd ist schon, dass man jahrhundertelang der Jugend Sittenlosigkeit und Querulantentum vorgeworfen hat, um ihr heutzutage Prüderie und Stromlinienförmigkeit vorzuwerfen. Hauptsache Vorwurf: Das ist wohl der wahre Inhalt des Generationenvertrags. Die Älteren ärgern sich, dass sie älter werden, und beschimpfen deshalb die Jüngeren, weil sie jung sind.

Das wäre noch kein Anlass, sich über einen Kollegen auf-

DAS MÖGLICHE UND DIE MÖGLICHKEITEN (2010)

zuregen. Aber an der wohlfeilen Klage über das jugendliche Duckmäusertum, die man ja nicht nur aus dem Mund von Raoul Schrott zu hören bekommt, stört mich etwas anderes. Ihr liegt eine fatale Verkennung der Tatsache zugrunde, dass zwischen der Schulzeit von Herrn Schrott und der Ihren rund 30 Jahre liegen – 30 Jahre, in denen sich ein paar entscheidende Dinge geändert haben.

Als Schriftstellerin ist es mein Beruf, mich in Menschen, die mir eigentlich fremd sind, hineinzuversetzen. Auch Raoul Schrott übt diesen Beruf aus, aber er hat sich nicht in »seine« Abiturienten hineinversetzt, sondern sich an sich selbst erinnert und Vergleiche gezogen. Ich bin hier, um es besser zu machen.

Eben habe ich gefragt, mit welchem Gefühl Sie in die Zukunft blicken. Diese Frage will ich nun selbst beantworten. Ich behaupte zu wissen, wie Sie sich fühlen. Vielleicht liegt darin eine noch größere Anmaßung als in einer Beschimpfung, aber wenn ich diese spezielle Anmaßung nicht aushalten wollte, hätte ich Anwältin werden müssen statt Autorin.

In den letzten 30 Jahren haben sich entscheidende Dinge verändert – das ist eine Binsenweisheit, weil sich innerhalb von 30 Jahren immer entscheidende Dinge ändern. Mindestens ebenso wichtig wie das, was sich ändert, ist die Art und Weise, wie Menschen mit den Bedingungen ihrer jeweiligen Zeitgenossenschaft umgehen. Diese spezifische, subjektive Form der Zeitgenossenschaft nenne ich »Zeitgeist«. Einen Zeitgeist kann man sich nicht aussuchen, er ist der Soundtrack einer Epoche, ein kollektives Phänomen, das aus dem ständigen Gespräch einer Gesellschaft mit sich selbst entsteht. Der aktuelle Zeitgeist wurde, mit Verlaub, nicht von Abiturienten gemacht. In einer Mediengesellschaft wächst und gedeiht er in den Medien. Er ernährt sich von dem, was Journalisten und andere professionelle Meinungsträger – zu einem kleinen Anteil auch Schriftsteller – in Zeitungen, Büchern, Radio, Fernsehen und Internet von sich geben.

Das persönliche Lebensgefühl steht zum allgemeinen Zeitgeist wie ein Kind zu den Eltern. Es kann nacheifern oder rebellieren – früher oder später wird es erkennen müssen, dass es ihnen in vielen Punkten ähnelt. Kinder übernehmen nicht alles, aber doch manches von ihren Eltern. Das Lebensgefühl übernimmt nicht alles, aber doch einiges vom Zeitgeist. Deshalb ist es unfair, einer Generation ihr Lebensgefühl vorzuwerfen, ohne sich zugleich Gedanken über den Zeitgeist zu machen.

Vorhin habe ich Ihre Zukunft als einen schwarzen Abgrund gezeichnet, als Inflation des Schrecklichen, die den Wert Ihres Optionspapiers namens Abitur auf null reduziert. Das entsprach nicht meiner persönlichen Meinung. Ich bin keine Untergangsprophetin; ich bin noch nicht einmal ein veritabler Pessimist. Der schwarze Abgrund ist keine Tatsache, sondern ein Bild, das der Zeitgeist malt, wenn er in die sogenannte Zukunft blickt. Für menschliche Wesen, deren Erkenntnisfähigkeit sich notwendig nur auf Vergangenes und Gegenwärtiges bezieht (und auch das nur in sehr eingeschränktem Maße), stellt die Zukunft immer eine Fiktion dar. Wir können nicht wissen, was kommt, wir können es uns nur *vorstellen*. Die Zukunft ist also *per se* Ansichtssache. Das gilt erst recht für ihre vorweggenommene Bewertung.

DAS MÖGLICHE UND DIE MÖGLICHKEITEN (2010)

Nehmen wir uns noch einmal die oben zitierten Untergangsszenarien vor: Die Gesellschaft überaltert – ist es nicht Grund zur Freude, wenn die Menschen länger leben? Alle Chinesen fahren Autos – stellt das nicht vor allem eine Entwicklung in Richtung größerer globaler Gerechtigkeit dar? Die Ölreserven gehen zu Ende – könnte das nicht eine Chance auf einen umweltfreundlicheren Umgang mit dem Energiebedarf sein? Der Klimawandel verändert die Erdoberfläche – warum soll das nur zu Katastrophen und nicht auch zur Verbesserung der Lebensbedingungen in manchen Regionen führen? Die Globalisierung gefährdet unsere wirtschaftliche Führungsrolle – haben wir denn einen Anspruch darauf, die Reichsten der Welt zu sein? Die Globalisierung wird unsere Sozialstandards vernichten – wer sagt denn, dass die Globalisierung nicht unsere Sozialstandards in anderen Ländern verbreiten wird? Der islamistische Terrorismus bedroht den Westen – haben wir nicht eben erst den Kalten Krieg überwunden, in dem sich viel gefährlichere Feinde gegenüberstanden?

Ich sage nicht: Die eine oder andere Interpretation ist richtig, ich sage nur: Es sind Interpretationen. Der Zeitgeist aber hat sich für *eine* Sicht auf die Dinge entschieden: Er sieht schwarz. Sie, liebe Abiturienten, leben in einer Epoche, die scheinbar keine Alternativen zu bieten hat. Es scheint nur noch einen Weg zu geben, und dieser Weg heißt entfesselter Kapitalismus, er heißt Klimakatastrophe, Sozialabbau und Wirtschaftskrieg. Es gibt kein positives Menschheitsprojekt mehr, wie das vielleicht vor 30 Jahren noch der Fall war. Es existieren keine optimistischen Visionen, keine Utopien in Bezug auf Demokratie, Gerechtigkeit, Weltfrieden. Stattdessen ist die Rede von Sachzwängen, von notwendigem Pragmatismus, von Anpassungsdruck, von Baustellen, auf denen bestenfalls noch an Detailproblemen gebastelt wird, von einer Politik, die nur kurzsichtige Entscheidungen trifft, weil sie Blick und Einfluss auf das große Ganze verloren hat.

Was bedeutet ein solcher Zeitgeist nun für den Einzelnen, also für Sie, liebe Abiturienten, für Ihr Lebensgefühl, von dem ich behauptet habe, es zu kennen?

Aus Sicht des Menschen kann man Zukunft als die Summe aller Möglichkeiten beschreiben, die sich innerhalb einer Lebensspanne theoretisch realisieren könnten, also als unüberschaubare, vielleicht sogar unendlich große Menge von potenziellen Lebenswegen. Allein das ist schon gruselig: ein riesiges Möglichkeitenmonster. Die Zukunft schwarz zu sehen heißt, den größten Teil dieser möglichen Lebensverläufe als scheiternd zu betrachten. Damit gleicht die Zukunft einem Labyrinth aus Sackgassen, Irrwegen, Stolperfallen und anderen Gefahren, während nur wenige, schwer zu findende Wege einigermaßen heil durch den Schlamassel führen. Für den Einzelnen, der es mit einer solchen Zukunft aufnehmen will, folgt daraus: Jeder Schritt kann ein Fehler sein. Jede Entscheidung gewinnt existenzielle Bedeutung – wenn sie sich als falsch erweist, führt sie den Menschen in die Irre, er geht verloren und findet nicht mehr oder nur noch mit großer Anstrengung auf den richtigen Pfad zurück.

Also, liebe Abiturienten, immer schön alles richtig machen! Aufpassen! Abwägen! Vernünftig sein! Ich hoffe, Sie haben sich bei der Wahl Ihrer Leistungskurse überlegt, ob der Studiengang, den Sie anstreben, an einen Numerus Clausus gebunden ist. Sehen Sie zu, dass Sie so schnell wie möglich mit Ihrer Ausbildung beginnen. Keine Zeit verschwenden! Keine Umwege! Überlegen Sie sich gut, welchen Beruf Sie ergreifen wollen, denken Sie antizyklisch, beziehen Sie Wirtschaftsprognosen, Klimaentwicklung und Weltpolitik in Ihre Entscheidung ein. Falls Sie studieren, bloß nicht bummeln! Sie müssen schnell fertig werden, am besten schneller als alle anderen. Trotzdem sollten Sie mindestens zwei Fremdsprachen lernen, mindestens ein Semester im Ausland verbringen, und vergessen Sie nicht, Praxiserfahrungen zu sammeln, die sind das A und O! Gehen Sie jobben, machen Sie Praktika und Volontariate. Beweisen Sie auch Ihre soziale Ader. Ehrenamtliche Betätigung und soziales Engagement machen sich gut im Lebenslauf. Und bitteschön kein Fachidiot werden; Sie müssen vielseitig und flexibel sein; immerhin leben wir in einer Kommunikationsgesellschaft. Wenn Sie nach Ihren Hobbys gefragt werden, antworten Sie bitte nicht »Musik hören und Kino«. Da muss schon was Spezielleres dabei sein, Modellbau oder Schach oder Saxofon, aber auch nicht zu speziell, nicht so was Introvertiertes wie Fische züchten oder Radiergummis sammeln. Halten Sie sich schlank. Fettleibigkeit könnte als Zeichen von Dummheit oder fehlender Disziplin gedeutet werden. Achten Sie auf Ihr Aussehen. Treiben Sie Sport. Falls Sie rauchen, geben Sie das sofort auf, Raucher besitzen kein Rückgrat, stinken und leisten sich womöglich noch Fehltage wegen Lungenkrebs. Nehmen Sie an Stadtmarathons teil, damit Sie lernen, auf langen Strecken durchzuhalten. Essen Sie gesund, stehen Sie früh auf. Denken Sie immer daran: Es existieren nur wenige richtige Wege durchs Labyrinth, und die sind heiß begehrt! Wenn Sie trödeln, werden Sie überholt; wenn Sie Schwäche zeigen, beiseite gedrängt; wenn Sie nicht gut drauf sind, nimmt eben ein anderer Ihren Platz ein. Nicht vergessen: Die Welt braucht Sie nicht! Niemand sagt zu Ihnen: »Komm, mach mit, wir haben eine Idee, wir arbeiten an einer guten Sache, auf dich haben wir gewartet.« Das, woran Sie noch mitarbeiten können, heißt Überlebenskampf. Wer in einen Kampf zieht, braucht eine Strategie. Also planen Sie Ihr Leben. Bedenken Sie jeden Schritt. Behalten Sie die Kontrolle. Machen Sie keine Fehler. Alles Gute – für die Zukunft!

Kurz gesagt: Ihr Lebensgefühl besteht aus Angst und Druck, verbunden durch einen hübschen Teufelskreis. Es wird Druck ausgeübt, der zu Angst führt, während Angst eine weitere Erhöhung des Drucks nach sich zieht. Angst und Druck werden nicht von Angsthasen und Drückebergern erzeugt. Nicht Sie, liebe Abiturienten, haben sich diesen Teufelskreis ausgedacht. Sie wachsen da hinein. Die soeben skizzierte Haltung – »Achtung, Zukunft! Jetzt nur keinen Fehler machen!« –, die man Ihnen nahelegt und die einigen von Ihnen schon in Fleisch und Blut übergegangen sein dürfte, entspricht einer Blaupause, nach der im ganzen Land Politik gemacht wird. Kennzeichen dieser Politik ist das präventive und prophylaktische Denken. Die Natur des präventiven Denkens ist nicht kreativ, sondern defensiv. Es geht nicht um das Erschaffen von etwas Gutem (zum Beispiel besseren Lebens- oder Arbeitsbedingungen), sondern ums Verhindern von etwas Schlechtem – von Gefahren, Risiken, Bedrohungen, Krisen.

DAS MÖGLICHE UND DIE MÖGLICHKEITEN (2010)

Zu viel Defensive wirkt destruktiv. Das Präventionsdenken stützt sich auf den Irrglauben, man könne das Raubtier Zukunft durch schlaues Verhalten in der Gegenwart zähmen; man könne große Katastrophen in der Zukunft abwenden, indem man kleine Fehler in der Gegenwart vermeidet. Wer sich heute für das richtige Studium entscheidet, bekommt morgen einen tollen Job. Wer heute das richtige Joghurt isst, stirbt morgen nicht an Herzinfarkt.

Aber was ist mit den vielen Leuten in meinem Bekanntenkreis, die scheinbar überflüssige Dinge wie Germanistik oder Ethnologie studiert, 24 Semester an der Uni verbracht, fünfmal den Studiengang gewechselt oder abgebrochen oder überhaupt keine Ausbildung gemacht haben – und am Ende tolle Jobs bekamen? Andere studierten stringent und fleißig Jura und konnten keine Stelle finden. Es gibt Menschen, die essen Joghurt und gehen ins Fitnesscenter und kriegen vor lauter Leistungsdruck mit fünfzig einen Herzinfarkt. Andere leben wie die Räuber und werden hundert Jahre alt.

Im Grunde wissen wir das alle. Tief im Herzen spürt jeder Mensch, dass er sterblich, verletzlich und dem Ungewissen ausgeliefert ist – und dass er letzten Endes nichts dagegen tun kann. Es gibt unzählige Märchen und Fabeln darüber, wie Menschen mit aller Anstrengung das Beste aus ihrem Leben zu machen versuchen, und dann tritt das Gegenteil ein. Die uralte Botschaft lautet: Du kannst dich abstrampeln, wie du willst, am Ende hast du es eben doch nicht in der Hand, was mit dir passiert. Die alles entscheidende Frage ist, welche Konsequenzen man aus dieser unangenehmen Erkenntnis zieht.

In früheren Zeiten wurde dem großen Gefühl der Hilflosigkeit das sogenannte »Schicksal« entgegengesetzt. »Schicksal« hieß der Glaube an einen vorbestimmten Weg, der jedem Einzelnen schon bei der Geburt in die Wiege gelegt wird. Die Zukunft stand fest. Der Clou bestand darin, dass der Mensch sie nicht kannte, während Gott (oder ein Orakel) recht gut Bescheid wusste. Nachteil: Der Einzelne konnte an seiner Zukunft wenig ändern. Vorteil: Er *musste* auch nichts ändern. Schicksal bedeutete eine radikale Schrumpfung des Möglichkeitenmonsters. Das hatte etwas ungemein Beruhigendes. Aber es machte auch unfrei. Im Christentum wurde den Menschen zum Ausgleich für die Unfreiheit ein besseres Leben im Jenseits versprochen. Voraussetzung blieb auch hier, dass man keine allzu großen Fehler beging. Wer »gut« war und möglichst wenig sündigte, konnte der Hölle entgehen und ins Paradies gelangen.

Damit keine Missverständnisse entstehen: Mir kommt es an dieser Stelle nicht auf religiöse oder gar theologische Erwägungen an, auch nicht auf die Frage, welche dieser Überzeugungen heute noch Gültigkeit besitzen und welche nicht. Mich interessiert ein Vergleich von Mentalitäten, von Zeitgeistern und Lebensgefühlen. Der gott- oder schicksalsgläubige Umgang mit der Zukunft wies nämlich ein paar Vorzüge auf, und wir sollten uns zumindest klar machen, was wir verloren haben, als wir uns von diesen Vorstellungen emanzipierten.

So ist die Alles-richtig-machen-Forderung des Christentums sozial und nicht egozentrisch orientiert. Im Mittelpunkt steht nicht das richtige Joghurt oder das richtige Studium. Ein »guter« Mensch in diesem Sinne ist nicht derjenige, der sich selbst zu Höchstleistungen anspornt, um überall der Erste und Beste zu sein. Ein »guter« Mensch achtet vor allem darauf, anderen nicht zu schaden. Vielleicht gelingt es ihm sogar, hier oder da einmal zu helfen. Ein solches Selbstverständnis macht weniger einsam als die moderne Wettbewerbsideologie im Kampf mit den ungezähmten Möglichkeiten.

Zudem bietet die Existenz eines Zukunftsverwalters namens Gott die Chance auf Verzeihen. Wer einen Fehler begeht, kann diesen ausbügeln, indem er sich dazu bekennt. Der moderne Tenor lautet eher: »Three strikes and you're out.« Wer die Anforderungen nicht erfüllt, fliegt raus – und dann Gnade ihm Gott, wenn dieser nicht längst, wie Robert Menasse es einmal formuliert hat, im Blut seiner Unbeweisbarkeit schwämme.

Am wichtigsten aber finde ich, dass sich Gott, Schicksal und die Idee eines Jenseits wie eine Schutzwand zwischen den Menschen und das Möglichkeitenmonster stellten. Auf diese Weise immunisierten sie gegen den Glücksterror.

»Jeder ist seines Glückes Schmied« – das verstaubte Sprichwort besitzt allerhöchste Aktualität, allerdings mit einer fatalen, sehr modernen Konsequenz: Wer nicht glücklich ist, muss wohl ein schlechter Schmied sein. Mit anderen Worten: ein Versager. Mit 18 noch Jungfrau? Mit 25 die große Liebe noch nicht gefunden? Mit 30 noch keine erfolgreiche Karriere angefangen? Mit 40 noch nicht reich? Da hat wohl einer die Anforderungen nicht erfüllt! Durchgefallen, also unglücklich. Unglücklich, also durchgefallen. Wer ist heute noch in der Lage, sich vorzustellen, dass man arbeitslos und glücklich, arm, aber glücklich, allein und glücklich, sogar krank, aber glücklich sein kann? Glück ist kein geheimnisvolles Gefühl mehr, kein Zauber, der den Menschen wie aus heiterem Himmel in den absurdesten Situationen befällt, sondern ein gesamtgesellschaftliches Zirkeltraining. Ein Trimm-dich-Pfad, auf dem man adäquate Leistungen zu erbringen hat.

Liebe Abiturienten, machen Sie sich auf etwas gefasst: Das Abitur ist nichts gegen die Glücksprüfung, die Ihnen im viel gerühmten echten Leben bevorsteht! Was der Glückslehrplan beinhaltet, entscheidet natürlich nicht der Einzelne, sondern der Zeitgeist. Paradoxerweise heißen die Pflichtfächer »Individualismus« und »Selbstverwirklichung«, womit aber keineswegs gemeint ist, dass jeder die Freiheit besäße, nach eigener Fasson glücklich zu werden. Im Gegenteil, jener Individualismus, der unsere Epoche angeblich prägt, stellt den größten Etikettenschwindel aller Zeiten dar. Nie haben die Menschen homogener gedacht, gegessen, gekauft, gebaut und sich gekleidet als heute. »Individualismus« bedeutet vor allem, dass Sie selbst schuld sind, wenn Sie durch die zentralisierte Glücksprüfung rasseln. Kommen Sie nicht auf die Idee, sich auf Gott oder das Schicksal berufen zu wollen!

Die Forderung »Sei glücklich!« bedeutet übersetzt: Pass dich an. Kauf die Produkte, die wir uns für dich ausgedacht haben. Strebe nach Geld, Sex, Schönheit, Reichtum, Fitness, also nach Zielen, die wir dir schmackhaft machen. Falls du nicht weißt, wie das geht, gibt es Ratgeber und Leitfäden, die du dir anschauen kannst, es gibt sie tonnenweise, in Büchern,

DAS MÖGLICHE UND DIE MÖGLICHKEITEN (2010)

Zeitschriften, Filmen, im Internet. Wenn es trotzdem nicht klappt mit dem Glücklichsein, heißt das nicht, dass das Konzept falsch wäre. Es heißt, dass *du* gescheitert bist. Antworten Sie mal auf die Frage »Wie geht es Ihnen?« mit: »Schlecht.« Ihr Gegenüber wird Sie anschauen, als hätten Sie sich gerade mit einem perversen kleinen Hobby geoutet. Genauso gut könnten Sie sagen: »Schönen guten Tag, ich bin ein Versager.« Es wird Ihre Sympathiewerte nicht steigern.

Selbstverständlich gehören Unglück, Unzufriedenheit, Trauer, Melancholie ebenso zum menschlichen Leben wie ihr Gegenteil. Mehr noch: Wir könnten Glück gar nicht als solches empfinden, wenn es nicht ein Ausnahmezustand wäre. Und trotzdem wird uns vermittelt, wir besäßen einen Anspruch auf Glück (»Ich will glücklich werden«), der sofort in eine gegen uns gerichtete Forderung umschlägt (»Du *musst* glücklich werden«). Das ist Irrsinn. Dieser Irrsinn ist das Wesen des aktuellen Zeitgeistes. Wenn es kein Jenseits mehr gibt, das Seligkeit verspricht, dann muss der Mensch wohl aus dem Diesseits alles rausholen, was geht. Nur nichts verpassen. Alles mitnehmen. Glücklich werden, so schnell wie möglich. Wozu lebt man sonst?

Mit dieser Einstellung wird der Mensch zu seinem eigenen Schöpfer. Er wird Gott, Designer, Trainer und Prüfungskommission in einer Person. »Zukunft« ist dann die Zeitspanne, über die man verfügt, um die Anforderungen zu erfüllen. So kommt es, dass Sklavenbegriffe wie »Effizienz« und »Effektivität« zu mächtigen Wertvorstellungen anwachsen. »Muße« heißt heute Zeitverschwendung und fühlt sich wie ein Verbrechen an. Wer vom rechten Glückspfad, mit anderen Worten: vom Leistungspfad abweicht, den plagt das schlechte Gewissen.

Das ist es, was sich hinter dem Begriff »Ökonomisierung aller Lebensbereiche« verbirgt. Menschen, die so denken, sind bequem. Sie sind fleißige Arbeiter, kaufkräftige Glückssucher, brave Bürger und Konsumenten. Sie sind angepasst und stromlinienförmig. Angsthasen und Duckmäuser – das sind nicht Sie, liebe Abiturienten, sondern wir alle, Wunschkinder des Zeitgeistes, zu »Individualisten« hochstilisiert, die sich vor lauter Angst, aus der Reihe zu tanzen, alle mit denselben Jeans und Turnschuhen tarnen, während sie schreckstarr vor dem Möglichkeitenmonster hocken wie das Kaninchen vor der Schlange.

Wenn das nicht perfide ist: Man malt Ihnen die Zukunft in schwärzesten Farben und fordert im gleichen Atemzug, dass Sie um jeden Preis nach Glück streben. Dieser zynische Widerspruch ist gewollt. Nicht von einem bösen Strippenzieher, nicht als Ergebnis einer Verschwörung, sondern als Bestandteil der immanenten Logik unseres Systems. Die Techniken des Glückserwerbs, die Ihnen und uns allen vermittelt werden, sind Disziplinierungstechniken.

Jede Religion kennt die überaus wirksame Mischung aus Heilsversprechen und strafendem Gott. In der Erziehung von Tieren nennt man das Prinzip »Zuckerbrot und Peitsche«, beim Verhör von Straftätern heißt es »Guter Bulle, Böser Bulle«. Jede Autorität tritt so auf, Eltern, Lehrer, Polizisten, der Vorgesetzte, natürlich auch Gott, die Wirtschaft, der Staat. Die Leute dürfen ja nicht wollen, was sie eben wollen; sie müssen das wollen, was »gut für sie ist«, mit anderen

DAS MÖGLICHE UND DIE MÖGLICHKEITEN (2010)

Worten: nicht für sie, sondern für jemand anderen, im besten Fall die Allgemeinheit. Kein System ist ohne diese Methode ausgekommen, und auch das unsere schafft es nicht, egal, wie lautstark es auf »Individualismus« pocht. Vielleicht erfahren wir gerade, dass es psychologisch gesünder war, die lobende und strafende Instanz nach außen zu verlagern, statt sie in jeden einzelnen Menschen hineinzusenken. Eine äußere Instanz ist immerhin etwas, mit dem man sich auseinandersetzen kann, sie ist leichter zu erkennen, man kann an ihr wachsen.

Aber da hilft kein Klagen – niemand will die autoritären staatlichen, religiösen oder familiären Instanzen zurück; ich jedenfalls möchte das nicht. Unsere schwierige, aber auch schöne Aufgabe besteht darin, mit den noch immer relativ neuen Freiheiten, die andere in der Vergangenheit für uns erkämpft haben, auf positive Weise zurechtzukommen. Unserer Lebensform wohnt ein Problem inne, das wir noch nicht ausreichend bedacht, geschweige denn überwunden haben: Freiheit macht anfällig für Angst, und Angst macht unfrei. Dieser simple kleine Zusammenhang kann vorhandene Freiheit faktisch wieder aufheben, weil Freiheit in Angst nicht existiert.

Ich will Sie, liebe Duckmäuser und Angsthasen, also nicht zur Rebellion auffordern, nicht gegen das System, nicht gegen den Zeitgeist, nicht gegen den bösen Kapitalismus. Mir geht es erst einmal um Erkenntnis, aus dem schlichten Grund, dass Erkenntnis immer auch Erleichterung bedeutet. Wer es in der heutigen Zeit mit dem merkwürdigen Gegner namens »echtes Leben« aufnehmen will, muss sich eins klar machen:

Angesichts einer *per se* ungewissen Zukunft zum Kontrollfreak zu werden, ist neurotisch und dekadent.

Und außerdem dumm. Denn die Existenz des Möglichkeitenmonsters beruht auf einem Irrtum. »Möglichkeiten« sind nicht identisch mit dem Möglichen. Die Summe der Möglichkeiten geht gegen unendlich, sie stellt (wie alle Monster) eine Abstraktion dar. Das Mögliche hingegen ist Konkretion und Reduktion, es ergibt sich aus einer Überprüfung der Möglichkeiten an der eigenen, subjektiven Realität. Mir gefällt der Gedanke, das Mögliche habe etwas mit »mögen« zu tun. Das Wirkliche wirkt. Das Schreckliche schreckt. Das Mögliche mag uns und umgekehrt – eine gegenseitige Sympathiebeziehung zwischen Zukunft und Mensch. Dafür braucht man kein Schicksal und keinen Gott. Man braucht die Fähigkeit der Selbsteinschätzung. Diese erwirbt man nicht auf Trimm-dich-Pfaden – dort erfährt man nur, ob man einer Fremdeinschätzung genügt. Selbsteinschätzung wird auf kleinen oder größeren Umwegen erlernt, beim Umgang mit Unvorhergesehenem, mit Überraschungen und Zufall.

Denn der Mensch besteht natürlich nicht aus Zukunft, sondern aus Vergangenheit. Wir alle sind Erinnerungensammler. Schöne und schlimme Erinnerungen machen uns zu dem, was wir sind. Die Technik, mit der wir schöne Erinnerungen erwerben, heißt Neugier. Deshalb ist für viele Menschen die Kindheit im Rückblick eine so glückliche Zeit – sie ist die neugierigste Phase im Leben. Angst hingegen ist die Todfeindin der Neugier. Wer sich fürchtet, ist nicht neugierig auf das, was er erleben wird, sondern kalkuliert wie ein Schachspieler, der die Züge seines Gegners voraussehen muss. Somit ist Angst auch eine Feindin der schönen Erinnerung. Wenn Angst übermächtig wird, kann sie sogar das Gedächtnis als solches vernichten. So stehen sich Mensch und Welt gegenüber: Möglichkeitenmonster gegen Erinnerungensammler.

Neulich rede ich mit einem Studenten. Er ist 21 Jahre alt und klagt mir sein Leid. Sein Leben sei so langweilig. Er fürchte ständig, etwas Wesentliches zu verpassen. Außerdem schäme er sich, weil er so unpolitisch und unengagiert sei. Sein Studium lasse ihm zu wenig Zeit für außeruniversitäre Aktivitäten. Ich frage ihn, was er macht. Er studiert Politik. Gleichzeitig will er sich bei einer Journalistenschule bewerben. Außerdem plant er, demnächst für ein Jahr nach Kairo zu gehen, um bei einer NGO zu arbeiten und Arabisch zu lernen.

Langweilig? Unengagiert? Etwas verpassen? Vor lauter Hektik merkt der Student nicht mehr, wie viel Spannendes in seinem Leben passiert. Der Virus der Uneigentlichkeit hat ihn erwischt: Er tut Dinge nur noch zu einem bestimmten Zweck, nicht mehr um ihrer selbst willen.

Liebe Abiturienten, erlauben Sie mir einen großmütterlichen Wunsch: Seien Sie nicht wie dieser Student, werden Sie nicht wie er. Und noch ein paar großmütterliche Ratschläge, danach lasse ich Sie in Ruhe. Wenn Ihnen in Zukunft jemand Angst vor der Zukunft einjagen will, egal, ob es sich um eine wissenschaftliche Studie, ein Zeitungsszenario, einen Ihrer Professoren, Ihren Vorgesetzten oder eine Statistik handelt, denken Sie daran, dass Einschüchterung immer das Instrument einer Herrschaftstechnik ist. Vergessen Sie vor lauter

Zukunftsrausch nicht, Ihre Sammlung schöner Erinnerungen zu pflegen und stetig zu erweitern. Bilden Sie eine Schnittmenge zwischen dem, was Sie wollen, und dem, was Sie können, und geraten Sie nicht in Panik, wenn diese Schnittmenge auf den ersten Blick nicht hundert Prozent ergibt. Den Rest, nämlich das, was Sie verunsichert und überfordert und einschüchtert, legen Sie getrost in Gottes oder des Schicksals oder des Zufalls Hand. Der Rest des Lebens beginnt weder nach dem Abitur noch an Neujahr, sondern in jeder einzelnen Sekunde.

In diesem, aber nur in diesem Sinne wünsche ich Ihnen: Alles Gute für die Zukunft. Oder, noch besser: Alles Gute für Ihre künftige Vergangenheit.

Das tue ich mir nicht an
(2011)

Das Thema »Frau und Karriere« besitzt kreatives Potenzial. Immer wieder inspiriert es die Menschheit zu schillernden Fantasien. Da meint der eine, Gott liebe die Menschenweibchen nur zu Hause mit Schürze und Kochlöffel, nicht aber, wenn sie mit Nadelstreifenanzug und Blackberry durch die Welt rennen. Ein anderer glaubt an die Neandertalerfamilie, in der die Männer zur Mammutjagd in den Wald ziehen, während die Frauen in der Höhle das Feuer schüren, weshalb er es für einen »natürlichen Zustand« hält, wenn die Gattin zu Hause mit dem Essen wartet. Der nächste entdeckt im menschlichen Gehirn eine Blaupause, welche die Frau zur Hausarbeit prädestiniert. Wieder andere sehen das ganze Land vom Aussterben bedroht, wenn deutsche Frauen lieber Diplome erwerben, statt im Alter von 18 Jahren mit dem Kinderkriegen anzufangen.

Natürlich sollten derartige Denkmuster inzwischen der Vergangenheit angehören. Emanzipationsbemühungen werden jedoch von Sprachregelungen begleitet, die auf Dauer zum Entstehen einer Benutzeroberfläche aus Political Correctness führen, unter der alte Weltbilder weiterwirken. Bei passender Gelegenheit brechen sich tabuisierte Argumentationen Bahn, nicht selten in so gut getarnter Form, dass nicht einmal der Argumentierende merkt, wes Geistes Kind er ist. Weil man nicht mehr sagen darf, dass Ausländer zu faul oder zu dumm für eine vollwertige Teilnahme an der deutschen Gesellschaft sind, heißt es eben, sie »wollten« sich schlichtweg nicht richtig integrieren. Und weil die Behauptung, Frauen seien für eine berufliche Laufbahn nicht geeignet, genauso auf dem Index steht, liest man seit Neuestem, sie »wollten« einfach nicht Karriere machen – jedenfalls nicht so wie Männer.

Die einschlägigen Statistiken zur Gehaltsverteilung zwischen Frau und Mann sowie zum Frauenanteil im Topmanagement (9 Prozent Anteil an Aufsichtsräten) oder auf Vorstandsebene (2,5 Prozent, jeweils ohne den Finanzsektor) sind bekannt. Zur indirekten Legitimation dieser Missstände werden nun Fälle in Wort und Bild dokumentiert, in denen 40-jährige, gut ausgebildete Frauen an irgendeinem Punkt ihrer Karriere aussteigen, um sich lieber den Kindern, den schönen Künsten oder der Produktion von Hundefutter mit Kräuterzusatz zu widmen. In Bezug auf 60-Stunden-Woche, Konkurrenzkampf und Dauerstress lautet die neue weibliche Antwort angeblich: »Das tue ich mir nicht an.«

Auch ich habe diesen Satz schon unzählige Male im Bekanntenkreis gehört. Im Grunde habe ich ihn selbst umgesetzt, als ich mich gegen eine herkömmliche Juristenlaufbahn und für die freie Schriftstellerexistenz entschied. Der Witz ist nur: Entgegen der medialen Darstellung ist das keine Frage des Geschlechts. Die Unzufriedenheit mit den Bedingungen der zeitgenössischen Arbeitswelt stellt kein spezifisch weibliches Problem dar. Nicht nur in meinem persönlichen Umfeld, auch in der statistisch erfassten Realität sind fast genauso viele Männer wie Frauen nicht mehr bereit, ihr komplettes Leben einer stromlinienförmigen Karriere zu opfern. Die Frage »Was habe ich davon?« wird zu einem echten Problem bei der Suche nach qualifizierten Führungskräften.

Lange Zeit galt Überarbeitung in unserer Gesellschaft als Statussymbol. Ein ständig klingelndes Handy war kein Zeichen modernen Sklaventums, sondern Grundlage des Selbstwertgefühls. Auf die Frage, wie es einem gehe, antwortete man: »Gut, bin ziemlich im Stress.« Selbstverwirklichung wurde mit dem Fortkommen im Beruf gleichgesetzt, Glück und Zufriedenheit mithilfe des Gehaltszettels errechnet. Unschwer lässt sich in dieser Mentalität unser protestantisches Erbe erkennen, welches den fleißigen und erfolgreichen Bürger als besonders gottgefällig betrachtet.

Gegen diesen Trend regt sich Widerstand, weil in einer saturierten Gesellschaft Geld und Erfolg an sinnstiftender Kraft verlieren. Gerade jüngere Menschen, gleich ob Männlein oder Weiblein, geben in Umfragen an, dass ihnen Familie, Freundeskreis und gesellschaftliches Engagement mindestens genauso viel bedeuten wie Karriere. Im postheroischen Zeitalter wird der gehetzte Held der Arbeit langsam zur lächerlichen Figur, sodass selbst ein Topmanager wie Frank Appel, Vorstandsvorsitzender der Deutschen Post, nicht müde wird zu beteuern, dass ihm als Familienmensch das Wochenende heilig sei. Die Arm-aber-sexy-Kampagne der Berliner war nicht nur ein schwarzhumoriger Witz, sondern für viele junge Menschen Ausdruck eines Lebensgefühls. Sie akzeptieren nicht länger, dass ständig von beruflicher Flexibilität und der Vereinbarkeit von Beruf und Familie die Rede ist, während sich viele Arbeitgeber mit Händen und Füßen gegen die Gewährung von Teilzeit oder die Einrichtung von Heimarbeitsplätzen sträuben. Wenn die Arbeitswelt nicht mehr zu Lebensentwurf und Selbstverständnis passt, steigen gerade gut qualifizierte Menschen motiviert in den Beruf ein, um dann irgendwann genervt ins berufliche Mittelfeld abzutauchen oder gleich alles hinzuschmeißen und einen Weinladen zu eröffnen.

In Ländern wie Holland, Dänemark oder Schweden sind viele der hierzulande besungenen Ziele längst Realität. Die deutsche Rückständigkeit geht nicht zuletzt auf die Tatsache zurück, dass wir dazu neigen, dringend nötige Reformen der Arbeitsbedingungen als »Frauenproblem« zu betrachten. So kommt es, dass gesamtgesellschaftliche Fragen wie jene nach »Kind und Karriere« vor allem auf der Agenda von populistisch agierenden Feministinnen zu finden sind, während doch sämtliche einschlägigen Studien beweisen, dass die Volkswirtschaft von flexibleren Arbeitsmodellen, höherem Frauenanteil und motivierteren Fachkräften profitieren würde.

Das traurige Dilemma besteht darin, dass emanzipatorische Diskurse dazu neigen, ab einem bestimmten Punkt die Problemlage zu zementieren, indem sie Missstände als »ihr« Thema in Anspruch nehmen und ihre Zielgruppe in der Opferrolle festhalten. Wer grassierende Karrieremüdigkeit zu einem weiblichen Syndrom erklärt, spaltet die Gesellschaft wieder einmal entlang falscher Fronten: auf der einen Seite die diskriminierte, schutzbedürftige Frau, auf der anderen der besitzstandverteidigende Mann. Auf diese Weise erschöpft man das politische Potenzial im leicht entzündlichen Geschlechterkampf, statt gemeinsam die Ärmel hochzukrempeln.

Abgesehen davon, dass medial ausgeschlachtete Frauenfeindlichkeit genauso ermüdend ist wie medial ausgeschlachteter Feminismus, erweist sich das gesamte Vorgehen als unproduktiv. Am Ende hassen sich alle, und nichts ändert sich. Dabei weiß doch insgeheim jeder: Wenn Wirtschaft und Politik lautstark über einen Mangel an fähigen Nachwuchskräften klagen, wird auch im behäbigen Deutschland der Aufbruch in eine zeitgemäße Arbeitswelt unvermeidlich. Mit Neandertalern, egal ob männlich oder weiblich, ist im 21. Jahrhundert kein Staat zu machen.

Mörder oder Witzfiguren
(2011)

Was haben wir gelacht: Über Theo, der vor der Musterung eine ganze Tube Zahnpasta aß, um für untauglich erklärt zu werden. Über die beiden Abiturienten, die den Termin ihrer Verweigerung verschliefen und danach monatelang im Mannschaftsheim Schach spielten, während alle anderen Pornofilme sahen. Und natürlich immer wieder über die Regeln der berühmten »ZDV« (Zentrale Dienstvorschrift): »Ab einer Wassertiefe von 1,20 Metern nimmt der Soldat selbstständig Schwimmbewegungen auf.« Über den Wehrdienst haben alle geschimpft – als Lieferant von lustigen Geschichten war er unschlagbar.

Lachen ist eine Technik, mit der wir Deutschen unser zwiespältiges Verhältnis zur Bundeswehr kaschieren. Seit dem zweiten Weltkrieg gehört es gewissermaßen zum guten linken Ton, gegen die eigene Armee und damit irgendwie auch gegen die Wehrpflicht zu sein. Vor 1989 flohen ganze Heerscharen von jungen Männern aus allen Teilen der Republik nach Westberlin, um nicht eingezogen zu werden. Paradoxerweise galt die Bundeswehr einerseits als gefährlicher Rückfall in den deutschen Militarismus, andererseits als Witzfigurentruppe, die sich im Ernstfall versehentlich selbst in die Luft sprengen würde.

MÖRDER ODER WITZFIGUREN (2011)

Ähnlich paradox verlief der jahrzehntelange Streit um die Wehrpflicht. Traditionell entspricht der Wehrdienst linken Zielen. Wenigstens in der Theorie dient er dazu, die deutsche Truppe zu domestizieren. Als »Bürger in Uniform« soll der Wehrdienstleistende für Transparenz sorgen und die Entwicklung eines militärischen »Staates im Staate« unmöglich machen. Nichtsdestoweniger forderten vor allem linke und liberale Parteien die Umwandlung der Bundeswehr in eine Freiwilligenarmee, während konservative Kräfte in der CDU auf der Beibehaltung der Wehrpflicht beharrten.

Dass nun doch im Jahre 2011 eine CDU-Regierung die Aussetzung und damit faktische Abschaffung der Wehrpflicht beschließt, ist symptomatisch für den Zustand zeitgenössischer Politik. Es geht nicht mehr um links oder rechts, sondern nur noch ums Geld. Für die Einberufung und Betreuung der Wehrdienstleistenden waren mehr als 10 000 Berufs- und Zeitsoldaten erforderlich, die entsprechend für Auslandseinsätze fehlten. Ein Wehrdienstleistender genoss zuletzt nicht mehr als sechs Monate Ausbildung, sodass im Bedarfsfall wenig mit ihm anzufangen wäre. Einen derart teuren Luxus kann sich Deutschland in Zeiten der Finanzkrise nicht mehr leisten. Es geht um die Einsparung von rund 8,3 Milliarden Euro im Verteidigungsetat. Die Bundeswehr soll von aktuell 240 000 auf 185 000 Mann reduziert und dabei trotzdem effizienter werden.

Auch wenn es in der Politik üblich geworden ist, Diskussionen einfach zu unterbinden, kann man sich nur wundern, wie sang- und klanglos der Zankapfel mit einem Mal auf den Kompost geworfen wird. Nach jahrzehntelangem erbittertem Streit verschwindet der Wehrdienst praktisch ohne politische Debatte.

Wie so oft geht mit dem Fehlen von Diskussionen die Neigung einher, schwierige Entscheidungen hastig übers Knie zu brechen. Entgegen seiner Behauptung hinterlässt der am 1. März 2011 zurückgetretene Verteidigungsminister Karl-Theodor zu Guttenberg keineswegs ein wohldurchdachtes Reformkonzept. Völlig ungeklärt bleibt nämlich die Frage, wo ab jetzt die Soldaten herkommen sollen, die Deutschland für seine Auslandseinsätze benötigt. In der Praxis produzierte das staatlich verordnete Herumgammeln namens Wehrdienst keine »Bürger in Uniform«, sondern fungierte vor allem als zentraler Rekrutierungsmechanismus. In einem Land, das die eigenen Soldaten abwechselnd als gefährliche Mörder, hilflose Opfer oder dämliche Clowns betrachtet, ist ein Ansturm auf die neue Freiwilligenarmee nicht zu erwarten.

Erste Zahlen stützen diese These. Statt der benötigten 2000 Freiwilligen haben sich für das erste Quartal dieses Jahres nur 433 Personen zum Dienst an der Waffe gemeldet. Hochrangige Militärs sprechen jetzt schon von einer Gefährdung des Afghanistan-Einsatzes im Jahr 2012. Um die absehbaren Defizite auszugleichen, müsste die Bundeswehr durch höhere Gehälter, bessere Ausbildungsmöglichkeiten und Leistungsprämien attraktiver werden. Aber das würde eine Menge Geld kosten, das ja gerade eingespart werden soll. Ein neuer paradoxer Teufelskreis, Ausweg unbekannt.

In der Not kündigt das Verteidigungsministerium an, vor allem um Geringqualifizierte werben zu wollen. Das klingt, als hätte man vergessen, dass Soldaten heutzutage nicht mehr als Kanonenfutter eingesetzt werden. Komplexe Operationen wie jene in Afghanistan stellen hohe Anforderungen an die Beteiligten. Die Soldaten brauchen nicht nur eine solide Ausbildung und gute Ausrüstung, was beides heute schon Mangelware ist. Es werden auch Fingerspitzengefühl, Kommunikationsfähigkeit und kulturelles Einfühlungsvermögen verlangt. Die Politik wird nicht müde, das Bild des modernen Kämpfers als eine Mischung aus Hochleistungssportler und Entwicklungshelfer zu zeichnen. Wie man diesem Profil mit einer verzweifelt angeworbenen Truppe aus Zivilversagern und Söldnern gerecht werden soll, bleibt das Geheimnis des scheidenden Verteidigungsministers.

Gerade in Großbritannien wird seit der Wiedervereinigung immer wieder über das (militärische) Wiedererstarken Deutschlands spekuliert. Als sich die deutsche Politik kürzlich unter großen Schmerzen bereit erklärte, die Operation in Afghanistan nun tatsächlich »Krieg« und nicht immer nur »humanitäre Intervention« zu nennen, wertete man das als Anzeichen für ein erneuertes (militärisches) Selbstbewusstsein der Deutschen.

Von innen betrachtet, stellt sich die Lage eher umgekehrt dar. Die Mehrheit der Deutschen lehnt den Einsatz in Afghanistan ab. Tagelang beherrschen drei getötete deutsche Soldaten die Schlagzeilen; Verteidigungsminister, Bundeskanzlerin, Oppositionsführer, der bayrische Ministerpräsident sowie zahlreiche Bundestagsabgeordnete reisen höchstpersönlich zur Trauerfeier an. Kurz darauf tritt der Verteidigungsminister wegen einer gefälschten Doktorarbeit zurück.

Er hinterlässt einen durch halbherzige Reformen erzeugten Scherbenhaufen.

Das Lachen über die Bundeswehr ist in letzter Zeit leiser geworden. Davon, sie zu lieben, sind wir nach wie vor himmelweit entfernt. Statt ständig auf das Schreckgespenst »Wehrmacht« zu starren, sollte man sich im Ausland lieber sorgen, ob Deutschland zukünftig noch in der Lage sein wird, seine internationalen Verpflichtungen zu erfüllen. Schließlich sieht militärische Verteidigung im 21. Jahrhundert deutlich anders aus als vor hundert Jahren. Sie ist eine internationale Angelegenheit geworden, die nicht mehr an den eigenen Landesgrenzen, sondern in entfernteren Regionen stattfindet. Unsere Partner in Europa und Übersee erwarten von uns, dass wir im Rahmen internationaler Missionen Verantwortung übernehmen. Momentan sieht es aus, als wären wir dabei, unsere Einsatzkräfte vor lauter zwiespältigen Gefühlen versehentlich abzuschaffen.

Leere Mitte
(2011)

Der Balkan ist wie der Horizont: Während man darauf zufährt, rückt er in die Ferne. Von Österreich aus gesehen beginnt er an der slowenischen Grenze. Für die Slowenen ist Kroatien das westlichste Land des Balkans. Und fragt man einen Kroaten, so deutet er in alle Himmelsrichtungen: Der Balkan beginnt natürlich in Bosnien, Bulgarien, Ungarn! Schnaps am Mittag, unpünktliche Busse, alte Frauen mit schlechten Zähnen – Kroatien ist nie und nimmer ein Balkanland.

Zu Südosteuropa gehört Kroatien übrigens auch nicht. Schließlich liegt Zagreb westlicher als Wien und nördlicher als Mailand, ein kleines bisschen wenigstens. Nach seiner geografischen Verortung befragt, breitet Kroatien die Arme aus und dreht sich einmal um sich selbst: Mitteleuropa, ganz klar!

Aber was soll das eigentlich sein, Mitteleuropa? Sinngemäß hat Joseph Conrad einst formuliert, dass die Wahrheit immer an den Rändern liege, während die Mitte der Dinge leer sei. Vermutlich hat er nicht geahnt, wie gut diese Erkenntnis eines Tages auf Europa passen würde.

Wer an Kroatien denkt, sieht nicht länger zerstörte Häuser, weinende Kinder und Militärkonvois vor dem geistigen

Auge. Aber man denkt auch nicht mehr in erster Linie an Olivenbäume, Weißweinkaraffen und pastellfarbene Sonnenuntergänge. In puncto Bildergedächtnis scheinen sich Urlaubskataloge und Kriegsberichterstattung gegenseitig aufzuheben. Kroatien liegt irgendwie *dazwischen*. Die westeuropäische Meinung ist nicht einmal sicher, ob die Kroaten im Krieg als Täter oder Opfer fungierten. Die Serben waren die Bösen, die Bosnier die Guten. Und die Kroaten? Dazwischen.

Den zeitgenössischen Kroatien-Reisenden erwartet weder Jugo-Romantik noch Balkan-Chaos, sondern eine Gesellschaft mit einem klaren Ziel: Europa. Gemeint ist nicht das Europa der tief verwurzelten Traditionen und notorischen Identitätskonflikte. Gemeint ist die EU, also jene Mischung aus freiem Markt und politischem Pragmatismus, die gemeinhin als Zauberformel für Frieden und Wohlstand gilt.

Vor allem für Wohlstand. Im Kopf sind die Kroaten längst im europäischen Konsumentenparadies angelangt. Gekleidet in die *casual uniform* aus Sneakers und Smartphone lässt man das Gewesene hinter sich, steigt über eine unbewältigte Kriegsvergangenheit ebenso energisch hinweg wie über nationalistische oder ethnische Restgärungen. Nach und nach wurden sogar die Generäle des »Heimatkriegs« vom Sockel gehoben und gegebenenfalls auf Befehl der EU nach Den Haag ausgeliefert. Die frei gewordenen Stellen als Nationalhelden hat man mit »Tycoons« besetzt, also mit jenen neureichen Supermännern, die seit der Privatisierung der Staatsbetriebe das ehemalige Volkseigentum unter sich aufteilen. Statt alten Heimatverteidigern huldigt man Turbokapitalisten, um deren Jachten und Affären sich die Klatschspalten reißen – treffender kann eine Gesellschaft ihren Wertewandel kaum illustrieren.

Was aber, wenn die Zauberformel versagt? Genau wie im Westen hat auch die Europa-Liebe der Kroaten keinen romantischen Kern. Für viele Menschen geht es um existenzielle Bedürfnisse – Arbeit, Sozialhilfe, Ausbildung, medizinische Versorgung, im schlimmsten Fall um Essen und beheizte Wohnräume. Seit der Finanzkrise ist die Arbeitslosigkeit auf fast 20 Prozent gestiegen. Manch einer, der noch einen Job hat, bekommt seit Monaten sein Gehalt nicht ausgezahlt. Tag für Tag verabreden sich Tausende Demonstranten über Facebook, um in verschiedenen kroatischen Städten den Rücktritt der Regierung zu fordern. In die Proteste gegen Korruption und Politikerversagen mischen sich erste EU-kritische Töne. Hier zeigen sich die Auswirkungen des Kuhhandels, der auf dem gesamten Kontinent gilt: Europa-Liebe gegen Lebensstandard. Wenn Letzterer nicht steigt, sinkt die Erstgenannte.

Der »Balkan«, heißt es, sei schon immer ein Labor für die europäische Kultur gewesen. Dort könne man das europäische Wesen auf engstem Raum wie unter dem Vergrößerungsglas beobachten. Kroatien beweist ein weiteres Mal, dass an diesem Klischee etwas dran ist. Wie im Zeitraffer durchläuft das Land die großen Umbauprozesse, die das westliche Europa seit dem zweiten Weltkrieg von Grund auf verändert haben. Die Trennlinie zwischen »alter« und »neuer« Welt verläuft keineswegs durch den Atlantik. Sie ist überhaupt keine geografische Linie, sondern markiert eine

Wandlung in Mentalität und Lebensart. Im alten Europa ging es um das Miteinander und Gegeneinander von verschiedenen Kulturen. Nationen und Individuen erkämpften und besangen ihr Recht auf Unterschied. Das neue Europa hingegen handelt von Anpassung. Es zielt auf die Aufhebung von Grenzen, auf Annäherung, Integration, Harmonisierung und Chancengleichheit, kurz: nicht auf die Betonung, sondern auf die Nivellierung von Andersartigkeit. »Individualismus« ist das Recht, genauso auszusehen, zu essen und zu arbeiten wie alle anderen. Nicht im Eigensinn, sondern in höchstmöglicher Flexibilität liegt die wichtigste Tugend.

Kroatien will aufholen. Dementsprechend befinden sich die Kräfte des Alten und des Neuen in einem erbitterten Kampf. Auf der einen Seite wird bestochen und gemauschelt, auf der anderen aufgeräumt und ausgemistet. Die Fronten verlaufen kreuz und quer durch die Gesellschaft, nicht selten sogar mitten durch einzelne Personen. Der durch eine Autobombe getötete Ivo »Puki« Pukanić war als Journalist und Zeitungsverleger unermüdlich damit beschäftigt, Licht in die Korruptionsaffären seines Landes zu bringen – und nutzte gleichzeitig seine wachsende Macht, um sich selbst als kräftig verdienender Akteur am mafiösen Spiel zu beteiligen. Ivo Sanader, ehemaliger Premierminister, bildete eine wichtige Triebfeder für die Modernisierung. Er brach mit dem feierlich-nationalen Erbe Franjo Tudjmans, entmachtete die ultrarechten Kreise seiner Partei und wirkte als Galionsfigur auf Kroatiens Weg in die EU – bis er nach Ende seiner Amtszeit wegen dreister Wirtschaftskriminalität verhaftet wurde.

In postkommunistischen Gesellschaften ist die unheilige

Allianz zwischen Politik, Wirtschaft und organisiertem Verbrechen das traurige Standardprogramm. Korruption stellt eine schwer zu stoppende Epidemie dar, die die Gesellschaft von der höchsten bis zur untersten Ebene erfasst. Mangels Vertrauen in die politische Klasse arbeiten viele Kroaten schwarz, weil sie einem Staat, der ihnen wenig zu bieten hat, ihr Steueraufkommen nicht gönnen. Die Liebe zum Geld ist nur scheinbar eine gemeinsame Vision. Weil sie keine echte Gemeinschaft, sondern ein Zweckbündnis aus Millionen von pragmatisch denkenden Einzelwesen hervorbringt, taugt sie wenig, wenn es darum geht, eine Gesellschaft zusammenzuhalten.

Die aktuelle Krise, heißt es, gefährde Kroatiens Weg in die EU. Aber die gegenteilige Diagnose ist richtig. Hinter der EU-kritischen Stimmung wirkt ein viel wichtigerer Reflex. Durch die Proteste zeigt die Bevölkerung, dass sie den mafiösen Filz nicht einfach als notwendiges Übel, sondern als Bremse auf dem Weg in die Zukunft betrachtet. Es geht darum, sich von allem Balkanisch-Rückständigen zu befreien. Besser als manch ein westeuropäisches Land hat Kroatien intuitiv verstanden, was Demokratie im 21. Jahrhundert ausmacht: Sie entwickelt sich vom Wertesystem zur Corporate Identity. Daraus folgt: Totgebombte Journalisten und verhaftete Premierminister sind ein Imageproblem. Genau wie verfolgte Minderheiten und glorifizierte Kriegsverbrecher. Zweckbündnisse rings um eine leere Mitte können durchaus stabil funktionieren, sofern man sich an ein paar formelle Absprachen hält. In einer Gesellschaft, die diese Zusammenhänge begriffen hat, haben Korruption, Nationalismus und andere Sentimentalitäten gegen Sneakers und Smartphones langfristig keine Chance.

Vor dem modernen Anforderungsprofil präsentieren sich die Kroaten als ideale Mitteleuropäer. Es ist, als habe eine turbulente Geschichte aus Fremdherrschaft und Kollaboration, Exil, Vertreibung und Gastarbeiter-Völkerwanderung sie zu wahren Überlebens- und Anpassungskünstlern geformt. Junge Kriegsflüchtlinge waren gezwungen, nacheinander in vier verschiedenen Ländern zu leben. Sie haben spielend Englisch, Deutsch, Italienisch und Schwedisch gelernt, an wechselnden Orten studiert und Arbeit gefunden. Die Begriffe »Identitätskrise« oder »Migrationshintergrund« hat man aus ihren Mündern niemals gehört. In puncto Flexibilität und Pragmatismus macht den Kroaten niemand etwas vor. Nicht einmal handelsübliche Vorurteile bleiben an ihnen haften. Die Deutschen sind fleißig und langweilig, die Polen romantisch und dickköpfig, die Franzosen eitel, die Engländer witzig.

Und die Kroaten? Eben. *Dazwischen.*

Wenn der Balkan wie der Horizont ist, dann bewegt sich Kroatien in atemberaubendem Tempo in die entgegengesetzte Richtung, schnurstracks in die leere Mitte Europas.

Angesichts der jugoslawischen Historie ist es unmöglich, diese Entwicklung zu bedauern. Melancholische Töne zwischen diesen Zeilen sind Folge eines rein persönlichen Problems. Wer nach Kroatien fährt, unternimmt eine Expedition an die Grenze zwischen gestern und heute, zwischen alt und neu. Er wird feststellen: Sie verläuft quer durch das eigene Herz.

Die Sache »Mann gegen Frau«
(2011)

Was ging da eigentlich ab? 437 Tage lang hat sich ein selbst ernanntes Mediengericht mit den Vergewaltigungsvorwürfen gegen Jörg Kachelmann befasst. Und das mit einer Hemmungslosigkeit, die selbst im Zeitalter öffentlich gewaschener Dreckwäsche ihresgleichen sucht. Neu ist die Unverfrorenheit, mit der sich Journalisten als Richter aufspielten und die gesamte deutsche Öffentlichkeit als Geschworene beriefen.

Lustvoll wurden Prozessakten zitiert. Seitenlange Artikel nahmen Beweiswürdigungen vor und kritisierten die Sachverständigen. Kommentatoren wetterten gegen den Medienkrieg, wodurch sie den Medienkrieg weiter befeuerten. Zeugenaussagen wurden zuerst in Boulevardblättern getätigt – und dann vor Gericht.

Dabei ging es längst nicht mehr um eine öffentliche Kontrolle der Justiz. Sondern um die Installation eines medialen Parallelgerichts. Kachelmanns Freispruch wirkt demgegenüber wie eine Randnotiz.

Gewiss, die Causa Kachelmann verbindet Prominenz, Sex und Kriminalität zu jener bewährten Mischung, die schon im Fall der No-Angels-Sängerin Nadja Benaissa oder bei der Verhaftung von Dominique Strauss-Kahn ihre gerichtlichmediale Sprengkraft bewies. Das Ausmaß des Kachelmann-Spektakels lässt sich damit aber nicht erklären. In Wahrheit saß die erregte Öffentlichkeit nicht über seine Schuld oder Unschuld zu Gericht, sondern verhandelte durch die Blume einen schwelenden gesellschaftlichen Konflikt. Kachelmann hat die zweifelhafte Ehre, zum deutschen O. J. Simpson geworden zu sein.

So wie O. J. Simpson Reizfigur eines tatsächlichen oder gefühlten amerikanischen Rassismus war, ist Kachelmann ein offenes Geschwür im verschleppten deutschen Geschlechterkampf. Wer in den vergangenen Monaten auf Partys oder am Kneipentisch einer privaten Kachelmann-Debatte lauschen durfte, wird verstehen, was ich meine. Nicht nur wegen der tief empfundenen Sehnsucht, mit der sich von der Political Correctness zurückgestutzte Pantoffelhelden zu Kachelmanns polygamem Lebensstil äußerten. Der zeitgenössische Geschlechterkampf ist nämlich komplizierter als das. Vor allem findet er inzwischen zu wichtigen Teilen unter Frauen statt.

Entsprechend sind die lautesten Protagonisten im Kachelmann'schen Medienprozess weiblich. Grob skizziert: Anklägerinnen à la Alice Schwarzer pflegen Feminismus als eine Mischung aus Anachronismus und Showbusiness. Aus dieser Perspektive wird Simone W. zum Opfer einer chauvinistischen Justiz und die Unschuldsvermutung zum Deckmantel für gerissene Vergewaltiger. Zu den Kachelmann-Verteidigerinnen zählen hingegen Frauen, die sich und der Welt beweisen wollen, dass echte Emanzipation gerade darin besteht, nicht reflexartig für die weibliche Opferrolle Partei zu ergreifen. Einstweilen üben sich männliche Reporter als möglichst neutrale Beobachter, weil sie ahnen, dass sich ein Mann dabei nur den Mund verbrennen kann.

Deswegen war der Fall Kachelmann so nervtötend: Weil man permanent den Eindruck hatte, es gehe bei all der Aufregung heimlich um etwas anderes. Nämlich um den indirekten Aufruf der Sache »Mann gegen Frau«. Dem deutschen Feminismus fehlt es an einer zeitgemäßen Rhetorik. Alle Beteiligten stecken zwischen Sprachregelungen, fragwürdigen Rollenbildern und einem quälenden Gefühl von Peinlichkeit und Vergeblichkeit fest. In dieser verdrucksten Gesamtwetterlage bildete Kachelmann als Macho-Wolf im Schwiegersohn-Pelz den Auslöser für eine unwetterartige Entladung.

Stellvertreterkämpfe machen aber sowohl objektive Berichterstattung als auch ein würdiges Gerichtsverfahren unmöglich. Die Unschuldsvermutung taugt nicht zum Zankapfel zwischen Frauenbeschützern und Vergewaltiger-Verstehern. Sie dient nicht einmal der Herstellung von so subjektiven Dingen wie Wahrheit oder Gerechtigkeit, sondern allein dem Erhalt des Rechtsstaats. Alle selbst ernannten Ankläger, Verteidiger, Gutachter und Richter haben sich gleichermaßen gegen diesen Grundsatz versündigt. Daran kann auch die gerichtliche Entscheidung *in dubio pro reo* nichts mehr ändern.

Weiß noch jemand, dass O. J. Simpson letztlich aus Mangel an Beweisen freigesprochen wurde? Unabhängig vom Ausgang einer eventuellen Revision wird Kachelmann als Vergewaltiger ins kollektive Gedächtnis eingehen. Was bleibt, ist einer der schmutzigsten Prozesse der deutschen Rechtsgeschichte. Sowie die Erkenntnis, dass es schon immer eine blutige Angelegenheit war, gesellschaftliche Konflikte auf dem Rücken Einzelner auszutragen.

Nothing left to lose
(2011)

Bei Anne Will sitzt ein junger Mann zwischen fünf Damen und Herren, die allesamt seine Eltern sein könnten. Alle außer ihm sind Polit- und Talkprofis. Er ist jung und unverbraucht und der Mittelpunkt der Runde. Es geht um Netzpolitik. Bärbel Höhn von den Grünen: »Ich gucke jetzt mal Internet, und ich verstehe ...« Sofort unterbricht sie der junge Mann. »Genau das ist das Problem«, lacht er. »Sie *gucken* Internet, Sie *benutzen* es nicht.« Bärbel Höhn beginnt sich zu rechtfertigen, auch bei den Grünen werde getwittert, bis Peter Altmaier von der CDU sie unterbricht: »Liebe Frau Höhn, je länger Sie reden, desto mehr Prozente werden Sie an die Piraten verlieren.«

Spiel, Satz und Sieg für Christopher Lauer. Er gehört zu jenen fünfzehn Abgeordneten, die im September 2011 für die Piratenpartei in den Berliner Senat eingezogen sind. Seitdem arbeiten sich die herkömmlichen Medien an dem Phänomen ab, als sei ein zweiter Mond auf der Umlaufbahn der Erde aufgetaucht. Der Tenor schwankt zwischen Unglauben und Ablehnung.

Eine »Spaßpartei« (*Handelsblatt*) sei das doch, eine chaotische Truppe (*taz*) ohne echtes Programm (ZEIT *Magazin*), deren Anhänger vor allem kostenfrei Musik im Internet downloaden wollten (*Frankfurter Rundschau*). Überhaupt lasse sich der Erfolg der Piraten nur als Protestwahl (*Die Welt*) erklären.

Was hier waltet, ist nicht allein das Bemühen, etablierte Besitzstände gegen Neuankömmlinge zu verteidigen. Es handelt sich um echtes, gewissermaßen naturgesetzliches Unverständnis, wie es im Zusammenhang mit Generationenkonflikten auftritt. Ein solcher Konflikt beginnt nicht erst beim Streit um Weltanschauungen. Sondern schon dort, wo die eine Seite gar nicht in der Lage ist zu erkennen, worauf es der anderen Seite ankommt.

Die *taz* etwa geht davon aus, der Erfolg der Piraten habe nichts mit einem »grundsätzlichen Wertekonflikt« zu tun – ganz anders als damals Gründung und Aufstieg der Grünen. In den achtziger Jahren habe das Aufkommen des Ökologiethemas nämlich noch einen echten Umbruch im Denken markiert.

Diese Annahme spiegelt sich in vielen medialen Reaktionen: Den Grünen sei es doch immerhin noch um »etwas« gegangen, nämlich um die Umweltpolitik, während es den Piraten letztlich um nichts oder jedenfalls um nichts Substanzielles gehe. Bloß irgendwas mit diesem Internet.

Es ist gerade das Stichwort Internet, an dem sich das Missverständnis entzündet, welches der älteren Generation den Blick auf die wahre Stoßrichtung der Piratenpartei verstellt. Menschen, die sich schon vor zwanzig Jahren von ihren Kindern den Videorekorder programmieren ließen, reagieren heute gereizt, wenn viel Gewese um »dieses Internet« gemacht wird, in dem sie nicht mehr erkennen können als eine verbesserte Post- und Telefonanlage. Für etablierte Politiker galt es bis vor Kurzem noch als schick, öffentlich zu betonen, man drucke sich seine E-Mails aus. Seit dem Erfolg der Piraten in Berlin wird plötzlich eifrig darauf verwiesen, dass auch die eigene Partei nicht nur eine Homepage, sondern sogar echte »Netzpolitiker« besitze. Erst Ablehnung, dann Assimilation: beides Ausdruck einer allumfassenden Hilflosigkeit.

In Wahrheit eignet sich das Internet als solches überhaupt nicht zum Gegenstand von Politik. Es sind nicht die Piraten, die das nicht verstanden haben, sondern ihre Kritiker. Was genau soll »Netzpolitik« denn sein? Ein bisschen Streit um Urheberrechtsreform und Klarnamenpflicht? Das wäre in etwa so, als würden sich die Grünen ausschließlich für Mülltrennung und Dosenpfand interessieren. Birgit Rydlewski, Landesvorsitzende der Piraten in Nordrhein-Westfalen, formuliert es folgendermaßen: »Netzpolitik ist vor allem ein Schlagwort, von dem die alten Parteien neuerdings glauben, dass es Wähler bringt.«

Wer das Potenzial der Piratenpartei verstehen will, muss zunächst einsehen, dass »Internet« mehr bedeutet als ein technisches Hilfsmittel, für das man vielleicht ein paar geänderte Gesetze braucht. Es ist Geburtsort und Lebensraum der Kommunikationsgesellschaft und somit Chiffre für einen Epochenwandel, der eines Tages im Rückblick als ebenso einschneidend gelten wird wie die Erfindung von Zügen, Autos und Flugzeugen. Ein weiterer Schritt im Bemühen der Menschheit, Zeit und Raum zu überwinden.

Beim Überwinden von Grenzen geht es um Freiheit. Hier

haben wir den Punkt, der offensichtlich so schwer zu vermitteln ist: Die Piraten sind keine Internet-, sondern eine Freiheitspartei. Ihr grundlegendes Anliegen besteht in einer Rückkehr zu humanistischen Prinzipien. Das Internet kann in diesem Zusammenhang als angewandte Metapher für ein zeitgenössisches Verständnis von Freiheit begriffen werden. Freiheit durch Gleichberechtigung, Freiheit durch Meinungsäußerung, Freiheit durch allgemeinen Zugang zu Bildung und Wissen. Freiheit durch die Erosion von Hierarchien und Autoritäten. Freiheit durch Teilhabe und Pluralismus. Durch den Abschied vom linearen Denken zugunsten eines kontextuellen Verständnisses von Wirklichkeit. Das meint Christopher Lauer, wenn er sagt: »Wir machen keine Politik für das Internet, sondern für eine durch das Internet veränderte Gesellschaft.«

Das Thema »Freiheit« wird derzeit von keiner anderen Partei des Spektrums bedient. Die FDP, deren Niedergang mit dem Aufstieg der Piraten zusammenfällt, ist in der öffentlichen Wahrnehmung längst zu einer reinen Wirtschaftspartei mutiert, weshalb der bürgerliche Liberalismus schon lange kein politisches Zuhause mehr besitzt. Die Piraten füllen diese Lücke. Sie sind die einzige deutsche Partei, die »Freiheit« nicht nur als idealistische Utopie oder ökonomisches Programm, sondern als ganz reales Organisationsprinzip behandelt.

Hier liegt die wahre Parallele zur Entstehungsgeschichte der Grünen: »Freiheit im Kommunikationszeitalter« ist genau wie »Umweltschutz im Industriezeitalter« ein Querschnittsthema. Es taucht in allen politischen Bereichen auf, weil es die grundlegende Verfasstheit einer Gesellschaft betrifft. Wie wollen wir leben? Was sind unsere Werte? Welches Menschenbild vertreten wir? Wer Antworten auf solche Fragen sucht, zielt nicht auf eine politische Nische, sondern auf Veränderungen der Wirtschafts-, Arbeits-, Bildungs-, Familien-, Sozial- und Sicherheitspolitik. Seine Forderungen werden sich nicht an Sachzwängen, Kostengründen und anderen Alternativlosigkeiten orientieren, sondern zunächst einmal an der Grundüberzeugung.

Auch Sozialdemokratie, Konservatismus, Liberalismus waren oder sind Querschnittsthemen, die einst zur Gründung von Parteien führten. Nur haben diese Konzepte an Anschlussfähigkeit verloren. Dies muss gar nicht Schuld der jeweiligen Gruppierung sein, kein Zeichen von Profillosigkeit der viel gescholtenen Spitzenpolitiker. Es kann schlicht daher rühren, dass eine einst kämpferische Idee zum Allgemeingut avancierte. Heute gibt es keine ernst zu nehmende Partei mehr, die sich nicht zu Sozialdemokratie, freier Marktwirtschaft und Umweltschutz bekennt. Für die dahinter stehenden Parteien heißt es im Grunde: *mission completed.* Aber Institutionen lösen sich bekanntlich nicht auf, nur weil sie ihre Ziele realisiert haben. Sie existieren weiter, teilen sich die Verwaltung des Konsens und sind nur noch in Einzelheiten unterschiedlicher Meinung. Der Sexappeal des Überzeugungskampfes ist ihnen verloren gegangen.

Ein neues Thema aber gebiert neue Überzeugungstäter. Die Piraten brauchen nichts weiter tun, als sich auf ihr Thema »Freiheit im 21. Jahrhundert« zu konzentrieren. Ihre Chancen bei der nächsten Bundestagswahl werden davon abhängen, ob es ihnen gelingt, die Freiheitsidee auf ein politisches Programm herunterzubrechen.

Flatrates für den öffentlichen Nahverkehr, bedingungsloses Grundeinkommen, Legalisierung von Drogen, eine echte Trennung von Kirche und Staat, die Rückkehr zum Prinzip kostenfreier Bildung, das Respektieren von Freiheitsrechten auch in Zeiten des Anti-Terror-Kampfes, mehr Teilhabe am demokratischen Prozess – das alles sind Forderungen, die sich direkt aus einem humanistisch geprägten Freiheitsverständnis ergeben und die sich jetzt schon teilweise in Bundes- und Landesprogrammen der Piratenpartei finden.

Richtig spannend jedoch wird es werden, wenn die Piraten eine bislang politisch obdachlose Klientel entdecken sollten. Wenn sie erkennen, worin der viel beschworene gesellschaftliche Wandel eigentlich besteht.

In Deutschland leben mittlerweile rund 2,5 Millionen sogenannter »Solo-Selbstständiger«, also Freiberufler und Kleinunternehmer, die nicht über eigene Angestellte verfügen. Dazu gehören Künstler genauso wie freiberufliche Programmierer, Fliesenleger oder Friseure. Darüber hinaus arbeiten mittlerweile 40 Prozent der Berufstätigen in atypischen Beschäftigungsverhältnissen, befinden sich also in Lebenssituationen, die mit dem klassischen unbefristeten Nine-to-five-Job nichts mehr zu tun haben.

Parallel dazu haben sich die Familienstrukturen flexibilisiert. Jenseits der Vater-Mutter-Kind-Familie existieren Modelle in allen Schattierungen, von der berufstätigen Alleinerziehenden über die Mehrväterfamilie bis zum homosexuellen Paar mit Kind.

NOTHING LEFT TO LOSE (2011)

Aus dem Zusammentreffen von individueller Berufsplanung und individueller Familiengestaltung ergibt sich für wachsende Teile der Gesellschaft eine Situation, auf welche die etablierten Parteien keine Antworten mehr finden. Solo-Selbstständige fallen durch die Maschen von Kranken- und Rentenversicherung und kämpfen Jahr für Jahr mit einem Steuersystem, das entweder auf Festangestellte mit geregeltem Einkommen oder auf Großunternehmer mit eigener Buchführungsabteilung zugeschnitten ist. Während das Problem fehlender Kinderbetreuung ebenso hinlänglich bekannt wie ungelöst ist, befindet sich eine echte Flexibilisierung der Arbeitswelt mit Jobsharing, Vier-Tage-Woche oder einem lockeren Wechsel zwischen Büro und Home Office nach wie vor in nebliger Ferne.

An dieser Stelle entzündet sich der Generationenkonflikt, von dem meist angenommen wird, er existiere nicht mehr, nur weil Eltern und Kinder heutzutage die gleichen Turnschuhe tragen. Während jüngere Menschen die Grenzen zwischen Arbeit und Freizeit, Beruf und Familie, Büro und Wohnzimmer völlig neu definieren, vermögen gerade ältere Politiker im Wunsch nach freiheitlicher Lebensführung nur selbstverschuldetes Chaotentum (CDU) oder Ausdruck einer Notlage (SPD) zu sehen. Es scheint ihnen undenkbar, dass sich ein Solo-Selbstständiger vernünftig und freiwillig für diese Lebensform entschieden haben soll. Dass er also seine Freiheit schätzt, obwohl sie das Leben komplizierter und unsicherer macht. Entsprechend lautet die arrogante wie utopische Antwort: Alle Mann zurück ins sozialversicherungspflichtige Standardbeschäftigungsverhältnis.

Welche der etablierten Parteien hat schon Lust, über eine echte Reform des Steuerrechts oder der desolaten Sozialversicherungssysteme nachzudenken? Lieber tut man so, als habe sich in den letzten Jahrzehnten nichts geändert. Und überlässt den Piraten auf diese Weise eine ungeheure Spielwiese.

Vielleicht haben die Piraten ihren Erfolg bei der Berlinwahl tatsächlich in erster Linie ihrem frischen Auftreten, ihrer Ehrlichkeit und Authentizität zu verdanken. Wer aus dem offen zur Schau getragenen Dilettantismus allerdings folgert, die neue Partei sei nicht ernst zu nehmen, unterschätzt den substanziellen Gehalt der schnoddrigen Haltung. Professioneller Dilettantismus ist ein Schutzwall gegen eine politische Welt, die unter Experten aufgeteilt wurde und den »normalen Bürger« im Namen von Effizienz und Alternativlosigkeit vom Geschehen ausschließt. Auch hier geht es um Freiheit, nämlich von den althergebrachten rhetorischen und prozeduralen Zwängen des politischen Tagesgeschäfts.

Ohne Zweifel: Die Piraten haben das Zeug dazu, die neue sozialliberale Partei Deutschlands zu werden. Ob das klappt, wird maßgeblich davon abhängen, inwieweit es ihnen gelingt, aus ihrem Kernthema überzeugende politische Forderungen abzuleiten. Für den Anfang verfügen sie durch ihre besondere Kompetenz über ein brauchbares Startkapital. Wer weiß, wie Skype funktioniert, hat weniger Probleme, sich einen Heimarbeitsplatz vorzustellen. Wer LiquidFeedback versteht, wird nicht lange darüber grübeln, wie sich neue Wege der politischen Bürgerbeteiligung eröffnen lassen. Und so fort.

Christopher Lauer und Birgit Rydlewski sehen der Zukunft ihrer Partei jedenfalls gelassen entgegen. Die Piraten seien keine Karrieristen, sie wollten nicht um jeden Preis gewählt werden, also gebe es auch keinen Grund, sich zu verbiegen: »Wir haben nichts zu verlieren, und das ist unser Trumpf.«

Also: *Freedom's just another word for nothing left to lose.* Auch wenn Janis Joplin das etwas anders gemeint haben dürfte.

Hölle im Sonderangebot
(2012)

Mal Hand aufs Herz: Das mit den offenen Beziehungen hat doch schon in den Sechzigern nicht funktioniert. *Wer zweimal mit derselben pennt / gehört schon zum Establishment* – heute klingt das wie ein launiger Spruch aus den Pubertätsjahren der Republik. Jetzt soll der alte Hut wieder aus der Kiste geholt werden, weil es die schöne neue Welt des Internets gibt.

Aber Flirtportal hin, Datingbörse her – kennen Sie jemanden, der glücklich in einer offenen Beziehung lebt? Ich kenne Singles, die wechselnde Sexualkontakte pflegen, während sie sich nach einer festen Beziehung sehnen. Kaputte Ehen, in denen beide andere Geliebte haben, sich aber wegen der Kinder (noch) nicht trennen. Menschen, die ihre Partner betrügen und das wahnsinnig anstrengend finden. Andere Menschen, die von ihren Partnern betrogen werden und darüber unglücklich sind.

Mit fröhlicher Untreue hat das alles nichts zu tun. Wie soll die auch aussehen? »Hallo Schatz, wie war dein Tag?« – »Schön. Ich hab mich von meinem Chef auf der Herrentoilette vögeln lassen. Und bei dir?« – »Super! Endlich ist es mir gelungen, die Nachbarin flachzulegen. Was willst du zum Abendessen?«

HÖLLE IM SONDERANGEBOT (2012)

Kann ich mir nicht vorstellen. Und wenn man mir in Funk und Fernsehen noch so oft erzählt, dass Monogamie für den Menschen ein unnatürlicher Zustand sei. Wer ist denn eigentlich diese Natur, die seit Neuestem alles besser weiß? Ist das nicht jener Dauerkrieg, in dem man beim Kampf um Fortpflanzung erschlagen wird, falls man nicht vorher verhungert, erfriert oder an Zahnschmerzen eingeht?

Wer die Treue auf den Schrottplatz der Geschichte werfen will, begeht einen Fehler. Zwar haben wir oder vielmehr unsere Vorfahren völlig zu Recht eine Menge daran gesetzt, den Einzelnen von gesellschaftlichen und religiösen Zwängen zu befreien. Herausgekommen ist allerdings ein falsch verstandener Individualismus, der meint, die neue Freiheit vor allem im Privatleben verwirklichen zu müssen. Als ginge es nur um Konsumfreiheit, also um das Recht auf maximale Bedürfnisbefriedigung bei minimaler Verantwortung. Im großen Vergnügungspark namens Selbstverwirklichung wird dann der Sex genau wie alles andere zu einer Form des Entertainments. Die spaßfeindliche Treue würde da nur stören.

Das ist nicht fortschrittlich gedacht, sondern infantil. Nur kleine Kinder glauben, der Sinn des Lebens bestehe in der Befriedigung von Bedürfnissen, während die Autoritäten für Sicherheit sorgen. Man muss sich doch nur mal umschauen: Seit das traute Heim wegen gelockerter familiärer Bindungen und hoher Scheidungsraten kein Hort der Sicherheit mehr ist, grassiert nicht ein Gefühl von glücklich ausgelebter Freiheit, sondern irrationale Existenzangst. Angst vor Armut, Krankheit und Tod. Angst vor Terroranschlägen, Klimakatastrophe und Inflation. Früher bildete die Familie eine Rückversicherung gegen das Schicksal. Heute richten die Menschen ihr ganzes Sicherheitsbedürfnis auf Politiker und Staat. Und werden notorisch enttäuscht. Weil sie vergessen, dass jene, die wirklich zu ihnen halten, nicht auf Regierungsbänken, sondern zu Hause in der Wohnküche sitzen. Vorausgesetzt, sie sind nicht unterwegs, um offene Beziehungen zu pflegen.

Eine Freiheit, die mehr sein will als Egozentrik, findet eben nicht in den eigenen vier Wänden statt. In gelingenden zwischenmenschlichen Beziehungen regieren Prinzipien wie Vertrauen, Loyalität, Fürsorge und – Treue. Es wäre ein Irrtum, solche selbstgewählten Pflichten als Fesseln zu begreifen. Wer nicht in ständiger Angst leben muss, zu Hause verraten und betrogen zu werden, kann seine Kräfte nach außen richten. Dorthin, wo sich das wahre Spielfeld der Freiheit befindet: im beruflichen, gesellschaftlichen, kulturellen und politischen Raum. Nach außen frei, nach innen treu: Falls das noch kein geflügeltes Wort ist, könnte es in dieser seltsam orientierungslosen Zeit vielleicht eines werden.

Ich kann jedenfalls darauf verzichten, dass mein Mann die Nachbarin flachlegt. Und wenn ich ihn richtig verstanden habe, will er nicht unbedingt, dass ich auf der Herrentoilette ... Sie wissen schon. Kleinen Kindern bringt man bei: Was du nicht willst, das man dir tu, das füg' auch keinem andern zu. – Wer diesen Satz versteht, weiß bereits eine Menge über das Funktionieren von menschlichen Beziehungen. Man muss einander nicht das Leben zur Hölle machen, nur weil die Hölle immer im Sonderangebot ist.

Baby Love
(2012)

Es wird dir viel erzählt. Was du essen sollst (und vor allem was nicht). Wie du zu atmen hast (tief). Auf welche Weise du in den kommenden Monaten mit deinem Haustier Umgang haben darfst (die toxische Katze!). Mehrseitige Listen informieren dich darüber, was gekauft werden muss (extrem viel). Tausend Stimmen reden auf dich ein. Sie sagen, dass jetzt alles anders wird. Dass du nicht dieselbe bleiben kannst. Dass sich dein Leben auf den Kopf stellt, dass du nicht mehr schlafen wirst und keine Freizeit haben, dass es mit deiner Arbeit so nicht weitergeht. Als Refrain rufen sie im Chor: Ist es nicht großartig, wie gut die Natur das alles eingerichtet hat?

Du würdest gern fragen, was an neun Monaten Bauchweh gut eingerichtet sein soll, wenn du dir das Fragenstellen nicht abgewöhnt hättest.

Du isst, du atmest, du gehorchst der Natur und kaufst das halbe Internet leer, in der Hoffnung, dass das Benötigte dann vielleicht dabei sein wird. Eines späten Abends stehst du still in deiner ehemals geräumigen Wohnung und betrachtest die fremden Möbelstücke, Klamotten, Kosmetika, Gebrauchsgegenstände aller Art, das meiste weiß oder hellblau (andere Farben gab es nicht), dazu leere oder halb volle Kartons – es sieht aus, als zöge ein neuer Mitbewohner ein. Genauer gesagt, es sieht nicht nur so aus. Der Mitbewohner ist tatsächlich »neu«, in dem Sinne, dass er bislang noch gar nicht existiert, jedenfalls nicht an der frischen Luft. Diese Vorstellung findest du surreal und ein bisschen bedrohlich.

Dein Partner und du versichert euch gegenseitig, dass ihr die Lage ganz gut unter Kontrolle habt. Statt nervös zu werden und zu streiten, seid ihr betont nett zueinander. Das fühlt sich auch seltsam an, ist aber trotzdem der bessere Weg.

Dann fahrt ihr ins Krankenhaus. Dort holen sie ihn aus dir raus und legen ihn dir auf den Bauch.

Sie nennen es Bonding. Du dachtest immer, das sei etwas Sexuelles mit Ledermasken und Fesseln.

Du schaust deinen Partner an, ihr zuckt beide die Achseln. Euer Sohn ist ziemlich verschmiert und sieht insgesamt aus wie vom anderen Stern. Du fandest Babys noch nie besonders süß; in puncto Schlüsselreiz hat jeder Hundewelpe die Nase vorn. Und dass Neugeborene hässlich sind, ist schließlich allgemein bekannt. Immerhin scheint auf den ersten Blick alles dran zu sein – Arme, Beine, Hände, Füße –, mehr könnt ihr momentan nicht dazu sagen. Haben die tausend Stimmen nicht etwas vom unvergesslichen Erlebnis des ersten Schreis gemurmelt, von überwältigenden Glücksgefühlen, die für alles andere entschädigen? Vielleicht funktionieren eure Hormondrüsen nicht, wie sie sollen. Ihr verständigt euch darüber, dass Gelassenheit schon immer der beste Ratgeber in allen Lebensfragen war. Man muss ja nicht gleich ausrasten, nur weil man ein Kind zur Welt gebracht hat. Schließlich macht die Menschheit das schon seit – ja, von Anfang an.

BABY LOVE (2012)

Großartigerweise hat es die Natur so eingerichtet, dass in den ersten Tagen zu viel zu tun ist, um zum Nachdenken zu kommen. Die Wohnung sieht aus, als wäre eine Bombe explodiert. Offensichtlich befanden sich die wirklich benötigten Dinge in der anderen Hälfte des Internets. Ihr irrt durch die Trümmer eurer ausgiebigen Vorbereitung, zwei kopflose Erwachsene auf der Suche nach Schnullern, Windeln, Feuchttüchern, hebt Gegenstände auf und lasst sie wieder fallen, fangt alles halb an und vergesst gleich wieder, was ihr eben noch vorhattet. Im Bad stapelt sich die Schmutzwäsche, an der Haustür der Müll. Euer Sohn schreit. Selbst die toxische Katze hat Angst vor ihm.

Irgendwann sitzt du mit ihm auf der Couch, ein kurzes erschöpftes Luftholen inmitten der Hektik. Du hältst ihn im Arm und schaust ihn an. Er ist wach und schaut zurück, mit seinem verschwommenen Blick, der noch Mühe hat, dich scharf zu stellen. Er hat die Stirn gerunzelt, die Augen zu Schlitzen verengt, den Mund zu einer misstrauischen Kirsche zusammengezogen. Sein kleines Gesicht ein einziges Sinnbild der Skepsis. Plötzlich begreifst du: Er findet dich genauso verdächtig wie du ihn.

Und da passiert es. Eine Welle schlägt über dir zusammen. Oder vielleicht ist es ein Stromstoß, der dich durchfährt. Deine Adern werden mit Lava geflutet. Ein Strudel reißt dich in die Tiefe, ein Taifun in die Höhe. Du lachst und spürst, wie dir die Tränen kommen. Du sitzt da, kannst die Augen nicht von ihm abwenden, starrst ihn an wie ein Vollidiot. Verstehst nicht recht, was mit dir geschieht. Rationaler, reflektierter Mensch, der du doch bist. Jetzt in Einzelteilen. Komplett zerlegt im Angesicht von acht Pfund frisch gebackenen Lebens.

In den folgenden Tagen findest du heraus, dass er gar nicht hässlich ist. Vielmehr handelt es sich bei ihm eindeutig um das schönste Kind im Universum. Jedes Mal, wenn du ihn anblickst, wiederholt sich das Welle-Strom-Lava-Strudel-Taifun-Programm. Du kannst nachts nicht schlafen, weil du ihn ständig anschauen musst, und selbst wenn du die Augen zumachst, siehst du sein Gesicht. Du verstehst erstmalig, was der Ausdruck »nah am Wasser gebaut« bedeuten soll. Am Telefon fragt eine Freundin, wie es dir geht, und du fängst an zu heulen. Ein Bekannter erklärt per E-Mail, die Existenz eines Kindes eliminiere den Unterschied zwischen Zeichen und Bedeutung, und du fängst an zu heulen. Du liest Rilke: »Denn das Schöne ist nichts / als des Schrecklichen Anfang, den wir noch grade ertragen, / und wir bewundern es so, weil es gelassen verschmäht, / uns zu zerstören. Ein jeder Engel ist schrecklich« – und fängst an zu heulen, weil du mit einem Mal glaubst, den tieferen Sinn dieser Zeilen zu erfassen. Du hörst Musik wie in der Pubertät, immer wieder denselben Song. Dein Partner fragt, ob du an Wochenbettdepressionen leidest, und du sagst: Wahrscheinlich nicht. Es ist nur so, dass du Schmerz und Glück nicht mehr auseinanderhalten kannst.

Wahrscheinlich nennt man das Liebe.

Du bist infiziert. Unheilbar. Eine neue Sorte Gefühl, die dein Immunsystem noch nicht kennt. Keine Abwehrkräfte vorhanden – du bist schlecht vorbereitet. Davon hat man dir nichts gesagt: dass es den Verstand umgehen, sich durch die Hintertür einschleichen und dich hinterrücks überfallen wird. Mit Internet-Einkäufen, Ernährungsplänen und To-do-Listen nicht in Schach zu halten. Für einen Kontrollfreak wie dich ist das nicht leicht zu verkraften, so kolossal hilflos zu sein, völlig ausgeliefert. Hast du dir in den letzten Jahren angewöhnt, die Frage nach dem Sinn des Lebens mit »Es läuft« und »Alles im Griff« zu beantworten? Jetzt läuft dir alles davon und hat dich fest im Griff. Du guckst dir selbst dabei zu, wie du mit Pauken und Trompeten untergehst.

Kein Wunder, dass du Nervenflattern bekommst. Immer drehte sich alles ums Funktionieren. Emotionen ja, aber zur rechten Zeit und in der passenden Dosierung. Das wurde dir beigebracht: Schmerzen wegatmen, Ärger abtropfen lassen, Eifersucht domestizieren. Der Kopf ist die Kommandozentrale, hält das große Ganze im Blick, beobachtet, wägt ab, formuliert Bedingungen. Die Konditionalität der Liebe.

Jetzt hat ein anderer das Kommando übernommen. Er, der nichts kann und nichts macht und einfach nur da ist. Seine zornige Miene beim Milchtrinken, als plane er seinen ersten Amoklauf. Der winzige Stiernacken, die vor dem Bauch geballten Fäuste, mit der ganzen Kraft eines kleinen Körpers ans Leben geklammert. Wenn er den Mund aufsperrt und mit schnellen Bewegungen deine Wangen, deine Schulter, deine Hände küsst, kannst du gar nicht anders, als ihn zu füttern, und würdest jeden, der das zu verhindern sucht, mit nackten Händen erwürgen. *Exit* der freie Wille. Während sich seine Instinkte mit deinen Instinkten verständigen, bist du bloß Gast.

Hier liegt die Wurzel deiner Panik: nicht im Durcheinander des Alltags, nicht in filetierten Nächten. Sondern in der glasklaren Tatsache, dass du bis ans Ende aller Tage keine Bedingungen an ihn stellen wirst.

Wie langsam die Zeit vergeht! Früher sind die Tage in flüchtenden Herden vorbeigaloppiert, jetzt räkelt sich schon die zweite Woche träge am Fleck. Du hast aufgehört, dich zu wehren. Widerstand zwecklos, so viel hast du kapiert. Du hältst ihn im Arm, er schaut dir direkt in die Augen. Sein Blick inzwischen frei von Misstrauen, dafür voller Staunen und schon genau fokussiert.

Rilke sagt: »Denn da ist keine Stelle, / die dich nicht sieht. Du musst dein Leben ändern.«

War das ein Lächeln?

Die toxische Katze nähert sich vorsichtig, nimmt ihn in Augenschein und befindet ihn für nicht weiter relevant.

Du denkst: Man gewöhnt sich an alles. Sogar an die Liebe.

Eine Geschichte voller Missverständnisse
(2012, mit Ilija Trojanow)

Den deutschen Künstler und die Politik verbindet eine Geschichte voller Missverständnisse. Regelmäßig werden Intellektuelle in vorwurfsvollem Ton zu mehr politischer Einmischung aufgefordert. Erfolgt eine solche dann vonseiten des alten Haudegens Grass, wird mit Spott und Ablehnung reagiert. Ungestillt blieb lange Zeit die Sehnsucht nach künstlerischer Revolte. Aber jetzt: ein Aufruf, nein, Aufschrei! Die reinste Künstler-Stampede: Rund 6000 Kulturschaffende versammeln sich zur wahrscheinlich größten intellektuellen Unterschriftenaktion aller Zeiten. Geht es um die Rettung Europas? Nachhaltiges Wirtschaften? Oder die Verteidigung der Bürgerrechte? Nein, es geht darum, die vermeintliche Abschaffung des Urheberrechts zu verhindern. Das also ist der gemeinsame Nenner, auf den sich das politische Bewusstsein der deutschen Intellektuellen bringen lässt: die Angst, durch das Internet finanzielle Einbußen zu erleiden.

Selbstverständlich ist es legitim, die eigenen Interessen zu verteidigen. Der Aufruf »Wir sind die Urheber« lässt allerdings im Unklaren, was genau diese Interessen sind und gegen wen sie verteidigt werden sollen. Auffällig viele Schriftsteller und Schriftstellerinnen haben das Pamphlet unterzeichnet, so als seien die deutschen Autoren durch Raubkopierer in ihrer Existenz bedroht. Der ökonomische Alltag eines Autors zeichnet ein anderes Bild, denn kaum einer lebt vom Buchverkauf.

Ein paar Zahlen zur Aufklärung: Ein belletristisches Werk, das sich dreitausendmal verkauft, ist in Deutschland kein Flop. Fünftausend verkaufte Exemplare sind ein Achtungserfolg, zehntausend ein richtiger Erfolg. Mit zwanzigtausend verkauften Büchern wird man bereits als »Bestsellerautor« tituliert. Bei branchenüblichen Tantiemen von 10 Prozent und einem Ladenpreis von rund 20 Euro liegt der Gesamtverdienst eines »normal« erfolgreichen Autors also zwischen 6000 und 40000 Euro – vor Steuern. Geht man von zwei bis drei Jahren Arbeitszeit für die Fertigstellung eines Romans aus, kommt man auf ein Monatsgehalt zwischen »fast nicht vorhanden« und »äußerst bescheiden«. Mit dem Internet oder Raubkopierern hat diese missliche Lage überhaupt nichts zu tun.

Trotzdem leben in Deutschland Tausende freiberuflicher Autoren. Der Grund liegt in einem Subventionssystem, das aus Literaturpreisen (etwa 1500), Arbeits- und Aufenthaltsstipendien, Sozialleistungen (Künstlersozialkasse), Auftragsarbeiten von Theatern und öffentlich-rechtlichen Rundfunkanstalten, Poetikvorlesungen und Gastprofessuren der Universitäten sowie den weitverbreiteten Lesungen besteht, die meist ebenfalls von der öffentlichen Hand oder Stiftungen gefördert werden. Die Bedrohung durch eine (übrigens fiktive, weil von niemandem ernsthaft geplante) Einschränkung des Urheberrechts ist also keineswegs so existenziell, wie die Lautstärke des Aufrufs vermuten lässt. Vor allem aber ist die im Umfeld des Aufrufs ventilierte Behauptung, Künstler würden in Deutschland geringgeschätzt, schlicht und ergreifend nicht wahr und beim Blick auf die Lebensbedingungen von Schriftstellern in anderen Ländern bedenklich kurzsichtig.

Ebenfalls verwunderlich ist die Aussage des Aufrufs, zwischen »Verwertern« und »Urhebern« bestehe kein Konfliktpotenzial, sondern man ziehe gemeinsam gegen – ja, wen? – zu Felde. Der klassische Interessengegensatz »Autor–Verlag« wird auf die Beziehung »Autor–Leser« verlagert. In der Logik des Arbeitskampfs wäre das so, als wollte ein Fließbandarbeiter sein Recht auf Bezahlung gegen die Autokäufer verteidigen.

Es ist schön, gar nicht selten und bei den beiden sich hier äußernden Autoren glückliche Realität, sich mit seinen Verlagen gut zu verstehen. Trotzdem schadet es nicht, sich daran zu erinnern, dass der letzte Kampf um das Urheberrecht keine zehn Jahre her ist und dass es bei diesem Kampf keineswegs um die Abschaffung des geistigen Eigentums durch gierige und gewissenlose Leser, sondern um eine Verbesserung der Stellung des Urhebers gegenüber den Verwertern ging. Gegen massiven Widerstand seitens der Verwertungskonzerne wurde eine so simple Regelung wie der Anspruch auf angemessene Vergütung ins Urhebervertragsrecht aufgenommen. Weil sich dadurch in der Praxis wenig geändert hat, empfahl die Enquete-Kommission »Kultur in Deutschland« noch im Dezember 2007, den urhebervertragsrechtlichen Schutz der Künstler gegenüber den Verwertern zu verbessern. Für schöngeistige Schriftsteller hat dieser Arbeitskampf geringere Bedeutung, weil Literaturverlage eher idealistisch als gewinnmaximierend eingestellt sind und ihre Autoren in der Regel nicht ausbeuten, sondern angemessen beteiligen. Blickt man aber über den Tellerrand auf andere Schreibberufe, stellt man fest: Noch immer nagt ein Großteil der Übersetzer am Hungertuch. Zeitungskonzerne nehmen freiberuflichen Journalisten mithilfe von Buyout-Verträgen ihren »Content« ab, um diesen (im Internet!) in alle Himmelsrichtungen zu verkaufen, ohne den Urheber am Erlös zu beteiligen. Als Argument für diese sittenwidrigen Praktiken geben sie an, das Internet zwinge sie, zum Contentverkäufer zu werden, weil sich ja mit Zeitungen nichts mehr verdienen ließe.

Trotz dieser Missstände erlaubt der Aufruf auch weniger autorenfreundlichen Verwertern, sich im Kampf für das Urheberrecht auf die »gute« Seite zu stellen. Überhaupt geht es allen Seiten — auch der an dieser Stelle ebenso fadenscheinig argumentierenden Piratenpartei — plötzlich um den Schutz des armen kleinen Autors bzw. Urhebers. Ohne einen Krieg zwischen Künstlern und »Contentmafia« heraufbeschwören zu wollen, zeigt ein nüchterner Blick auf die politische Realität, dass die Unterzeichner des Aufrufs einen fremden Karren ziehen.

Wenn die Verabschiedung von Gesetzespaketen betrieben wird, mit deren Hilfe Urheber- und Patentrechtsverstöße im Netz schärfer verfolgt werden sollen, sind es nicht die Schriftsteller- und Journalistenverbände, die ihre Lobbyisten nach Brüssel und Washington entsenden. Für Initiativen wie ACTA und SOPA zum Schutz vor Produktpiraterie und zur Sicherung von Patenten machen sich die daran verdienenden Interessenvertreter von Medienkonzernen und Pharmaindustrie stark.

Vielleicht haben die massiven Proteste gegen diese Gesetzesvorhaben bei manchem Künstler zu dem Eindruck geführt, es wimmele überall vor Urheberrechtsfeinden. Ein weiteres Missverständnis, denn Bürgerrechtler sind mitnichten Gegner des Urheberrechts. Wissen die Unterzeichner des Aufrufs überhaupt, was sie fordern, wenn sie »den Schutz des Urheberrechts stärken und den heutigen Bedingungen des schnellen und massenhaften Zugangs zu den Produkten geistiger Arbeit anpassen« wollen? Es gibt keine einzige Gesetzesinitiative zur Abschaffung des Urheberrechts. Aber es gibt eine Menge Gesetzesinitiativen zur Überwachung des Internets. Provider sollen ihre Kunden beobachten und deren Daten offenlegen. Privaten Nutzern soll als Strafmaßnahme der Internetzugang gesperrt werden. Auch der Einsatz von Deep Packet Inspection, Trojanern zur Onlinedurchsuchung oder Vorratsdatenspeicherung kann mühelos mit dem »Schutz von Urheberrechten« begründet werden. Ähnliche Vorstöße, den angeblich rechtsfreien Raum des Internets unter Kontrolle zu bringen, wurden bereits — teilweise erfolgreich — im Namen von Kinderpornografiebekämpfung und Terrorismusverfolgung unternommen. Geht es hier wirklich vor allem darum, die Kultur gegen »Geiz und Gier« zu verteidigen?

Noch spielen E-Books auf dem deutschen Buchmarkt eine geringe Rolle. Wenn man sich aber mit den Erfahrungen der

Musikindustrie für die Zukunft wappnen will, dann sollte man registrieren, dass die strafrechtliche Verfolgung von privaten Usern nichts bringt. Zudem können illegal operierende Filehoster bereits nach bestehender Rechtslage zur Rechenschaft gezogen werden. Gegenüber den Lesern kommt es darauf an, digitale Produkte zu einem vertretbaren Preis in leicht verfügbarer Form anzubieten, um sie mittelfristig nicht zu Raubkopierern zu erziehen. Der Preis eines E-Books in Höhe von 18 Euro und mehr mag kostendeckend sein – für eine mit Kopierschutz belegte Datei, die nur auf bestimmten Lesegeräten eingeschränkt abrufbar ist, kann er als zu hoch empfunden werden. Durch eine schwer zu vermittelnde Preisgestaltung werden auch eigentlich zahlungswillige Leser zum illegalen Download getrieben. Hat sich dann erst mal eine Umsonst-Kultur breitgemacht, leiden Autoren genau wie Verwerter darunter, und es ist schwierig, zu Bezahlmodellen zurückzufinden.

Die Politik ins Blaue hinein zum Handeln aufzufordern, führt bestenfalls dazu, dass irgendwelche absurden Gesetze erlassen werden, die in der Praxis mehr Schaden als Nutzen anrichten. Zukunftsangst und Kulturpessimismus sind schlechte Ratgeber.

Selbst, selbst, selbst
(2012)

Morgens nach dem Aufstehen tragen sie ihr Schlafverhalten in eine Tabelle ein. Sie messen Körpergewicht, Lungenvolumen, Grad der Mundfeuchtigkeit. Vor dem Mittagessen haben sie bereits den täglichen Intelligenztest durchgeführt. Sie scannen die Pigmentierung ihrer Haut und messen die eigenen Gehirnströme. Sie dokumentieren akribisch, was sie essen, wie weit sie joggen und was der Toilettenbesuch gebracht hat. Die Daten stellen sie ins Internet. Sie sind keine Untertanen einer Science-Fiction-Gesundheitsdiktatur. Sondern Bürger demokratischer Staaten, die ihre Freiheit dazu nutzen, das eigene Leben in eine Statistik zu verwandeln.

»Quantified Self« heißt eine wachsende Bewegung aus den USA, die gerade dabei ist, auf Deutschland überzugreifen. Die Selbstvermesser rücken dem eigenen Körper mit allerlei technischem Spielzeug auf den Pelz. Vom Stirnband mit EEG-Sensoren bis zum Blutdruckmessgerät mit USB-Anschluss: Durch Selbstvermessung wird die Liebesbeziehung zwischen Mensch und Maschine endlich intim.

Den Selbstvermessern geht es um Optimierung. Sie wollen die erfassten Daten nutzen, um ihre Gesundheit, Fitness und Leistungsfähigkeit so weit wie möglich zu steigern. Der

Feind heißt nicht nur Übergewicht und Unsportlichkeit, sondern vor allem Unordnung, Kontrollverlust, fehlende Disziplin. Das eigene Ich als Forschungsobjekt: Der Selbstvermesser hofft, sich im Datenspiegel selbst zu erkennen, Fehler auszumerzen und auf diese Weise zu einem besseren Leben zu gelangen. Als wäre Glück ein Rechenergebnis, das durch die korrekte Anwendung einer Formel zu erzielen ist.

So betrachtet, stellt »Quantified Self« eine Art männlicher Magersucht dar. Während junge Mädchen meinen, durch maximale Askese einem idealisierten Selbstbild näherzukommen, glauben die überwiegend männlichen Selbstvermesser, mit dem Einsatz von Technik eine perfektionierte Version ihrer selbst verwirklichen zu können. Schönheit oder Leistungsfähigkeit sind dabei nur fiktive Ziele. In Wahrheit geht es nicht um das Erreichen eines bestimmten Ergebnisses, sondern um die Illusion, mittels totaler Selbstkontrolle Herr oder Herrin über das eigene Schicksal werden zu können. Selbstermächtigung durch Selbstversklavung: Genau wie die Magersüchtige führt auch der Selbstvermesser einen Kampf gegen den eigenen Körper. Letztendlich wirkt darin die religiöse Vorstellung fort, der Weg zur Freiheit des Geistes führe über die Kasteiung des Fleisches. Nur dass die Sünde des 21. Jahrhunderts nicht mehr in sexueller Aktivität, sondern in zu fettem Essen und zu wenig Bewegung besteht. Als frommer Gläubiger nimmt sich der Selbstvermesser jede Möglichkeit zum Selbstbetrug. Die Datenbank ist sein Beichtstuhl, der Dienst an der Technik sein tägliches Gebet.

»Selbst, selbst, selbst« lautet das Credo einer Religion ohne

Gott, die den Einzelnen zum Schöpfer, moderner ausgedrückt: zum Designer der eigenen Person erhebt. »Vermessen« ist nicht nur der Körper des Selbstquantifizierers, sondern auch der Anspruch, die totale Konzentration auf sich selbst müsse eines Tages zu Erlösung in Form von Wohlbefinden führen. Egozentrik als Biozentrik.

Im Grunde bräuchte es ja nicht weiter zu interessieren, was ein paar Technikbegeisterte mit ihrem Überschuss an Freizeit und Geld anfangen – wenn die Idee des »Quantified Self« nicht als extremer Auswuchs eines allgemeinen Trends zu deuten wäre, der nachdenklich stimmt.

Es sind nicht nur die Selbstvermesser, es ist unsere ganze Gesellschaft, die zunehmend dem Glauben verfällt, physische Perfektion sei das »höchste Gut«. Gedüngt wird dieser blühende Irrtum von einer gigantomanen Pharma-, Kosmetik- und Ernährungsindustrie, die ihre Selbstverbesserungspräparate an Mann und Frau bringen will. In der dazugehörenden Werbung werden jene körperbetonten Idealbilder entworfen, die männlichen und weiblichen Kontrollfreaks als Fluchtpunkte dienen. Dass moralische Tugenden durch oberflächliche Begriffe wie Schönheit, Fitness, Jugend ersetzt wurden, ist eine bedauernswerte Nebenwirkung des konsumgestützten Kapitalismus. Unser Wirtschaftssystem ist nun einmal darauf angewiesen, dass wir permanent durch eine Mischung aus Leistung und Konsum nach Glück zu streben suchen.

Entsprechend ist unsere Gesellschaft von der Annahme infiziert, das Wesentliche am Menschen sei der materielle Teil. Der messbare Mensch ist der vergleichbare und damit selektionsfähige Mensch. Auch wenn jeder Selbstvermesser diesen Gedanken empört von sich weisen würde – es gab in Deutschland schon einmal eine Bewegung, die meinte, den Wert eines Menschen am Kopfumfang ablesen zu können.

Die Selbstquantifizierer befinden sich auf dem Holzweg, wenn sie behaupten, die Informationssammelei diene der Aufklärung im Kant'schen Sinne. Das Mündige an einem Bürger ist nicht der Körper, sondern der Geist. Die Verwandlung eines Lebewesens in Zahlenkolonnen kann nicht zu individueller Freiheit führen, weil sie den Menschen zum Objekt macht und damit automatisch Gefahr läuft, Fremdherrschaft zu begründen.

Schon jetzt freut sich das überforderte Gesundheitssystem darauf, »Quantified Self« sukzessive zu einer allgemeinen Verpflichtung zu erheben, um auf dieser Grundlage Versicherungsleistungen nach dem Selber-schuld-Prinzip zu verweigern. Wenn es einen optimalen Lebensstil gibt, der zum optimalen Körper führt, dann gibt es auch messbare Abweichungen, an die sich Belohnung und Strafe knüpfen lassen. Ob sie es wollen oder nicht – als Vorreiter in Sachen Körperwahn machen sich die Selbstvermesser zu Versuchskaninchen für das Konzept des Gesundheitsuntertanen. Sie entwickeln und testen Sensoren, die wir vielleicht eines Tages alle am Handgelenk tragen, um auf diese Weise am Bonus-Malus-System der Krankenkassen teilzunehmen. Schon heute können Versicherungen ihre Zahlungen zurückhalten, wenn es um die Verletzungen eines Extremsportlers oder um Komplikationen nach einer Schönheitsoperation geht.

Die Verknüpfung von Krankheit und Schuld bedeutet

nicht weniger als das Ende von persönlicher Freiheit und gesellschaftlicher Solidarität – zwei Werte, die das Fundament einer demokratischen Gesellschaft bilden. Wer wie die Selbstquantifizierer glaubt, Gesundheit und Wohlbefinden könne man sich erarbeiten, indem man entlang objektiver Normen alles »richtig« macht, der mag bald nicht mehr einsehen, warum er mit seinen Versicherungsbeiträgen für die Raucherlungen, Säuferlebern und verfetteten Herzen irgendwelcher undisziplinierter Hedonisten aufkommen soll. Der wird seine Sätze bald mit »Man muss doch nur ...« und »Ist es denn zu viel verlangt ...« beginnen. Wer meint, das Schicksal bezwungen zu haben, teilt die Welt in Gewinner und Verlierer ein und betrachtet körperliches oder seelisches Leid als Charakterschwäche.

Diese Einstellung ist kein Akt der Emanzipation, weder vom Schicksal noch von einem bröckelnden Gesundheitssystem. Sie ist ein Rückschritt in der Geschichte des humanistischen Denkens. »Quantified Self« verabschiedet sich von einer Vernunft, die zum Bestimmen des richtigen Lebens keinen Taschenrechner braucht. Ein mündiger Mensch kann auf seine Fähigkeit vertrauen, das rechte Maß der Dinge ohne Messgeräte zu ermitteln. Selbstvermessung hingegen ist das Gegenteil von Selbstvertrauen. In dem Wunsch, die eigene Existenz möglichst restlos zu beherrschen, drückt sich vor allem die Angst aus, als Individuum in der großen weiten Welt der schönen und schrecklichen Möglichkeiten verloren zu gehen. Wir sind alle fehlerhaft. Wir bestehen zu einem großen Teil aus Schwächen. Der kleinste Zufall besitzt die Macht, uns zu vernichten. Das Sammeln von Informationen schützt nicht dagegen. Bei Tageslicht betrachtet, ist es nicht mehr als der Versuch, der eigenen Sterblichkeit nicht ins Auge zu blicken.

Nichts spricht dagegen, den eigenen Körper und am besten auch Herz und Geist zum Besseren entwickeln zu wollen. Leider fällt es uns Menschen schwer zu verstehen, dass das Bessere nicht im Extrem, sondern in der Balance zu suchen ist. »Nichts übertreiben« lautet ein recht verlässliches Rezept, das nicht zuletzt auch für das Streben nach Wohlbefinden gilt. Gesundheit kann eine Voraussetzung für das gute Leben, nicht aber Selbstzweck sein. Als Endziel aller menschlichen Bemühung entfaltet der Körper totalitäres Potenzial. Ein Staat, der seine Bürger zu dem verpflichtet, was sich ein Selbstvermesser freiwillig abverlangt, wäre tatsächlich eine Gesundheitsdiktatur. Es gilt dafür zu sorgen, dass der Freiheitsverzicht von »Quantified Self« ein legitimes Hobby bleibt. Und nicht heimlich zum gesellschaftlichen Konzept mutiert.

Das Diktat der Krise
(2012)

Die Euro-Rettung wirkt wie ein Vergrößerungsglas auf die deutsche Politik. Plötzlich sieht man die bizarren Strukturen in Übergröße. Während die Medien »Krise, Krise!« skandieren, fährt Angela Merkel ihren berüchtigten Schlingerkurs. Erst sind die Griechen arbeitsscheue Hallodris, dann ein wichtiges Mitglied der Währungsunion, das unbedingt gerettet werden muss. Erst kommt eine europäische Haftung für die Schulden anderer Staaten gar nicht in die Tüte, dann wird sie mit dem ESM indirekt doch eingeführt. Die dafür notwendigen Entscheidungen werden auf Ministerebene verhandelt und in Brüssel fernab der Öffentlichkeit getroffen. Das Parlament hält man wohl für zu langsam, zu geschwätzig, zu ahnungslos, um angemessen beteiligt zu werden. Statt um Zustimmung zu werben, wird die Öffentlichkeit mit Krisenrhetorik eingeschüchtert. Alle Entscheidungen der Regierung sind selbstredend völlig alternativlos, weil andernfalls das Abendland untergeht (»Fällt der Euro, fällt Europa«). Wir Bürger sehen uns auf die Rolle von lästigen Zuschauern reduziert. Abgestumpft von den ständigen apokalyptischen Drohungen stehen wir daneben und hoffen, dass es nicht ganz so schlimm kommen wird. Zum Schluss muss das Bundesverfassungsgericht daran erinnern, dass es in Deutschland ein Grundgesetz gibt, welches auch im permanent proklamierten Ausnahmezustand seine Gültigkeit behält. Und Angela Merkels Umfragewerte steigen, obwohl eigentlich niemand versteht, was sie da macht. *The same procedure as every year.*

Seit einer halben Ewigkeit sprechen Beobachter von Politikverdrossenheit und fragen sich, weshalb die Menschen das Vertrauen in die politische Klasse verloren haben. Warum spricht niemand von der Bürgerverdrossenheit? Und fragt, wann die Politik das Vertrauen in den Bürger verloren hat? Denn Parlament und Volk, scheint es, sind der Regierung in Zeiten permanenter Krise nur noch ein Klotz am Bein. Der Bürger darf sich ereifern, wenn es um Bahnhöfe, Flughäfen oder Staudämme geht. Werden die Fragen bedeutsamer, sollen nur noch Experten ran. So kommt es zur paradoxen Argumentation unserer Regierung bei der Aushandlung des ESM: Die Angelegenheit sei gewissermaßen zu wichtig, um das Parlament zu beteiligen. Das klingt nach verkehrter Welt.

Die europäische Integration wurde von Anfang an unter Missachtung demokratischer Grundsätze vollzogen. Das war kein Versehen. Nach dem Zweiten Weltkrieg misstraute man der europäischen Gesinnung des Volkes. Abgesehen davon schien die Einigung unter so vielen unterschiedlichen Mitgliedstaaten auch schon ohne echten parlamentarischen Prozess kompliziert genug. Vom Ergebnis her betrachtet, kann man das nicht bedauern. Die Europäische Union ist – Krise hin oder her – eine Erfolgsgeschichte. Das heißt aber nicht, dass sie weiterhin in größtmöglicher Bürgerferne betrieben werden darf. Wäre das Grundgesetz aus Gummi, es würde durch die Verabschiedung des ESM bis zum Zerreißen gespannt.

Bestimmt sind Angela Merkel und ihre Mitstreiter felsenfest überzeugt, das Richtige zu tun, indem sie den ESM errichten. Aber wer legitimiert sie zu einer Entscheidung, mit der sie die heilige Kuh des Parlamentarismus, nämlich das Haushaltsrecht des Bundestags tangieren? Höhere Einsicht? Der Weltgeist? Merkel und Schäuble würden antworten: die drohende Katastrophe. Doch die drohende Katastrophe ist kein demokratisches Prinzip. Gewiss, Bundestag und Bundesrat haben den ESM-Vertrag mit Zweidrittelmehrheit ratifiziert. Aber parlamentarische Legitimation vermittelt sich durch Beratung und Streit, nicht durch das Abnicken im Schnellverfahren. Wer das Volk als demokratischen Souverän ernst nimmt, darf Gesetze von dieser Tragweite nicht durchpeitschen, indem er mit fatalen Folgen für die Menschheit im Allgemeinen und die europäische Wirtschaft im Besonderen droht.

Momentan bekommen sogar die Verfassungsrichter diesen Reflex zu spüren. Kaum wähnen sich die Regierenden in ihrer Krisenbewältigungs-Allmacht gestört, malen sie den Nervöse-Märkte-Teufel an die Wand. Sollte Karlsruhe es wagen, den ESM-Rettungsschirm zu stoppen oder auch nur zu verzögern, könne das, so Wolfgang Schäuble, zu »erheblichen wirtschaftlichen Verwerfungen mit nicht absehbaren Folgen« führen. Nach dem Parlament wird nun versucht, die Verfassungsgerichtsbarkeit dem Diktat der Krise zu unterwerfen. Im gefühlten Ausnahmezustand wird die Gewaltenteilung als Zumutung empfunden.

Unter dem Vergrößerungsglas der Euro-Rettung zeigen sich auch die strukturellen Probleme der europäischen Integration in aller Deutlichkeit. Im Kern geht es um eine Verschiebung der Macht vom Parlament zur Regierung. Entscheidungen, für die auf nationaler Ebene der Bundestag zuständig wäre, werden in Brüssel, Straßburg oder Luxemburg von Regierungsvertretern getroffen. Den ESM sollen die Finanzminister der Mitgliedsländer lenken. Eine parlamentarische Kontrolle ist nicht vorgesehen, die Transparenz wird gegen null gehen. Der Eindruck von Hinterzimmerpolitik ist vorprogrammiert. So erwirbt man keine Zustimmung, sondern liefert jenen Nahrung, die dem Euro und der EU schon immer feindlich gegenüberstanden.

Ist Europa so peinlich, dass man es hinter verschlossenen Türen verstecken und jeden wegbeißen muss, der sich mit einer Frage nähert? Hat man vor lauter technokratischer Sachzwangbewältigung vergessen, worum es hier eigentlich geht? Gibt es unter den Regierenden noch irgendjemanden, der Europa gut findet? Deutschland ist keine karitative Organisation zur Rettung von »Pleitegriechen«, sondern ein Land, das in und mit Europa seine wohlkalkulierten Interessen wahrt. Wir übernehmen nicht aus historischer Schuld eine zentrale Rolle bei der Stabilisierung des Euro, sondern weil wir am Euro eine Menge verdienen – in materieller wie in immaterieller Hinsicht. Nur vor diesem Hintergrund erklären sich die Anstrengungen bei der Errichtung von Rettungsschirmen. Ob der ESM ein taugliches Mittel zum gewünschten Ziel ist – darüber hätte man in den letzten Monaten ausführlich reden können. Zum Beispiel im Bundestag. Es bringt nichts, Zahlen wie »700 Milliarden« hinter vorgehaltener Hand zu nuscheln. Der Bürger hört sie trotzdem und bekommt zu allem Überfluss den Eindruck, dass bei so viel Hektik und Heimlichkeit etwas faul sein muss. »Mehr Europa wagen« hieße zuallererst »Mehr Parlamentarismus wagen«. Denn wer mit voller Überzeugung zu Europa steht, braucht sich vor Parlament und Öffentlichkeit nicht zu fürchten.

Stille Schlachtung einer heiligen Kuh
(2012)

Seit dem 3. Juli 2012 hat die Bundeswehr den Segen des Verfassungsgerichts für Einsätze im Inland. Nicht nur, um Sandsäcke zu schleppen, sondern für echtes Hauen und Stechen. Und das nicht erst im Fall eines Staatsnotstands, sondern bereits bei »besonders schweren Unglücksfällen« im Sinne von Art. 35 des Grundgesetzes, also nach jener Vorschrift, von der es rund ein halbes Jahrhundert lang hieß, dass sie keine Erlaubnis für den Einsatz militärischer Mittel enthalte. So weit, so unerhört. Aber der Aufschrei blieb aus. Ein bisschen pflichtschuldige Berichterstattung und leises Gemecker über unkonkrete Formulierungen. Regierung und Opposition verbuchen das Urteil als Erfolg. Aber das tun sie ja immer. Man geht zur Tagesordnung über. Drei Tage später scheint die Angelegenheit vergessen.

Hallo? Da wurde eine heilige Kuh geschlachtet. Noch im Jahr 2006 hatte der Erste Senat bei Prüfung des Luftsicherheitsgesetzes betont, dass es dem Bund von Verfassungs wegen nicht erlaubt sei, »die Streitkräfte bei der Bekämpfung von Naturkatastrophen und besonders schweren Unglücksfällen mit spezifisch militärischen Waffen einzusetzen«. Sechs Jahre später gilt plötzlich das Gegenteil, wenn auch »in engen Grenzen«.

Damit knüpft die Rechtsprechung an eine unselige Entwicklung an. In jüngster Zeit scheinen Lehren, die aus der deutschen Vergangenheit gezogen wurden, an Wert zu verlieren. Vom deutschen Boden sollte kein Krieg mehr ausgehen – bis Afghanistan. Menschen sollten niemals wieder aufgrund ihrer Religionszugehörigkeit unter Generalverdacht gestellt werden – es folgten Rasterfahndung, Observation und Präventivgewahrsam für Moscheenbesucher. Und jetzt die Bundeswehr im Inneren.

Schon lange gibt es Politiker, die Soldaten gern auf Großdemonstrationen, in Fußballstadien oder bei der Bewachung von Bahnhöfen einsetzen würden. Von solchen Bestrebungen distanziert sich das Urteil. Ausdrücklich werden Demonstrationen oder »Gefahren, die von einer Menschenmenge ausgehen«, von den katastrophischen Dimensionen ausgenommen, die in Zukunft zum Streitkräfteeinsatz berechtigen sollen. Den Richtern geht es um einen anderen Fall. Ebenso wie das Luftsicherheitsgesetz, welches zur Prüfung vorlag, ist auch das Urteil selbst eine Reaktion auf den 11. September 2001. Man stelle sich vor: Ein von Terroristen gekapertes Flugzeug rast auf den Berliner Reichstag zu. Unten steht die Luftabwehr der Bundeswehr und darf nicht eingreifen, weil das Grundgesetz den Gebrauch von Waffen auf deutschem Boden verbietet. Kann das angehen?

Die Erinnerung an die einstürzenden Türme von New York hat die Richter dazu verleitet, diese Frage mit »nein« zu beantworten. Ebenso scheint es diese Erinnerung unmöglich zu machen, das Urteil grundsätzlich zu kritisieren. Das ist die Krux mit apokalyptischen Gedankenspielen – sie behindern das sachliche Denken. Vernünftig gedacht, ist die Wahrscheinlichkeit eines solchen Attentats seit dem 11. September 2001 nicht höher als zuvor. Trotzdem ist es heute schwieriger, auf dem kategorischen Verbot von militärischen Einsätzen im Inland zu bestehen. Als würde man damit eine Teilschuld am möglichen Tod unschuldiger Menschen auf sich laden.

Das Wesen von Prinzipien besteht allerdings gerade darin, auch in schwierigen Situationen ihre Gültigkeit zu behalten. Was nur im Reibungslosen wirken will, heißt Opportunismus. Auch wird die Aufweichung von Grundsätzen selten mit praktikablen Ergebnissen belohnt. Weil Karlsruhe – glücklicherweise! – nicht so weit gehen wollte, der Angst vor dem Terror auch die Menschenwürde zu opfern, bleibt der Abschuss von Passagiermaschinen mit Zivilisten an Bord weiterhin verboten. Ein entführtes Flugzeug, so schlagen die Richter vor, solle von der Bundeswehr abgedrängt, zur Landung gezwungen oder mit Warnschüssen erschreckt werden. Man fragt sich unwillkürlich, ob das ernst gemeint ist. Zur Landung zwingen – wie denn? Zum Selbstmordattentat entschlossene Terroristen sollen sich tatsächlich von Warnschüssen beeindrucken lassen?

Im Karlsruher Beschluss reproduziert sich ein Phänomen, das bislang vor allem der Arbeit von Regierung und Bundestag im Anti-Terror-Kampf anhaftet. Stück für Stück werden Grundsätze preisgegeben, die zur Gründungsgeschichte der Bundesrepublik gehören, ohne dass auf der anderen Seite ein nennenswerter Zugewinn an Sicherheit erzielt würde. Aus Angst vor dem Terrorismus wurden viele Kompetenzen geschaffen, deren Nutzen zum angestrebten Zweck bei näherer Betrachtung zweifelhaft ist. Unzweifelhaft ist allein die Freiheitsbeschränkung. Bislang hat das Bundesverfassungsgericht dieser Tendenz entgegengewirkt. Die felsenfeste Botschaft aus Karlsruhe schien zu lauten: Auch Terrorismus rechtfertigt keinen schnodderigen Umgang mit der Verfassung.

Nun aber hat das Bundesverfassungsgericht selbst angerichtet, was ihm sonst zur Überprüfung vorgelegt wird: eine Verschlechterung der Rechtslage ohne Verbesserung der Sicherheitslage. Anders als die Befürworter von innerdeutschen Kampfeinsätzen meinen, wurde mit dem neuen Urteil zum Luftsicherheitsgesetz weder »Klarheit geschaffen« noch »eine Lücke geschlossen«. Vielmehr hat Karlsruhe in eine recht eindeutige Situation – keine bewaffneten Streitkräfte im Inland außer bei Staatsnotstand – eine Lücke gerissen, die schwer zu kontrollieren sein wird. Denn im Ernstfall wird kein Gericht entscheiden, was eine »Ausnahmesituation katastrophischen Ausmaßes« ist, sondern die Bundesregierung. Die Deutung wird unter enormem öffentlichen und zeitlichen Druck erfolgen, weil Notzuständigkeiten keinen Spielraum für eine sorgfältige Prüfung der Umstände gewähren. Im Nachhinein ist man dann klüger, im Nachhinein ist es aber auch zu spät.

Seit im Jahr 2006 das erste Urteil zum Luftsicherheitsgesetz erging, wurden sämtliche Richter des Ersten Senats ausgetauscht, bis auf Reinhard Gaier, der jetzt als Einziger gegen den neuen Beschluss gestimmt hat. Das mag die abenteuerliche Kehrtwende erklären. Für die künftige verfassungsrechtliche Prinzipientreue im Kampf gegen den Terrorismus lässt es nichts Gutes ahnen. Die Richter fühlten sich nicht in der Lage, jenes düstere Szenario auszuhalten, das dem Luftsicherheitsgesetz zugrunde liegt. Sie haben dem Grundgesetz eine Kompetenz entnommen, die nicht drin steht. Der häufig gehörte Vorwurf, das Bundesverfassungsgericht mache zu viel Politik, erhält mit diesem Urteil auf unerwartete Weise Nahrung: Karlsruhe zeigt Angst. Diese Angst war bislang keine Triebfeder der Rechtsprechung, sondern der Sicherheitspolitik.

Über dem Verfassungsgericht, sagen die Juristen, befinde sich nur noch der blaue Himmel. Leider wird sich auch dort niemand bereit finden, das unglückliche Urteil aufzuheben.

Das Lächeln der Dogge
(2013)

Nächste Woche kommt Präsident Obama nach Deutschland, und Angela Merkel hat vollmundig angekündigt, ihm unbequeme Fragen zur PRISM-Affäre stellen zu wollen. Wenn ich mir das bildlich vorstelle, sehe ich einen Pinscher, der eine Dogge ankläfft, während die Dogge lächelnd in eine andere Richtung schaut.

Dabei hat der Pinscher mit seinem Gekläff absolut recht. Die Überwachung der weltweiten Internetkommunikation, wie sie durch die amerikanische NSA innerhalb des PRISM-Programms erfolgt, zeichnet das 21. Jahrhundert als ein Zeitalter im Sinne von Orwells Roman *1984*. Das wäre durchaus Grund für ein veritables politisches Gebell.

In Wahrheit lässt der Zugriff auf die Privatsphäre die meisten Menschen, egal ob Politiker oder Privatpersonen, völlig gleichgültig. Seit zehn Jahren gehöre ich zu einer kleinen Gruppe von Datenschutzexoten, die immer wieder darauf hinweisen, dass die Möglichkeit zu unbeobachteter Kommunikation wichtige Voraussetzung für eine funktionierende Demokratie ist. Der Mehrheit im Land erscheinen solche Einwände als Hysterie. Seit dem 11. September 2001 ist es einfach geworden, den Menschen den Schneid abzukaufen. Man muss nur behaupten, dass eine Maßnahme der Jagd auf

Terroristen dient – schon scheint sie legitim. Der Lieblingssatz der Deutschen zu diesem Thema lautet: »Warum soll mich das stören, wenn die Polizei meine E-Mails liest – ich habe schließlich nichts zu verbergen.«

Mich macht diese Haltung fassungslos. Deutschland hat im 20. Jahrhundert zwei totalitäre Systeme erlebt. Nicht nur der Nationalsozialismus, auch die DDR baute ihre diktatorische Macht auf die Beobachtung, Registrierung und Selektion von Individuen. Die Menschen wurden dabei zu Objekten, die man nach bestimmten Kriterien in »schädlich« oder »unschädlich« einteilte. Genauso spielen im zeitgenössischen Kampf gegen den Terrorismus Geschlecht, Alter, Herkunft, Religion und politische Zugehörigkeit eine Rolle beim Rastern der Gesellschaft. Gerade wir Deutschen sollten nach den Erfahrungen mit Nazis und Stasi eine hohe Empfindlichkeit gegenüber jedem Versuch haben, die Privatsphäre der Bürger einzuschränken. Da reicht es nicht, sich ein bisschen über Google Streetview aufzuregen oder weniger Kameras im öffentlichen Raum aufzuhängen, als das in Großbritannien üblich ist. Es geht nicht nur darum, im Vergleich ein wenig sensibler für Bürgerrechte zu sein als andere europäische Staaten. Eigentlich müssten die Deutschen jede Form von Big-Brother-System aus historischen Gründen kategorisch ablehnen.

Alles das sollte Angela Merkel dem amerikanischen Präsidenten bei seinem Besuch in Berlin erklären. Sie sollte ihm verständlich machen, was aus der deutschen Erfahrung für das 21. Jahrhundert zu lernen ist. Die modernen technischen Möglichkeiten heben das Thema Überwachung auf eine völlig neue Ebene. Angesichts flächendeckender Programme wie PRISM wirkt die Stasi im Rückblick wie eine Gruppe Kinder beim Detektivspiel. Angela Merkel müsste aus eigener Erfahrung wissen, wie totale Überwachung über Jahrzehnte hinweg die Menschen zermürbt und eine Gesellschaft deformiert.

Aber Merkels Protest ist leider nicht ernst zu nehmen, und das wird auch Obama spüren. Seit 9/11 erlassen deutsche Regierungen am laufenden Band Gesetze, die eine Durchleuchtung der Bürger ermöglichen. Dass wir dabei noch nicht das amerikanische Niveau erreicht haben, liegt nicht etwa an Merkels historischem Bewusstsein, sondern an der Grundrechtsbetontheit unserer Verfassung sowie an der Standfestigkeit des deutschen Bundesverfassungsgerichts. Ein Sicherheitsgesetz nach dem anderen wurde vom Verfassungsgericht geprüft und wegen zu weitgehender Einschränkung der bürgerlichen Freiheitsrechte zurückgewiesen. Angela Merkel hat da keineswegs jubiliert. Im Gegenteil wurden aus Regierungskreisen scharfe Töne laut: Das Bundesverfassungsgericht solle sich aus der Politik heraushalten.

Die neue Sensibilität für die PRISM-Affäre ist nicht Merkels plötzlichem Interesse am Problem des »gläsernen Bürgers« zu verdanken, sondern der Tatsache, dass gerade Wahlkampf ist. Da kommt es der Kanzlerin gelegen, ein bisschen Stärke zu demonstrieren, indem sie sich gegenüber dem amerikanischen Präsidenten ins Recht setzt. Wenn der Pinscher mit Kläffen fertig ist, wird die Dogge freundlich lächeln und sagen, dass alles, was die USA tun, im Rahmen der Gesetze erfolgt. Danach wird die Aufregung um PRISM verpuffen, und es wird hüben wie drüben fleißig weitergemacht mit der Datensammelei.

Wie heißt es so schön: Jeder kehre zuerst vor seiner eigenen Tür. Wenn sich Angela Merkel ernsthaft Sorgen um die Freiheitsrechte der Bürger machen würde, sollte sie erst einmal ihren eigenen Innenminister anbellen.

#neuland
(2013)

Im ersten Moment habe ich über »Neuland« gelacht. Da steht unsere Bundeskanzlerin neben dem mächtigsten Mann der Welt und hat nichts Besseres zu tun, als ganz Deutschland zum digitalen Neandertal zu erklären. Dabei bezieht sie sich nicht einmal auf die 20 Millionen Deutschen, die das Internet nicht nutzen. Auch nicht auf die Tatsache, dass sich Nutzungsmöglichkeiten im Internet rasant entwickeln, weshalb es nicht leicht ist, das Geschehen politisch zu begleiten. Sie behauptet vielmehr, das Netz sei »für uns alle Neuland«. Das ist der treudoofe Gestus einer Internetausdruckerin, die ihre fehlende Medienkompetenz als gesellschaftliches Problem verkauft. So weit, so absurd.

Prompt gießt die Netzgemeinde ihre Häme über Angela Merkel aus. Woran sich wieder einmal zeigt, wie tief der digitale Graben ist, der noch immer durch die Gesellschaft verläuft. Auf der einen Seite Menschen, die Briefe mit der Hand schreiben, auf ihrem Handy nur telefonieren wollen und den Sohn der Nachbarn bitten, den Papierstau im Faxgerät zu beheben. Auf der anderen Seite Digital Natives und fortgeschrittene Digital Immigrants, die das Internet nicht als verbessertes Rohrpostsystem, sondern als Lebensraum betrachten.

Dass beide Daseinsformen ihre Berechtigung haben, muss man eigentlich nicht extra erwähnen. Auch im 21. Jahrhundert gibt es keinen Kommunikationszwang, und das Benutzen von Facebook, Twitter und Spotify macht einen Menschen nicht automatisch klüger, moderner oder aufgeschlossener. Natürlich bringen technische Revolutionen veränderte Identitäten hervor. Immer wieder erlebe ich, wie schwer es ist, Vertretern der Rohrpost-Theorie verständlich zu machen, dass und inwiefern mit dem Entstehen des Internets neue Weltbilder einhergehen. Schon jetzt ist der kulturelle Unterschied zwischen Offlinern und Onlinern innerhalb desselben Stadtviertels wahrscheinlich größer als zwischen Digital Natives in Berlin und Tokio.

Das ist aber noch lange kein Grund für die aggressive Arroganz, mit der sich manch ein selbst ernannter Internetexperte über #*neuland* hermacht. Kulturelle Unterschiede hin oder her – es gibt in Wahrheit keinen Zündstoff für einen echten Konflikt. Dass die Alten den Jungen Sittenverfall und die Jungen den Alten Vorgestrigkeit vorwerfen, ist ein alter Hut. In Wahrheit nehmen sich Onliner und Offliner gegenseitig nichts weg. Woher also die Aufregung?

Eigentlich geht es um etwas ganz anderes. Angela Merkel sagt nicht die Wahrheit. Das Internet ist gar kein Neuland für sie. Seit Jahren benutzt sie das Netz zu professionellen Werbezwecken. Es gibt Webseite, Videopodcast, Facebook-Account mit 300 000 Fans und einen twitternden Regierungssprecher. Merkels plötzliche Internetlegasthenie muss im Kontext betrachtet werden. Leicht gekürzt lautet der zweite Halbsatz des Ausspruchs: »Das Internet (…) ermöglicht (...) Feinden und Gegnern unserer demokratischen Grundordnung, mit völlig neuen (...) Herangehensweisen unsere Art zu leben in Gefahr zu bringen.«

Als es in Deutschland um Onlinedurchsuchung ging, sprach der damalige Innenminister Schäuble vom Internet als einer Art Telefonanlage. Bei der Durchsetzung der Vorratsspeicherung wusste Justizministerin Zypries nicht mehr, was ein Browser ist. Und wenn die Bundeskanzlerin den amerikanischen Präsidenten darauf ansprechen soll, was es mit der flächendeckenden Kommunikationsüberwachung im Rahmen des PRISM-Programms auf sich hat, ist das Internet plötzlich »Neuland«.

Das ist keine digitale Naivität, sondern taktische Ahnungslosigkeit. Das Netz wird dabei zum unerforschten Dschungel, in dem sich feindliche Krieger mit Krummsäbeln verstecken. Gegen intransparente Gefahren sollen intransparente Überwachungsmethoden legitim erscheinen.

Damit müsste sich die *#neuland*-Debatte beschäftigen: mit einer Kanzlerin, die nicht nur sich, sondern vor allem die Bürger für dumm verkauft, wenn es um die wichtigsten Herausforderungen für die Demokratie im 21. Jahrhundert geht. Nämlich um die Frage, wie in einer Welt, in der totale Kontrolle technisch möglich ist, das Verhältnis von Sicherheit und Freiheit gewahrt werden soll.

Der aktuelle NSA-Skandal hat gezeigt, dass wir inzwischen auf den Mut von Whistleblowern wie Edward Snowden angewiesen sind, um auch nur zu erfahren, wie weit die Behörden uns im Namen der Sicherheit auf den Pelz rücken. Seit dem 11. September 2001 werden die Kompetenzen von Polizei und Geheimdiensten sukzessive erweitert, ohne dass die Position der Bürger ausreichend gestärkt würde. Für den Einzelnen ist es in der Praxis unmöglich zu erfahren, ob und warum er auf einer Gefährderliste geführt wird, wer seine E-Mails mitliest oder seiner Festplatte einen Besuch abstattet. Es kann reichen, im Rahmen einer Internetrecherche verdächtige Webseiten zu besuchen oder die falschen Suchbegriffe einzugeben, um ins Visier der Behörden zu geraten.

Angela Merkel ist in der ehemaligen DDR aufgewachsen. Sie weiß nur zu gut, dass sich ein Staat, der Bürger ausspioniert, ohne dass diese auch nur davon wissen, nicht Demokratie nennen kann. Ihr müsste die Aufgabe am Herzen liegen, den digitalen Wandel aus einer bürgerrechtlichen Perspektive zu begleiten. Im Kommunikationszeitalter ist Datenschutz das, was der Umweltschutz für die Industrialisierung war. Beim Umweltschutz haben wir Jahrzehnte verloren, weil wir das Ausmaß der verursachten Schäden zu spät erkannten. Es wäre höchste Zeit zu verhindern, dass dieser Fehler in Bezug auf die Informationsgesellschaft ein zweites Mal passiert.

Das Problem ist nicht, dass Merkel davon nichts versteht, sondern dass sie davon nichts wissen will. Hat man sich das klargemacht, bleibt einem das Lachen über *#neuland* im Hals stecken.

Wird schon
(2013)

Als mein Mann und ich uns entschieden, in ein 300-Seelen-Dorf in Brandenburg zu ziehen, hatte das nichts mit Familienplanung zu tun. Eher mit Experimentierfreude und der Verliebtheit in ein bestimmtes Haus. Sieben Jahre später ist Nachwuchs da, und unsere neue Heimat überrascht uns mit einem Wunder in zwei Teilen. Teil Eins: Es gibt einen dorfeigenen Kindergarten. Teil zwei: Der Kindergarten hat keine Warteliste. Während sich Eltern in Städten – und selbst in Teilen der westdeutschen Provinz – zum Löffel machen müssen, um einen Betreuungsplatz zu ergattern, gehe ich mit meinem einjährigen Sohn aus dem Haus, laufe um die Ecke und beginne mit der Eingewöhnung.

Vor Ort stellt sich heraus, dass ich deutlich nervöser bin als der Sprössling. Während zwanzig Kinder aller Altersstufen fröhlich durcheinander purzeln, kreisen tausend Fragen durch meinen Kopf. Von wem, wann und mit was wird er hier gefüttert? Und wie um alles in der Welt wollen sie ihn dazu bringen, seinen Mittagsschlaf zu machen? Die Kindergärtnerin schaut mich von der Seite an und sagt: »Wird schon.« Sie ist Brandenburgerin, also wird sie auch alle anderen Fragen mit »Wird schon« beantworten. Mir bleibt nichts anderes übrig, als mich zu entspannen.

Dabei haben Entspannung und Kinderbetreuung derzeit wenig miteinander zu tun. Mal abgesehen von der Unfähigkeit der Politik, für ausreichend Kita-Plätze zu sorgen, machen sich die Eltern in meinem Bekanntenkreis auch noch selbst verrückt. Marlene kann sich nicht entscheiden, ob Montessori oder Waldorf besser ist. Marc und Ute suchen für ihre Tochter einen Kindergarten, der Physikunterricht anbietet. Sophie ist Deutsche, spricht mit ihrem zweijährigen Sohn zu Hause Englisch und wünscht sich Kinderbetreuung auf Französisch oder Spanisch. Die einen wollen Musikerziehung, die anderen Kleinkindyoga, die nächsten Mathematikförderung. Dazu Holzspielzeug, Bio-Essen und Homöopathie. Alle zusammen wollen sie nur das Beste und strahlen dabei eine leichte Hysterie aus, als könnte schon die Entscheidung für den falschen Kindergarten ihrem Herzblatt die Karriere versauen.

Mein Kleiner beginnt in meinen Armen zu zappeln, er will runter. Zielstrebig krabbelt er ins Getümmel und greift nach einem roten Ball, für den sich gerade sonst niemand interessiert.

Hier draußen auf dem Land sind wir dankbar, dass überhaupt Betreuungsmöglichkeiten existieren. An alternative Konzepte oder frühkindliche Förderung ist nicht zu denken. Die Kindergärtnerinnen machen ihre Sache gut, singen mit den Kleinen, gehen bei jedem Wetter raus, feiern Geburtstage, Weihnachten und Karneval. Man bringt seinen Nachwuchs hin oder eben nicht. Fertig.

Komischerweise empfinde ich Strukturschwäche in diesem Fall nicht als Nachteil. Ich stelle mir vor, wie sich ein

Englischlehrer über mein Baby beugt und »This ball is red« zu ihm sagt. Eine Horrorvision. Gleichzeitig höre ich Marlene reden: »Diese Kinderaufbewahrungsstätten sind einfach *schrecklich*. Man muss mit den Kleinen doch etwas *machen*.«

Wer sagt überhaupt, dass man mit Kindern ständig etwas machen muss? Ist dieses Machen nicht vielmehr Ausdruck der Angst, das Kind könnte eines Tages benachteiligt sein, wenn es nicht kurz nach der Geburt mit dem Training für die Leistungsgesellschaft beginnt? Gewiss gibt es Kinder, die Förderung nötig haben. Aber die kommen selten aus Familien, in denen über die Vor- und Nachteile von Waldorf-Erziehung nachgedacht wird. Schon immer haben sich nicht die Benachteiligten, sondern gerade die Bevorzugten um die Steigerung ihrer Privilegien gesorgt. Wenn es sein muss, um den Preis von Burn-out-Diagnosen in Krabbelgruppen.

Irgendwie verspüre ich keinerlei Bedürfnis, meinen Sohn zu fördern. Dafür den umso stärkeren Drang, ihn zu schützen. Vor einem Wettbewerbsdenken, das sich im Alter von vier Jahren den ersten Karrierevorsprung erarbeiten will. Vor dem Hamsterrad der Selbstoptimierung und dem Glauben, man könne eine Persönlichkeit planen wie eine Pauschalreise. Vor dem Gefühl, in einer Welt aus mehrsprachigen, physikbewanderten, yogatrainierten Wunderkindern ohne Pause an der eigenen Existenzberechtigung arbeiten zu müssen.

Mein Sohn hat es geschafft, den roten Ball in einen Eimer zu legen, und feiert seinen Erfolg mit glücklichem Lachen. Mich überkommt Erleichterung. Nicht wegen des roten Balls, sondern weil wir uns damals für dieses Dorf entschieden haben. Für einen Lebensraum, in dem Kleinkinder vor Englischlehrern sicher sind und die allgemeine Lebensphilosophie in den Worten »Wird schon« enthalten ist.

Digitaler Zwilling
(2013)

Das ist doch verkehrte Welt. Seit Juni 2013 kommt im Rahmen der NSA-Affäre ein schockierendes Detail nach dem anderen ans Licht. Und was macht die Politik? Veranstaltet in aller Seelenruhe einen Wahlkampf, in dem wir uns zwischen fünf verschiedenen Sorten Mindestlohn entscheiden dürfen. Es gäbe wichtige Fragen zu klären. Wie wir im Kommunikationszeitalter zusammenleben wollen. Wer die Macht besitzt. Wie die Starken gezähmt und die Schwachen geschützt werden können.

Darauf hat die Regierung keine Antworten. Stattdessen verbreitet sie das lähmende Gefühl, man könne gegen Überwachung im Kommunikationszeitalter ohnehin nichts unternehmen. Wen das stört, der soll sich gefälligst selbst schützen. Frei nach dem Motto: Wer Facebook, Google, Amazon benutzt oder auch nur auf die verwegene Idee kommt, eine unverschlüsselte Mail zu schreiben, der ist am Verlust seiner Privatsphäre selber schuld.

Internetbenutzung als Rechtsverzicht? So funktioniert unser Gemeinwesen nicht. Wenn Missstände, ja Rechtsbrüche in großem Umfang aufgedeckt werden, ist es nicht unsere Aufgabe, etwas dagegen zu unternehmen. Schließlich gehen wir auch nicht in Ritterrüstung auf die Straße, weil uns jederzeit ein Angriff widerfahren könnte. Es obliegt der Politik, öffentliche Räume so zu gestalten, dass sich die Bürger darin frei bewegen können.

Der Bundestag hat in seiner letzten Sitzung vor der Wahl den Antrag der Opposition abgelehnt, auch nur über die NSA-Affäre zu diskutieren. Das verunsicherte Schweigen im Volk nutzt die Regierung, um das Problem, Simsalabim, für gar nicht vorhanden zu erklären. Die Zeit soll Gras über die Sache wachsen lassen und das Rad der Erkenntnis zurückdrehen. Bis wir tatsächlich alle glauben, dass gar kein Problem existiert.

Das ist die fatale Konsequenz der Überwachungsaffäre: eine grassierende Selbstentmachtung von Bürgern und Politik. Dabei ist der Glaube, die Politik würde keine Gestaltungsräume mehr besitzen, schlicht falsch. So etwas behaupten Regierende, die bei ihrer Arbeit nicht vom Bürger gestört werden wollen, sowie Bürger, die Gründe für ihre politische Abstinenz brauchen. Selbstverständlich ist es möglich, Internetdienstleistern, die auf europäischem Boden agieren, eine Weitergabe von Kundendaten zu verbieten. Man kann dem BND untersagen, täglich im Durchschnitt 20 Millionen Telefonverbindungsdaten an die NSA zu übermitteln. Man kann ein internationales Datenschutzabkommen vorantreiben und in die eigene Infrastruktur investieren, damit die digitale Kommunikation nicht über amerikanische Server laufen muss. Man kann politisch und diplomatisch darauf reagieren, dass die NSA Unterseekabel anzapft und weltweit mehr als achtzig Botschaften und Konsulate sowie Büros der Europäischen Union und der Vereinten Nationen verwanzt.

DIGITALER ZWILLING (2013)

Um zu erkennen, wie groß die Handlungsmöglichkeiten sind, muss man sich nur vorstellen, die Snowden-Enthüllungen würden sich nicht auf den amerikanischen, sondern auf den russischen Geheimdienst beziehen. Nicht in Utah, sondern in Sibirien würde ein neues Datenverarbeitungszentrum gebaut, dessen Kapazitäten eine Speicherung der Kommunikation sämtlicher Erdenbürger in technische Reichweite rücken lassen. Nicht in London, sondern in Moskau würde der Lebensgefährte eines Enthüllungsjournalisten am Flughafen festgesetzt und stundenlang verhört.

Was gäbe das für einen Aufschrei! Niemand würde lapidar verkünden, der Bürger solle es doch mal mit Selbstverteidigung versuchen.

Dass die USA ein befreundetes Land sind, sollte eigentlich nichts an der Sachlage ändern. Angesichts der automatisierten Massenüberwachung kommt man mit Kalter-Kriegs-Logik nicht weiter. Da sitzt nicht mehr der einzelne Stasi-Mann auf dem Dachboden und verliebt sich ein bisschen in die schöne Regimegegnerin. Vielmehr schöpfen Maschinen unvorstellbare Mengen von Daten ab und verbinden sie miteinander, um möglichst jedem Menschen ein digitales Ebenbild an die Seite zu stellen. Einen unsichtbaren Zwilling, der jederzeit für Befragung durch Algorithmen zur Verfügung steht.

Es gibt Anzeichen, dass die Menschen ein wachsendes Unbehagen angesichts der Ausspähpraktiken verspüren. Das Interesse am Thema ist so groß, dass der *SPIEGEL* steigende Auflagen aufgrund der Berichterstattung über die NSA-Affäre meldet. In Umfragen wird die »Aufklärungsarbeit« der Regierung als ungenügend bezeichnet. Trotzdem bleibt ernst zu nehmender Widerstand aus. Narkotisiert von Langeweile schauen die Bürger zu, wie beim Kanzlerduell die relevanten Themen totgeschwiegen werden.

Dieses Verharren zwischen Erkenntnis und Tat ist schwer zu ertragen. Wenn die Menschen wenigstens sagen würden: Wir wollen das so. Big Data dient unserer Sicherheit, unserer Bequemlichkeit, unserem Narzissmus. Freiheit ist doch voll 20. Jahrhundert. Ein Auslaufmodell. Braucht keiner mehr.

Aber niemand spricht sich deutlich für Überwachung aus. Genauso wenig wie dagegen. Es herrscht – ja was? Ein unklares Gefühl der Überforderung, genährt von der Angst, die technischen Aspekte nicht ausreichend zu verstehen.

Es ist ein Missverständnis zu glauben, heutzutage verlange die Verteidigung der Grundrechte ein abgeschlossenes Informatikstudium. Man muss Kernspaltung nicht begreifen, um gegen Atomkraft zu sein. Man muss keinen Kampfjet fliegen können, um Bombenabwürfe zu kritisieren. Die aufgeworfenen Fragen sind gar nicht technischer, sondern rechtlicher und moralischer Natur. Sie reichen ebenso tief an die ethischen Grundlagen unseres Zusammenlebens heran wie Diskussionen um Schwangerschaftsabbruch, Präimplantationsdiagnostik oder den freien Willen. Wenn jeder von uns einen digitalen Zwilling besitzt, um den sich Wirtschaft, Sicherheitspolitik und Sozialleben drehen – was ist dann der Mensch? Wer besitzt die Hoheit über unsere individuellen Biografien?

Was Snowden aufgedeckt hat, ist der Prototyp einer Zeitmaschine, mit der man in Vergangenheit und Zukunft reisen kann. Datenfusion dient der Beantwortung von zwei Fragen:

Was einer getan hat und, noch wichtiger, was er tun wird. Ein Algorithmus berechnet die Wahrscheinlichkeit, mit der eine Frau innerhalb der nächsten drei Monate ein neues Handy kauft. Oder schwanger wird. Oder ein Verbrechen begeht. Wenn die algorithmische Prognose nun ergibt, dass diese Person mit 95-prozentiger Wahrscheinlichkeit in Kürze ihren Erbonkel umbringen wird – wäre die Polizei nicht verpflichtet, sie zu verhaften, um das Verbrechen zu verhindern?

Mit Blick auf derartige ethische Dilemmata muss offen diskutiert werden, ob wir die Verwendung solcher Techniken durch Ermittlungsbehörden zulassen wollen. Ob bestimmte Formen von Datenfusion nicht verboten werden müssen. Die Annahme, man könne dagegen ohnehin nichts unternehmen, weil technische Möglichkeiten immer zum Einsatz kommen, trifft nicht zu. Polizei, Geheimdienste und Militär dürfen bestimmte Waffentypen nicht verwenden. Das Aufstellen von Videokameras in Privatwohnungen ist unzulässig, obwohl dadurch eine Menge Verbrechen aufgeklärt und verhindert würden. Es hat auch nicht jeder Bürger einen GPS-Sender am Handgelenk, damit die Behörden immer genau wissen, wo er ist. Nicht, weil das technisch unmöglich wäre. Sondern weil wir so nicht leben wollen.

So verworren die Lage scheinen mag – im Grunde liegt auf der Hand, welche Position wir Bürger zu vertreten haben. Wir müssen darauf bestehen, Eigentümer unserer digitalen Zwillinge zu bleiben. Zum einen, weil die Daten bares Geld wert sind und uns gehören. Zum anderen, weil das digitale Abbild Teil der modernen Identität und damit Teil der geschützten Menschenwürde ist.

In einer Demokratie ist es müßig, den Regierenden vorzuwerfen, dass sie nicht handeln, solange sich das Volk im politischen Phlegma befindet. Ein Big-Brother-Szenario wurde aufgedeckt, alle Essays und Kommentare sind geschrieben, in zwei Wochen ist Bundestagswahl. Was muss noch passieren, damit sich Unbehagen in Protest umsetzt? Warum haben alle das Gefühl, man könne nichts tun, außer vielleicht seinen Facebook-Account abzumelden? Es gibt Demonstrationen, zu denen man gehen, Abgeordnete, an die man schreiben, Parteiprogramme, die man lesen kann. Es gibt die ganze Palette politischer Partizipation. Wir leben nicht in einer Kinderwelt, in der die Dinge verschwinden, wenn man sich die Augen zuhält. Trotz aller Einladungen der Regierung zum kollektiven Vergessen wird sich das Thema nicht von selbst erledigen. Es wird immer wieder zu uns zurückkommen, aufgrund der rasanten technischen Entwicklungen in verschärfter Form.

Längst ist klar geworden, dass Datenschutz nicht nur das Hobby von ein paar paranoiden Aluhelmträgern ist. Datenschutz ist ein unerlässliches Korrektiv zur Begrenzung der Kollateralschäden einer technischen Revolution. Es wird höchste Zeit, die Herausforderungen anzunehmen. Nach Erfindung der Dampfmaschine haben wir schon einmal erlebt, was passiert, wenn man die politische Antwort auf technische Entwicklungen verschläft.

Nachts sind das Tiere
(2013)

Wo ist mein Spaceshuttle? Ich muss Raumschiffbruch erlitten haben und auf einem unbekannten Planeten notgelandet sein, vielleicht auf der unbekannten Seite des Monds. Ringsum erstreckt sich eine bizarre Landschaft aus schwarzen Steinskulpturen. Schroffe Formationen, zwischen denen nichts wächst außer ein paar weißlichen Flechten. Bei Nacht, es würde mich nicht wundern, sind das Tiere. Mit Pranken und Zähnen, die sie in die Knöchel leichtsinniger Wanderer schlagen.

Am Ausgangspunkt des schmalen Wegs, den eines dieser Fabelwesen in den Basalt gebissen haben muss, drehe ich mich um die eigene Achse. Ringsum reicht die vulkanische Landschaft zu allen Horizonten. Anzeichen menschlicher Zivilisation sind nicht in Sicht. Die brennende Sonne erzählt von afrikanischen Wüsten, der Passatwind von den Weiten des Meers. Abgesehen vom Geräusch des Winds ist es vollkommen still. Keine fahrenden Autos, keine menschlichen Stimmen. Weder Vogelgezwitscher noch Hundegebell. Nicht einmal summende Fliegen oder zirpende Grillen sind zu hören.

Auf dem Mond würde eine solche Totenstille nicht überraschen. Aber das ist nicht der Mond, sondern Lanzarote.

Die kleine Ortschaft Mancha Blanca am Rand des Nationalparks Timanfaya liegt von hier aus keine drei Kilometer entfernt. Scharfe Kontraste sind typisch für die Insel. Hübsche weiße Dörfer mit Gärten voller Palmen und blühenden Bougainvilleen grenzen unmittelbar an schwarze Steinwüsten. Man fährt eine Sandpiste entlang, stellt den Motor ab, steigt aus – und nicht nur die Menschheit, sondern auch Fauna und Flora sind wie ausgeknipst.

Ein Gefühl, als würde man sich auflösen im Schweigen der Minerale. Es ist nicht die Abwesenheit, sondern die Unmöglichkeit von Leben, die an den Nerven zerrt. Einerseits will man weglaufen, andererseits zieht es einen hinein in diese vorsintflutliche Welt. Ich entscheide mich für Letzteres.

Am 1. September 1730, zwischen 9 und 10 Uhr abends, öffnete sich plötzlich die Erde bei Timanfaya. Ein gewaltiger Berg bildete sich bereits in der ersten Nacht, und Flammen schossen aus seinem Gipfel.

Keine dreihundert Jahre ist es her, dass Andrés Lorenzo Curbelo, Pfarrer von Yaiza, diese Zeilen schrieb. Er wurde Augenzeuge einer Serie von Vulkanausbrüchen, die sechs Jahre andauern sollte und von Geologen heute als bedeutendste Eruptionsphase in der Geschichte des Vulkanismus bezeichnet wird. Die Lavamassen begruben ein Viertel der Inseloberfläche unter sich, vertilgten ganze Dörfer. Aschewolken verdunkelten die Atmosphäre, während das Vieh auf den Weiden vergiftet zusammenbrach.

Man muss nicht dabei gewesen sein, um sich das vorstellen zu können. Die Landschaft erzählt diese Geschichte. Das erstarrte Inferno wirkt wie ein Standbild, ein steingewordenes Foto der Weltentstehung.

Ich laufe am unteren Rand eines kleineren Kraters entlang, der als roter Hügel in der schwarzen Landschaft sitzt. Dahinter erhebt sich mein eigentliches Ziel, Caldera Blanca, der weiße Kessel. Etwa eine Million Jahre ist er alt, ein Kleinkind nach Zeitrechnung der Berge. Das gefrorene Lavameer, das ihn umgibt, hat ihm ein wahrer Krater-Säugling vor die Füße gespuckt: Timanfaya, keine 300 Jahre alt und etwa zehn Kilometer südlich gelegen. Der bunt gescheckte Timanfaya bildet das Zentrum eines Nationalparks, der für Wanderer gesperrt ist. Weil sich Caldera Blanca außerhalb der Grenzen des geschützten Gebiets befindet, darf man diesen Krater auf eigene Faust erklimmen. Ich binde mir ein Tuch um den Kopf gegen die unbarmherzige Sonne und nehme Kurs auf den weißen Vulkan.

Wanderschuhe besitze ich nicht, die Sonnencreme habe ich im Auto vergessen, und der Proviant besteht aus Kartoffelchips. Allein auf dem schmalen Pfad komme ich mir vor, als hätte ich mich in einem Szenenbild aus *Herr der Ringe* verlaufen. Automatisch beginne ich mich zu fragen, was ich hier verloren habe, in einer Welt, wo außer ein paar Eidechsen nichts und niemand lebt.

Am 7. Januar 1731 kam es zu neuen Ausbrüchen, die die früheren Krater wieder zerstörten. Aus zwei Öffnungen brach Lava heraus, begleitet von dichten Rauchwolken, in denen rote und blaue Blitze tobten. Dazu donnerte es wie bei Gewittern, was für die Bewohner sehr erschreckend war, da sie auf ihrer Insel keine Gewitter kannten. Am

10. Januar türmte sich ein hoher Berg auf, der noch am selben Tag wieder in sich zusammenstürzte.

Je länger ich laufe, desto weniger hat die Frage mit Lanzarote und der geplanten Vulkanbesteigung zu tun. Das Urknallszenario ringsum inspiriert zu merkwürdigen Überlegungen. Warum es eigentlich so wichtig ist, morgens aufzustehen und in Gesellschaft von sieben Milliarden anderen Zweibeinern wie besessen auf einem Gesteinsbrocken herumzukrabbeln, der mit dreißig Kilometern pro Sekunde durchs Weltall rast. Warum wir uns nicht einfach hinsetzen und auf den nächsten Vulkanausbruch warten.

Schon immer habe ich mich weniger zu klassischer Naturschönheit als zu kargen Orten hingezogen gefühlt, die mir die Möglichkeit geben, »hinter« den Menschen zu schauen. Die Lavafelder simulieren eine erdgeschichtliche Phase, in der wir Menschen noch gar nicht erfunden waren. Für ein paar Stunden kann ich die Kulissen des hektischen Menschenbetriebs beiseiteschieben und mich existenziellen Fragen hingeben. Gibt es mich noch, wenn mich niemand sieht? Was ist mit der Welt, wenn ich nicht bin? Und an wen würde ich meine letzte SMS schreiben, wenn es mit dem nächsten Vulkanausbruch genau jetzt so weit wäre?

Handyempfang ist jedenfalls vorhanden, aber den gibt es heutzutage vermutlich auch in der Hölle. Zeit für ein paar Kartoffelchips.

Am 4. Juni 1731 öffneten sich in der Timanfaya-Region drei Krater auf einmal. Sie verbanden sich schnell zu einem einzigen Vulkankegel, aus dem ein Lavastrom ins Meer floss. Aus einem Nebenkrater schossen Asche und Blitze heraus, aus einem anderen entwich weißer Dampf, wie man ihn bisher nicht gesehen hatte. Ende Juni waren alle Küsten an der Westseite der Insel mit riesigen Mengen von toten Fischen bedeckt, von denen man viele Arten noch nie gekannt hatte.

Der auf Caldera Blanca hinaufführende Pfad ist nicht leicht zu finden. Meine Augen suchen die weiße Bergflanke ab, bis sie die trockene Wasserrinne entdecken, die den Aufstieg ermöglicht. Hat man sie einmal gefunden, läuft es sich recht bequem, nicht zu steil, und der Blick wird immer beeindruckender.

Oder beunruhigender. Je höher ich steige, je mehr schroffe Landschaft mich umgibt, desto deutlicher werde ich zum bloßen Menschenpunkt auf einer schier endlos gedehnten Oberfläche. Der Wind frischt auf. Im Norden erscheint der weiße Saum des Atlantiks, der unverdrossen an der Felsküste nagt. Im Brausen des Winds wohnen Stimmen, die ein widersprüchliches Liedchen singen: »Geh weiter – du gehörst nicht hierher. Geh weiter …«

In vielen Reisebeschreibungen kann man lesen, wie der Wanderer nach beschwerlichem Aufstieg von der atemberaubenden Aussicht belohnt wird. Was mich erwartet, als ich den Kraterrand erreiche, ist allerdings eher Einsicht als Aussicht. Das Berginnere formt einen Kessel, 300 Meter tief, einen Kilometer im Durchmesser. Der Rand, auf dem ich stehe, ergibt einen geschlossenen Kreis und steigt zur gegenüberliegenden Seite auf über 450 Meter an. Bis hierher war alles *Herr der Ringe*, jetzt aber stehe ich auf dem Schauplatz eines James-Bond-Finales. Oder am Rand der Landestelle jener Raumfähre, die mich hier ausgesetzt hat. Der Wind versetzt mir ein paar Stöße, packt mich im Genick und versucht, mich Richtung Abgrund zu schieben.

Entlang des Kraterrands beginne ich mit der Umrundung. Das helle Gestein ist treppenartig geschichtet. Links der Abhang zum Lavafeld, rechts der Kessel. Als stiege man eine Himmelstreppe hinauf. Im Westen erkenne ich die weißen Häuser von Mancha Blanca. Dort kam es im Jahr 1824 zu den bislang letzten vulkanischen Eruptionen auf Lanzarote. Außer dünnflüssiger Lava schlugen enorme Säulen kochenden Salzwassers aus den Kratern und überschwemmten die Gegend. Mit der Statue einer Schutzheiligen zogen die Bewohner von Mancha Blanca der glühenden Lava entgegen, um ihr Dorf zu verteidigen.

Das Bild hat etwas Berührendes: wie sich eine Handvoll Menschen mit einer Puppe dem glühenden Gestein stellt. So, denke ich, sind wir alle, denn so ist der Mensch. Ohne Ahnung, warum wir hier sind, aber ausgestattet mit dem festen Willen, uns mit ganzer Kraft gegen die Naturgewalten zu stemmen.

Auf dem höchsten Punkt des Grats bleibe ich stehen. Hinter mir der Kessel, rechter Hand der Atlantik im dunkelgrünen Abendgewand. Ringsum das erstarrte Lavameer, in dem die Vulkane des Nationalparks ruhen. Das brechende Licht bringt die Farben der Feuerberge zur Geltung, ein scheckiges Muster aus Rot, Gelb und Braun. Durch die sich vertiefenden Schatten wirken die Gesteinsfalten wie Haut. Als schliefe dort, friedlich zusammengerollt, eines der Urzeittiere, die ich zu Anfang meiner Wanderung zu sehen glaubte. Niemand weiß, ob und wann es aufsteht, um noch einmal Feuer zu spucken. Wir machen trotzdem weiter, Tag für Tag, mit dem, was wir für unser Leben halten.

Ich stehe und schaue, während Zeit vergeht. Antworten bekomme ich keine. Aber die Fragen schweigen.

Was wir wollen
Rede auf der Netzkultur-Konferenz der
Berliner Festspiele
(2013)

Das Internet ist ein rechtsfreier Raum. Das Internet revolutioniert die Demokratie. Im Internet tummeln sich vor allem Terroristen und Kinderschänder. Das Internet erschafft virtuelle Realitäten. Das Internet macht süchtig. Das Internet richtet Zeitschriften, Buchläden und Verlage zugrunde. Das Internet ist unregulierbar. Das Internet gefährdet die Jugend. Das Internet entmachtet die Politik. Das Internet ist längst von Großkonzernen kolonisiert. Das Internet fördert schlechte Manieren. Das Internet schafft die Rechtschreibung ab. Das Internet ist Neuland. Über das Internet wird viel gesagt und geschrieben, das meiste davon – im Internet.

Alle diese Sätze haben zwei Dinge gemeinsam. Zum einen sind sie kompletter Blödsinn. Zum anderen wohnt ihnen ein Moment der Resignation inne. Ein großes versprachlichtes Achselzucken angesichts eines Phänomens, das mit dem Begriff »Internet« nur metaphorisch beschrieben ist. Ich mag das Wort »Kommunikationszeitalter«, weil es klar macht, dass wir es nicht mit einem Ereignis, sondern mit einer Epochenwende zu tun haben, und weil »Kommunikation« über die technischen Aspekte dieser Bewusstseinsrevolution weit hinausgeht. Wir und vor allem unsere Vorfahren haben jahrhundertelang daran gearbeitet, das Individuum aus gesellschaftlichen, religiösen und familiären Zwängen zu befreien. In der zweiten Hälfte des 20. Jahrhunderts wurden auf diesem Weg rasante Fortschritte gemacht, jedenfalls in unseren Breitengraden. Das Individuum hat sich selbst entdeckt und steht seitdem unter dem nicht immer angenehmen Druck, sich selbst verwirklichen, gestalten und verbessern zu müssen. Löst man Menschen aus starren Hierarchien heraus, ersetzt man das vertikale Durchleiten von Befehlen durch ein horizontales Modell, läuft das auf eins hinaus: Kommunikation. Wer nicht gezwungen und herumkommandiert wird, wer selbst entscheiden darf und muss, braucht Kommunikation. Er muss sich informieren, er muss sich mit anderen beraten, er muss sich einigen und Kompromisse schließen. Das Internet ist nicht die Ursache, sondern eine technische Begleiterscheinung dieses Phänomens. Das weltweite Gebrabbel ist eine Folge von Liberalisierung und Demokratisierung. Auch wenn uns nicht immer gefällt, was wir da hören – solange wir an die Idee der Freiheit des Einzelnen glauben, sollten wir insgesamt damit einverstanden sein.

Dem Begriff »Kommunikationszeitalter« kann man also eine wichtige Erkenntnis entnehmen: Technik fällt nicht vom Himmel. Sie kommt nicht über uns wie eine göttliche Strafe oder eine Naturgewalt. Wir erfinden uns die Technik, die wir gerade brauchen. Wenn mich eins ankotzt, dann ist es die weitverbreitete Kapitulationserklärung gegenüber »technischem Fortschritt« oder »technischer Entwicklung«, die sich vor allem angesichts des Phänomens der systematischen Massenüberwachung allerorten vernehmen lässt, sowohl aus den Mündern von Politikern wie auch aus denen der großen Mehrheit der Bevölkerung. Das allgemeine Gefühl ist: »Da kann man eh nichts machen.« Die haarsträubende Behauptung dahinter: »Alles, was technisch möglich ist, wird sowieso irgendwie gemacht.« Weil es also in Kürze möglich sein wird, die komplette Kommunikation sämtlicher Erdenbürger auf gewaltigen Servern zu speichern, und zwar ohne das Einverständnis dieser Bürger, muss das auch so kommen. Also ist es völlig überflüssig, sich dagegen wehren zu wollen. Nicht wir regieren die Technik, sondern die Technik regiert uns. Alles, was technisch möglich ist, wird auch irgendwie gemacht.

Aha? Ist das so? Mal im Ernst: Wer so einen Müll erzählt, der war offensichtlich während des kompletten 20. Jahrhunderts auf einen anderen Planeten verreist. Regelmäßig stehen mir die Haare zu Berge, wenn sich so unverschämt offen zeigt, wie wenig wir aus dem letzten Jahrhundert zu lernen bereit sind, dabei liegen gerade dort, bei den Nazis, bei der Stasi, im Kalten Krieg, aber auch in der europäischen Versöhnung und schließlich im Fall des Eisernen Vorhangs die allerwichtigsten Lehren für eine globalisierte, technologisierte Massengesellschaft. Sagen wir es ganz einfach: Wenn alles, was technisch möglich ist, auch gemacht würde, dann gäbe es die Menschheit längst nicht mehr. Dann hätte der weltweite Nuklearkrieg stattgefunden. Es wäre mir technisch möglich, eine Knarre aus der Tasche zu ziehen und wahllos Leute über den Haufen zu schießen. Ich könnte auch gleich das gesamte

WAS WIR WOLLEN (2013)

Trinkwasser von Berlin vergiften und Millionen Menschen in den Tod reißen. Technisch wäre das ohne Weiteres möglich, es wäre nicht einmal besonders kompliziert. Warum mache ich das nicht? Nicht etwa, weil ich es nicht kann. Auch nicht, weil es verboten ist. Sondern weil ich es nicht will. Im 20. Jahrhundert wurde die Atombombe gebaut, weil das technisch möglich war. Sie wurde eingesetzt und hat grauenhaften Schaden angerichtet. Die Welt wurde nuklear aufgerüstet – und entschied sich dann doch, von der Selbstvernichtung Abstand zu nehmen und die Abrüstung einzuleiten. Aus dieser Analogie können wir eine wichtige Lehre ziehen: Wenn eine Atombombe über Hiroshima fällt, dann nicht, weil sich da eine notwendige technische Entwicklung realisiert. Sondern weil es Menschen gab, die das *wollten*. Die es entschieden und ausführten. Wenn Jahrzehnte später das Ende des Atomkraftzeitalters eingeläutet wurde, dann auch nicht, weil die technische Entwicklung versagt hat. Sondern weil es Menschen gab, die das *wollten*, die dafür gekämpft haben und heute noch kämpfen.

Schließlich ist alles, was unter Menschen passiert, von Menschen gewollt. Wenn wir nun also feststellen, dass auch das Kommunikationszeitalter, wie jedes andere Zeitalter zuvor, erhebliche Gefahren für unser Gemeinwesen birgt, dann sollten wir nicht vor dem Internet sitzen wie das Kaninchen vor der Schlange, sondern uns als Erstes fragen, was wir eigentlich wollen. Erstaunlich häufig können Menschen diese Frage gar nicht beantworten. Deshalb versuche ich es jetzt mal.

Das Kommunikationszeitalter ist nicht nur ein technisches Phänomen, sondern eine späte Phase der sogenannten Aufklärung, denn Kommunikation ist das, was rauskommt, wenn man mit dem Befehlen aufhört. Die Abschaffung von Hierarchien hat Vorteile – Freiheit. Aber Freiheit hat auch Nachteile. Sie gebiert Angst. Sie fühlt sich gar nicht positiv an, sondern schmeckt nach Verunsicherung, Orientierungslosigkeit, Überforderung. Kurz gesagt: nach transzendentaler Obdachlosigkeit. Der befreite Mensch ist allein und für sich selbst verantwortlich. Da ist kein Gott, der über sein Wohl und Wehe entscheidet, da ist (hoffentlich) auch kein patriarchalischer Haustyrann mehr, der bestimmt, welchen Lebensweg die Kinder gehen werden.

Belegen wir dieses Phänomen mit einer Formulierung, die meiner Meinung nach so ziemlich alles erklärt, was unseren Zeitgeist im jungen 21. Jahrhundert ausmacht: die Abschaffung des Schicksals. Wir glauben nicht mehr an das Schicksal, wir glauben an Kausalität. Wenn etwas schiefgeht, dann deshalb, weil schon vorher etwas falsch gelaufen ist, mit anderen Worten, jemand hat etwas falsch gemacht – höchstwahrscheinlich man selbst. Tod, Krankheit, Jobverlust, Liebesunglück, Depression, Schmerz, Alter – alles ist vermeidbar, wenn der Mensch alles richtig macht. Dieses diabolische Versprechen ist der gefährliche Gifttropfen im Freiheitstrank: Du bist frei zu entscheiden – wenn etwas schief geht, bist du dann aber auch selbst schuld. Das ist das Damoklesschwert, das über unser aller Köpfe hängt, und ich behaupte, dass jeder Einzelne von uns es spürt. Es treibt uns zu Höchstleistungen, es lässt uns Marathon laufen, Erziehungsratgeber lesen, Vitaminpräparate schlucken und zum Schönheitschi-

WAS WIR WOLLEN (2013)

rurgen laufen. Weil uns die Befreiung des Einzelnen automatisch zu einer großen Herde von Versagern gemacht hat. Wir sind alle nicht perfekt, und deshalb sind wir alle schuld. Verurteilt zu einem Kampf um Selbst- und Weltverbesserung, den wir entweder aktiv führen oder demgegenüber wir uns trotzig verschließen, weil er uns überfordert – dann aber nagt der hartnäckige Zahn des schlechten Gewissens unaufhörlich an unseren Seelen. So weit die Befindlichkeit. Was wollen wir? Keine Schmerzen leiden, keine Fehler machen, an nichts schuld sein. Wie erreichen wir das? Ganz einfach: Indem wir endlich lernen, in die Zukunft zu sehen. Jetzt, wo Gott nicht mehr da ist, der das wahrscheinlich konnte, wird es höchste Zeit, dass es die Menschen endlich lernen.

Und genau in diesem Moment kommen gigantische technische Möglichkeiten hinzu. Rechenzentren, Teilchenbeschleuniger, DNA-Analysen, Satelliten. Informationssammelmaschinen. Das Internet. Fast alles, was wir tun, sagen, kaufen, konsumieren, erleben, planen, wohin wir reisen, mit wem wir sprechen, was wir lieben und was wir hassen; selbst unsere genetische Disposition kann offengelegt, gespeichert und mit sämtlichen anderen Informationen verknüpft werden. Mit hohen Wahrscheinlichkeiten kann errechnet werden – nicht nur, wer wir sind, sondern wer wir sein werden, was wir tun werden, welche Entwicklung unser Leben, unsere Gesundheit, unser Sozialverhalten in Zukunft nimmt. Das ist eine Versuchung. Eine Verführung. Geheimdienste wollen terroristische Anschläge verhindern, Polizeibehörden wollen Verbrechen verhindern, die Krankenkassen wollen Krankheiten verhindern, Schulen wollen Fehlentwicklungen von Schülern verhindern. Wirtschaftskonzerne wollen Kaufentscheidungen vorhersagen. Staaten wollen wissen, wo Revolutionen entstehen, wo sich Separatisten formieren, wer welche Waffen kauft, woran andere Länder forschen. Und auch wir selbst wollen unsere Zukunft steuern, wir wollen Prävention, Vorsorge, Absicherung. Wir wollen wissen, wo unsere Kinder sind und was sie machen. Wir wollen wissen, was wir essen müssen, wie viel Sport wir treiben müssen, um gesund zu bleiben. Wir wollen wissen, was unsere Ehefrauen und Ehemänner treiben, wie viel Rente wir in 30 Jahren bekommen und wann Milch oder Kaffee aufgebraucht sein werden. Wenn wir erst unsere Kühlschränke und Kaffeemaschinen mit dem Internet verbunden haben, wird uns der Computer das sagen können, er wird uns den Einkaufszettel ausdrucken oder gleich selbstständig die passenden Lebensmittel im Internet bestellen. Die Krankenkasse gibt uns dann die passenden Bonuspunkte, wenn möglichst wenig Fett, Zucker und Alkohol auf dem Einkaufszettel waren. Wir sind also dabei, das Kommunikationszeitalter in ein Informationszeitalter zu verwandeln, obwohl die Anhäufung und Fusion von Daten mit dem Zweck, Risiken zu kontrollieren, also die Zukunft vorherzusehen, eine Entmündigungsmaschine ist.

Alles wissen zu können, ist ein Menschheitstraum. Dieses Wissen zu verwenden, um unser Leben zu verbessern, klingt nach einem durch und durch guten Ziel. Aber was wir verstehen müssen: Zum einen geht es hier zu großen Teilen nicht um unser Wissen, nicht um Wissen *von* uns, sondern *über* uns. Zum anderen folgt aus Wissen ein Handlungsimperativ. Wenn ein Algorithmus weiß, an welchen Orten in der Stadt die meisten Verbrechen begangen werden – müssen diese Orte dann nicht abgesperrt oder jedenfalls rund um die Uhr überwacht werden? Wenn ein Arbeitgeber weiß, dass ein Bewerber in zwei Jahren schwer erkranken wird – muss er dann nicht das Recht haben, ihm die Anstellung zu verweigern?

Im Bereich der Präimplantationsdiagnostik haben wir das große ethische Dilemma, was aus dem Wissen um die Zukunft folgt, schon erkannt: Wenn wir wissen, dass ein Kind, das gerade erst gezeugt wurde, behindert sein wird, haben wir dann nicht das Recht, vielleicht sogar – jetzt werden Sie innerlich aufschreien – die Pflicht, es abzutreiben? Viele Eltern wollen während einer Schwangerschaft nicht wissen, was der genetische Code ihres Embryos bereits verraten würde. Sie haben erkannt, dass Wissen nicht immer gut ist, sondern sehr häufig Handlungszwänge oder jedenfalls unauflösbare ethische Dilemmata schafft. Dieses Ergebnis müssen wir übertragen auf den gesamten Bereich von Big Data: Wir müssen uns der Erkenntnis stellen, dass es nicht immer gut ist, alles zu wissen, selbst dann nicht, wenn ein Schaden oder Verbrechen vielleicht nicht verhindert werden kann. Erst wenn wir diesen Schritt gegangen sind, wenn wir wieder sagen: Ich stelle mich den Risiken meines eigenen Lebens in vollem Bewusstsein und mit voller Verantwortung, ich nehme die Möglichkeit von Krankheit, Tod, Leiden, Scheitern in Kauf, weil ich ein Mensch bin und weil es uns Menschen nicht gegeben ist, totale Kontrolle über uns selbst oder über die Schicksale ganzer Gesellschaften auszuüben – erst dann wird das Internet das werden, was es sein kann und soll: ein Kommunikationsmedium. Jeder Einzelne muss das begreifen, weil millionenfaches Begreifen den Zeitgeist formt. Wenn dieser Bewusstseinswandel erfolgt ist, wird auf die informationelle Aufrüstung eine Phase der informationellen Abrüstung folgen. Ich hoffe sehr, dass vorher nicht die digitale Atombombe fallen muss. Noch ist es uns völlig fremd, aber wir werden lernen müssen, notfalls unter Schmerzen, dass Informationsverzicht in Zukunft immer zentraler zu den Voraussetzungen unserer demokratischen Gesellschaft gehören wird.

Verstehen Sie mich nicht falsch: Ich rate Ihnen nicht, Kommunikationstechnologie nicht mehr zu verwenden. Im Gegenteil. Benutzen Sie das Internet, lustvoll, excessiv, lassen Sie sich von niemandem erzählen, dass Sie selbst schuld sind am Verlust der Privatsphäre, wenn Sie etwas auf Facebook stellen! Was ich Ihnen sagen will, ist das Folgende: Glauben Sie niemandem, der behauptet, der Missbrauch von Informationstechnologie läge in der Natur der Sache. Glauben Sie keinem Politiker, der sagt, gegen die NSA könne man nichts unternehmen. Alles, was da passiert, ist politisch gewollt, und zwar nicht nur von Amerika, sondern auch von unserer eigenen Regierung, vielleicht sogar von Ihnen selbst. Wenn Letzteres nicht der Fall ist, dann protestieren Sie, und zwar nicht in Washington, sondern in Berlin vor dem Reichstag oder in Buxtehude vor der Tür eines Abgeordnetenbüros.

Das Allerbeste aber, was wir als Freunde des Internets tun können, wenn wir zur Entwicklung einer freien Kommunikation beitragen wollen, ist, uns der eigenen Zukunftsangst zu entledigen. Vergessen Sie den geheimen Wunsch, ihr abgeschafftes Schicksal durch einen berechneten Masterplan zu ersetzen. Begreifen Sie, dass die Steigerung von Sicherheit und Bequemlichkeit nur um den Preis eines Verlusts von Mündigkeit zu haben ist. Ermächtigen Sie sich selbst, fragen Sie sich, was Sie wollen und um welchen Preis. Fordern Sie Selbstermächtigung von unseren Politikern ein. Wer regiert, muss gestalten wollen. Bangemachen gilt nicht. Dieses Internet, dieses Kommunikationszeitalter gehört uns, und wir können damit machen, was – wir – wollen.

Wo bleibt der digitale Code Civil?
(2014)

Er klingt wie der einsame Rufer in der Wüste: Martin Schulz, Präsident des Europäischen Parlaments, bekennt sich zu einer Verteidigung der persönlichen Freiheit im Informationszeitalter. In einem grundlegenden Essay warnt er vor »technologischem Totalitarismus« und fordert eine ernsthafte Auseinandersetzung mit dem digitalen Epochenwandel (*Frankurter Allgemeine Zeitung* vom 6. Februar 2014). Daran wäre im Grunde nichts Überraschendes, Schulz beschäftigt sich schon länger mit dem Thema. Aber Schulz ist ein deutscher Politiker, und deutsche Politiker meiden das Thema Datenschutz üblicherweise wie der Teufel das Weihwasser. Während in Medien und Gesellschaft spätestens seit den Veröffentlichungen von Edward Snowden ein unausgesetzter Diskurs über die Implikationen von Big Data geführt wird, hüllt sich die deutsche Politik in verstocktes Schweigen.

Das Hauptproblem des Datenschutzes besteht darin, dass sich die meisten Politiker und Bürger nach wie vor wenig darunter vorstellen können. »Datenschutz« klingt, als wären Daten seltene Tiere, die vor dem Aussterben bewahrt werden müssen. Oder kleine, bösartige Parasiten, gegen die sich der Mensch wappnen muss. Der sperrige Terminus stellt indes nicht nur ein PR-Problem dar. Unklare Begriffe verweisen auf unklare Vorstellungen. Letztere sind direkte Folge einer seit Jahren verschleppten Diskussion über die digitale Revolution.

Das Konzept der Menschenwürde gerät im wuchernden Goldrausch der Datenausbeutung zusehends unter die Räder. Nach wie vor fragen Menschen, was denn an systematischer Massenüberwachung überhaupt schlimm sein soll. Aus Hilflosigkeit gegenüber den rasanten Entwicklungen wird die Privatsphäre zum Anachronismus erklärt. Diese Haltung – man kann es nicht oft genug betonen – bedeutet nicht weniger als den Verzicht auf persönliche Autonomie. Wer seine Daten der freien Nutzung überantworten will, macht sich zum willenlosen Objekt. Er muss naiv darauf vertrauen, dass alle Beteiligten, egal ob staatliche Institutionen, Wirtschaftskonzerne, Kollegen oder Nachbarn, stets nur sein Bestes im Sinn haben.

Dabei liegen die Gefahren allumfassender Beobachtung auf der Hand. Wer von allen Seiten angestarrt wird, geht jeder Chance verlustig, sich frei zu entwickeln. Wissen ist Macht, und Wissen über einen Menschen bedeutet Macht über diesen Menschen. Aus dem Vorliegen von Informationen folgen Messbarkeit, Vergleichbarkeit, Regulierbarkeit und Erpressbarkeit. Wer gezwungen ist, die mit jeder Lebensregung erzeugten Daten permanent preiszugeben, kann nicht mehr allein entscheiden, was er isst, liest oder kauft, wie schnell er fährt, wie viel er arbeitet und wohin er reist. Seine Welt verengt sich auf ein Spektrum aus vorsortierten Möglichkeiten. Er erhält Angebote, die vermeintlich zu ihm passen; Informationen, die vermeintlich seinen Interessen entsprechen; Handlungsoptionen, die von mächtigen Akteuren als besonders effizient, besonders sicher oder besonders profitabel eingestuft wurden.

In einem solchen System sind die Folgen des eigenen Verhaltens nicht mehr absehbar. Wir wissen nicht, welche E-Mail, welche Kaufentscheidung oder welches Freizeitvergnügen zu einer Herabstufung unserer Kreditwürdigkeit, zur Ablehnung einer Beförderung oder zum Einreiseverbot in die Vereinigten Staaten führen. Aus dieser tiefgehenden Verunsicherung folgt ein Zwang zur »Normalität«, wenn nicht zur bestmöglichen Performance in allen Lebensbereichen. »Bestmöglich« bedeutet dabei, die Erwartungen der Informationsmächtigen intuitiv zu erfassen und nach besten Kräften zu erfüllen. »Ich habe nichts zu verbergen« ist somit ein Synonym für »Ich tue, was man von mir verlangt« und damit eine Bankrotterklärung an die Idee des selbstbestimmten Individuums.

In einer solchen Lage erzeugt ein Politiker wie der ehemalige Innenminister Friedrich unfreiwillige Komik, wenn er den Bürger anlässlich der NSA-Überwachung zur Selbstverteidigung aufruft – wer nicht ausgespäht werden wolle, müsse eben auf Facebook verzichten. Unter den Bedingungen des Kommunikationszeitalters ist das ein völlig unmöglicher Satz. Wer seine digitale Identität selbst schützen soll, dürfte keine sozialen Medien, E-Mail-Dienste oder Suchmaschinen benutzen. Telefonieren ginge schon gar nicht. Vom Kauf eines Smartphones, eines Navigationssystems oder eines neuen Autos mit integriertem GPS wäre dringend abzuraten. Ein

Bürger im Zustand digitaler Selbstverteidigung müsste in seiner Wohnung auf Rauchmelder und Alarmanlagen mit Bewegungssensoren verzichten. Er sollte weder Bahn fahren noch fliegen und demnächst auch nicht mehr zum Arzt gehen. Eine ordnungsgemäße Registrierung bei den Meldebehörden wäre kontraproduktiv, erst recht die Führung eines Bankkontos oder Aufnahme eines Kredits. Die Ausübung eines durchschnittlichen Jobs mit überwachtem Computerarbeitsplatz käme ebenfalls nicht infrage. Ein solcher Bürger müsste öffentliche Plätze wegen der Videoüberwachung meiden und dürfte weder im Internet noch in großen Supermarktketten einkaufen.

Die Liste verbotener Tätigkeiten ließe sich endlos fortsetzen. Am Ende stünde ein aus sämtlichen gesellschaftlichen und wirtschaftlichen Kreisläufen herausgedrängter Mensch. Man muss nicht näher begründen, warum eine solche Lebensform weder in persönlicher noch in volkswirtschaftlicher Hinsicht wünschenswert erscheint. Vor allem aber ist sie heutzutage schlichtweg undurchführbar. Digitale Selbstverteidigung käme einer realen Selbstauslöschung gleich. Ebenso gut hätte man einem Arbeiter im Manchester-Kapitalismus des 19. Jahrhunderts erzählen können, wenn ihm die Kollateralschäden der industriellen Revolution nicht passten, solle er doch auf seinen Job im Kohlebergbau verzichten.

Bemerkenswert an der Einlassung von Martin Schulz ist, dass er die Parallele zwischen industrieller und digitaler Revolution ohne Scheu vor historischen Vergleichen anerkennt und daraus eine Handlungsverpflichtung für die Politik ableitet. Technischer Fortschritt ist nicht *per se* gut oder schlecht, sondern erst einmal eine Tatsache, die der Gestaltung bedarf. Lässt man den Dingen ihren Lauf, kommt es zu gewaltigen Akkumulationen von Macht, die zulasten des Einzelnen und letztlich zulasten des Gemeinwesens gehen. Martin Schulz hebt hervor, dass Sozialgesetzgebung und Umweltschutz, die beiden großen Ausgleichsbewegungen zum industrialisierten Kapitalismus, nicht vom Himmel gefallen, sondern Ergebnis eines jahrzehntelangen politischen Kampfes sind. Auch das Kommunikationszeitalter braucht Begleitung durch einen politischen Prozess.

Dazu reicht es nicht, sich bei Obama über das Abhören von Angela Merkels Handy zu beschweren. Es reicht nicht, darüber zu streiten, wer die neue »Netzpartei« wird. Wenn Peter Altmaier per Twitter verkündet, dass Twitter die moderne Form von Demokratie sei, verdeutlicht er aufs Anschaulichste, warum sich die deutsche Politik bis heute nicht in der Lage zeigt, auf Big Data zu reagieren. Es fehlt an einer umfassenden Auseinandersetzung mit dem Problem. Ein amerikanischer Privatkonzern wie Twitter kann kein neues Organ der Demokratie sein, und demokratisch ist auch nicht die Kommunikation an sich, sondern der Schutz ihrer Freiheit.

Für sich genommen bilden weder Twitter und Google noch die NSA den Kern des Problems. Militär, Geheimdienste und Privatkonzerne bedienen sich allesamt derselben Technologien. Ziel des entfesselten Spiels ist eine algorithmische Einhegung des Menschen, welche die Berechenbarkeit von menschlichem Verhalten zur Folge hat.

Die Frage, wie wir mit diesen Technologien umgehen wollen, ist nicht weniger profund als jene nach dem Einsatz von Präimplantationsdiagnostik oder bestimmten Waffensystemen. Es geht um die Klärung ethischer Konflikte, um die Renovierung unseres Wertesystems im Angesicht neuer Bedingungen. Ist es mit der Idee vom freien Individuum vereinbar, zukünftige Entscheidungen eines Menschen errechnen zu wollen? Welche Dilemmata folgen aus der Durchleuchtung einer Identität? Muss ein Unschuldiger vorsorglich eingesperrt werden, wenn ein Algorithmus voraussagt, dass die betreffende Person in absehbarer Zeit kriminell werden wird? Auf welchen Grundlagen sollen Rechtssystem und gesellschaftliches Zusammenleben in Zukunft stehen? Hängen wir weiterhin der Freiheit des Einzelnen an, oder wollen wir tatsächlich ein »Supergrundrecht Sicherheit«?

Falls am Ende einer politischen Debatte das Ergebnis stünde, dass wir auch im digitalen Zeitalter am Konzept des selbstbestimmten Individuums festhalten wollen, dass wir also nicht bereit sind, dieses Prinzip anderen legitimen Zielen wie Sicherheit oder Alltagsbequemlichkeit unterzuordnen, würde der politische Aufgabenkatalog im Handumdrehen Kontur gewinnen. Im Kern würde es darum gehen, der digitalen Identität ein vergleichbares Schutzniveau zuzubilligen wie der körperlichen Unversehrtheit oder der Unverletzlichkeit von Privateigentum. Mit den nötigen parlamentarischen Mehrheiten könnte sowohl auf europäischer wie auf nationaler Ebene ein klar formuliertes digitales Grundrecht geschaffen werden, das personenbezogene Daten unter die alleinige Verfügungsgewalt des Einzelnen stellt. Von privater Seite wären Zugriffe auf die digitale Identität dann nur mit Einverständnis des Betroffenen möglich, während staatliche Eingriffe auf die engen Grenzen notwendiger Strafverfolgungsmaßnahmen zu beschränken wären. Widerrechtliche Übergriffe müssten moralisch und strafrechtlich in vergleichbarer Weise beantwortet werden wie eine Körperverletzung oder der Diebstahl einer Sache.

Gelegentlich wird vorgebracht, das Volk habe sich doch längst mit dem Verlust der Privatsphäre arrangiert oder diesen durch freizügig-gleichgültigen Umgang mit den eigenen Daten sogar selbst verschuldet. Der Bürger wolle es nicht anders, als digital ausgebeutet zu werden. Für eine kollektive Verhaltensänderung im Umgang mit Digitalität sei es zu spät, der Bürger werde immer bereit sein, für einen Zuwachs an Bequemlichkeit oder auch nur ein paar Rabattpunkte seine privaten Daten zur Verfügung zu stellen.

Diese resignative Sicht verkennt zum einen, dass ein Umdenken im großen Stil längst begonnen hat. Seit den Snowden-Enthüllungen mobilisiert sich die Zivilgesellschaft in einer Weise, die vor einem Jahr niemand für möglich gehalten hätte. Zum anderen ist gesamtgesellschaftliches Bewusstsein meist nicht Ursache, sondern Folge einer politischen Bewegung. Die Gewöhnung an Ausbeutungsverhältnisse ist gerade ein zentraler Teil des jeweiligen Problems. Solange Züchtigung und Hinrichtung offizielle Sanktionsmittel sind, wird auch gesellschaftlich kein Bewusstsein für das Recht auf körperliche Unversehrtheit entstehen. Erst die Arbeiterbewegung hat soziales und die Umweltbewegung ökologisches Bewusstsein hervorgebracht. Im Rahmen der digitalen Revolution muss Bewusstsein dafür entstehen, dass Angriffe auf den digitalen Zwilling gegen den Menschen selbst gerichtet sind.

Damit dies möglich ist, muss eine echte Rechtsposition erst einmal geschaffen werden. Nichts ist dem Menschen so natürlich wie die Einzäunung eines Stück Lands und die Aufstellung eines Schilds, auf dem »Meins« geschrieben steht. Jeden Versuch, ohne sein Einverständnis in diese Sphäre vorzudringen, wird er als Respektlosigkeit empfinden und mit Empörung zurückweisen. Voraussetzung dafür ist aber die rechtliche Anerkennung von Zaun und Schild. Erst eine Einzäunung und Beschilderung der digitalen Privatsphäre wird dazu führen, dass Menschen ihren Datenkörper – ebenso wie den biologischen oder wie ihr Sacheigentum – als Teil einer Gesamtidentität empfinden.

Es ist seit Jahren in Mode, die normative Kraft des Faktischen zu fürchten oder zu besingen und darüber die normative Kraft des Normativen zu vergessen. Dabei ist offensichtlich, dass uns nicht nur ein ausdrückliches digitales Grundrecht, sondern auch und gerade ein digitaler Code Civil fehlen. Das deutsche Bürgerliche Gesetzbuch besteht aus mehr als zweitausend Paragrafen, die sich größtenteils mit den rechtlichen Beziehungen zwischen Menschen und Sachen beschäftigen. Auf Daten sind diese Regelungen nicht immer umstandslos übertragbar – wie wollte man einen Datensatz verpachten oder vermieten? Während andere unkörperliche Gegenstände wie Forderungen schon lange nach klaren Regeln am Geschäftsverkehr teilnehmen, gibt es im digitalen Bereich nicht einmal Begriffe, um die vielfältigen wirtschaftlichen und rechtlichen Beziehungen zu beschreiben. Solange ein Loch in unserer Rechtsordnung klafft, brauchen wir uns über mangelndes Rechtsbewusstsein in der Bevölkerung nicht zu wundern.

Mit einem fortschrittsfeindlichen Umerziehungsprogramm zu digitaler Abstinenz hat das ebenso wenig zu tun wie mit einer angestrebten Verregelung des Internets. Die von Profiteuren der Ungesetzlichkeit behauptete Befürchtung, das Beenden eines außergesetzlichen Zustands könne die Ökonomie behindern, hat sich in der jüngeren Zivilisationsgeschichte immer wieder als falsch erwiesen. So wie der freie Handel nicht trotz, sondern wegen der Existenz von Privateigentum funktioniert, wird sich auch der digitale Wirtschaftsverkehr in einem auf Privatzugehörigkeit basierenden System am besten entwickeln. Letztlich geht es darum, jene Rechtssicherheit herzustellen, die in unseren Breitengraden eine unvergleichliche Erfolgsgeschichte genießt.

Klar ist, dass sich der notwendige Diskurs sowie mögliche rechtliche Maßnahmen nur parteiübergreifend realisieren lassen. Ähnlich wie soziale Fürsorge und Umweltschutz muss auch der digitale Identitätsschutz ein parteienübergreifendes Anliegen werden, bei dem über die Grundannahmen Einigkeit besteht, während man über Einzelheiten trefflich streiten kann. Martin Schulz skizziert in seinem Beitrag, dass sich beim Datenschutz sozialdemokratische, bürgerlich-liberale und wirtschaftsorientierte Ansätze keineswegs antagonistisch gegenüberstehen. Die Zeichen für einen groß angelegten gemeinschaftlichen Lösungsversuch stehen gut – nun müssen sie von den Parteien nur noch erkannt werden.

Auf europäischer Ebene ist man der deutschen Politik in

diesem Punkt bereits einen Schritt voraus. Man wird die Einlassungen von Martin Schulz als Regierungserklärung des möglichen neuen Kommissionspräsidenten lesen und vor allem in Lobbyistenkreisen entsprechend bewerten. Es bleibt zu hoffen, dass dieses Fanal aus Brüssel nicht ungehört verhallt, sondern auch in der politischen Szene Berlins endlich umfangreiche Erwiderung und Fortentwicklung erfährt. Die ersten zwanzig Jahre der digitalen Ära haben wir bereits politisch verschlafen. Es ist allerhöchste Zeit, das Thema auf die Agenda unserer Zukunftsfähigkeit zu setzen. Mit jedem vergehenden Tag des 21. Jahrhunderts wird es unhaltbarer, dass nur Journalisten, Schriftsteller und Blogger über eine der wichtigsten Fragen unserer Epoche sprechen.

Letzte Ausfahrt Europa
(2014)

Was tut man als politisch obdachloser Bürger angesichts der ausufernden Massenüberwachung? Man kann sich einreden, es gebe ohnehin keine zu schützende Privatsphäre mehr. Man kann sich auch in vorauseilendem Gehorsam aus Social Media zurückziehen, Wichtiges nicht mehr am Telefon besprechen und sich PGP und TOR herunterladen. Oder man erkennt, dass es Verbündete auf einer anderen Ebene gibt.

Zum Beispiel in Straßburg. Vor einigen Wochen hat Martin Schulz in einem Essay die digitale Revolution mit der industriellen Revolution verglichen und aus dieser Parallele eine Pflicht zu politischer und legislativer Gestaltung abgeleitet.

Im Gegensatz zu den meisten seiner Politikerkollegen hat Schulz verstanden, dass die neuen Technologien in der Lage sind, Gesellschaften bis an die Wurzel zu verändern – mindestens so sehr wie Atomkraft oder Gentechnik. Wir müssen deshalb festlegen, was zu welchem Zweck von wem und unter welchen Bedingungen gemacht werden darf. Dafür brauchen wir, ganz einfach, Gesetze. Weil sich die digitale Revolution nicht an Landesgrenzen hält, muss auch die begleitende Gesetzgebung supranational sein. Eine Institution, welche die dazu erforderliche legislative und politische Macht besitzt, ist die Europäische Union. Leider wird diese Tatsache kaum zur Kenntnis genommen. In dieser anhaltenden medialen Missachtung spiegelt sich das schwindelerregende Paradoxon zeitgenössischer Politik: Während immer mehr fundamentale Entscheidungen auf europäischer Ebene getroffen werden, muss man nach wie vor nur »Straßburg« oder »Brüssel« sagen, um sicherzustellen, dass man quasi unter Ausschluss der Öffentlichkeit operiert.

So kommt es, dass die meisten Menschen gar nicht wissen, wie kurz wir eigentlich vor einem entscheidenden ersten Schritt bei der Domestizierung des digitalen *bellum omnium contra omnes* stehen. Während nicht nur Bürger, sondern auch viele Politiker glauben, den Nebenwirkungen des Informationszeitalters mangels realistischer Handlungsoptionen tatenlos beiwohnen zu müssen, gibt es längst einen substanziellen Gesetzesentwurf, der beweist, dass es sehr wohl möglich wäre, etwas zu tun. Wenn man nur wollte.

Die Rede ist von der Datenschutz-Grundverordnung, die von der Europäischen Kommission im Januar 2012 vorgestellt wurde. Der Entwurf umfasst 91 Artikel auf gut 100 Seiten. Um wenigstens die Reichweite anzudeuten, lassen sich drei Punkte erwähnen. Erstens: Die Verordnung gewährt dem Einzelnen umfassende Datensouveränität, was bedeutet, dass personenbezogene Daten nur noch mit ausdrücklichem Einverständnis erhoben und verarbeitet werden dürfen und auf Wunsch gelöscht werden müssen. Zweitens: Die Verordnung soll extraterritorial gelten, also auch für Unternehmen, die ihren Sitz außerhalb der EU haben, aber ihre Dienstleistungen auf dem europäischen Markt anbieten wollen. Drittens: Unternehmen, die gegen die Verordnung verstoßen, müssen mit Strafgeldern von bis zu 5 Prozent ihres Jahresumsatzes rechnen.

Manche Kritiker wenden ein, die Datenschutzverordnung gehe in ihrem Regelungsgehalt noch immer nicht weit genug. Aber in Demokratien bekommt man eben niemals alles, niemals perfekt und niemals sofort. Das ist das Wesen von Kompromissen: Die beste Lösung ist eigentlich dann gefunden, wenn am Ende alle gleich unzufrieden sind. Wer daraus ableitet, es sei besser, überhaupt nichts zu tun, erteilt nicht nur der Politik, sondern der ganzen demokratischen Idee eine grundsätzliche Absage. Nur vor diesem Hintergrund kann man erkennen, was für ein erstaunlicher, mutiger und vielversprechender Schritt die geplante Datenschutz-Grundverordnung ist: eines der größten Gesetzgebungsprojekte der Europäischen Union. Sie zu verhindern, weil man mehr will, wäre der dümmstmögliche Schachzug.

Hinter dem staubtrockenen Titel der neuen Verordnung verbirgt sich die selbstbewusste und zutreffende Überzeugung, dass Europa als Wirtschaftsstandort attraktiv genug ist, um die Regeln zu bestimmen, nach denen Produkte bei uns gehandelt werden dürfen. Bei Lebensmitteln, Autos oder Medikamenten finden wir das völlig selbstverständlich. Es überrascht uns nicht weiter, dass Hersteller ihre Verfahren und Erzeugnisse transparent machen müssen und dass es mit Qualitäts- und Sicherheitskontrollen beauftragte Behörden gibt, damit die europäischen Bürger bedenkenlos essen, Pillen schlucken und Auto fahren können.

Mir ist kein Grund ersichtlich, warum auf dem digitalen

Markt nicht vergleichbare Standards gelten sollten. Wie man gelegentlich aus anderen Staaten hört: Nur Europa ist marktmächtig genug und zugleich ausreichend institutionalisiert, um dieses Projekt in Angriff zu nehmen. Wenn wir nicht vorangehen, wird es kein anderer tun. Auch aus dieser Erkenntnis resultiert eine Handlungspflicht. Es geht um nicht weniger als die politische Gestaltung einer Epoche.

Selbst beim Problem der geheimdienstlichen Totalüberwachung könnte die Datenschutzverordnung durch die Hintertür Linderung bringen. Wie wir spätestens seit Snowden wissen, beruht ein Großteil digitaler Überwachungsstrategien auf dem Prinzip des stillschweigenden Outsourcing. Die Datenmengen, auf die es der NSA und anderen ankommt, werden von privaten Unternehmen erhoben und dann von staatlichen Diensten entweder eingefordert oder geklaut. Schutz vor IT-Konzernen kann deshalb indirekt auch gegen Geheimdienste wirken. Wenn du den Baum nicht fällen kannst, grab ihm das Wasser ab.

Natürlich reicht es nicht, was die Datenschutz-Grundverordnung regelt. Sie in Kraft zu setzen, würde keineswegs bedeuten, dass man danach die Hände in den Schoß legen kann. Wenn es nach mir ginge, müsste man auch gleich noch einen Algorithmen-TÜV ins Leben rufen, der informationelle Prozesse auf die Verwendung von diskriminierenden oder anderweitig demokratiefeindlichen Parametern prüft. Jeder andere Datenschützer hätte zehn weitere Ideen. Aber die Verordnung wäre ein mächtiger erster Schritt, ein Akt politischer Selbstermächtigung, Startschuss einer modernen Gesetzgebung für das digitale Zeitalter.

Bleibt die Frage, warum diese Verordnung noch nicht in Kraft ist. Das Europäische Parlament hat den Kommissionsentwurf aufgegriffen und unter Federführung des deutschen Europa-Abgeordneten Jan Philipp Albrecht von den Grünen mit großer Mehrheit eine Verhandlungsposition verabschiedet, auf deren Grundlage ein schneller Erlass der Datenschutzverordnung möglich wäre. Während sich Kommission und Parlament also weitgehend einig sind, müsste nun der Rat der Europäischen Union tätig werden, um das Gesetzgebungsverfahren zum Abschluss zu bringen.

Des Rätsels Lösung besteht darin, dass ausgerechnet Deutschland den Erlass der Verordnung im Rat verhindert. Während in der deutschen Bevölkerung europaweit die höchste Sensibilität für Datenschutz besteht, während in der Presse seit Monaten ein umfassender Diskurs zu den Herausforderungen des digitalen Zeitalters geführt wird, während Angela Merkel erst neulich wieder auf der CeBIT verkündete, dass Datenschutz nur als gemeinsame europäische Regelung Sinn ergibt – währenddessen blockieren die deutschen Abgesandten unter massivem Druck von IT-Lobbyisten den ersten wirklich tauglichen Vorstoß zu einer Verbesserung der grundrechtlichen Situation.

Ohne Deutschland geht in der EU nichts. Berlin kann in Brüssel vieles bewirken und alles verhindern. Und die Berliner Regierung spielt gewohnheitsmäßig ein doppeltes Spiel: Sie setzt in Brüssel Vorhaben durch, die sie später dem deutschen Bürger mit bedauernder Miene als »Vorgabe der EU« verkauft. Oder sie verlangt im Inland vollmundig Aktionen, die sie auf europäischer Ebene blockiert.

LETZTE AUSFAHRT EUROPA (2014)

Über diesem Widerspruch könnte man nun getrost den Verstand verlieren. Sich die Haare raufen und den Kopf anschließend in den Sand stecken. Man kann aber auch etwas zutiefst Demokratisches tun und seinen Einfluss geltend machen. Am 25. Mai steht uns eine Wahl bevor: Martin Schulz will Präsident der Europäischen Kommission werden, und das könnte ihm gelingen, wenn die Sozialdemokraten bei der Europawahl die Mehrheit gewinnen. Er tritt mit einer klaren digitalen Agenda an, die sich zu weitreichendem digitalen Grundrechtsschutz bekennt und Kampfansagen an marktmächtige Akteure wie Google enthält.

Es geht am Wahltag darum, endlich den aktiven Kampf gegen die Kollateralschäden des Kommunikationszeitalters aufzunehmen. Je länger Berlin untätig bleibt, desto dringender müssen wir lernen, uns mit unseren Sorgen und Forderungen direkt an Brüssel zu wenden.

Offener Brief an Bundeskanzlerin Angela Merkel vom 15. Mai 2014

Sehr geehrte Frau Dr. Merkel,

letztes Jahr habe ich Ihnen schon einmal geschrieben. Mein Brief reagierte auf die Enthüllungen Edward Snowdens und stellte die Frage, wie Ihre Strategie für ein digitales Zeitalter aussehe, in dem die Freiheitsrechte der Bürger mit Füßen getreten und Grundprinzipien der Demokratie auf den Kopf gestellt werden. Gefolgt wurde dieser Brief von einem internationalen Appell, der von rund tausend Schriftstellern aus über achtzig Ländern unterzeichnet wurde und einen Schutz der persönlichen Freiheit im Kommunikationszeitalter fordert.

Seitdem sind Monate vergangen, und ich habe von Ihnen keine ernst zu nehmende Antwort vernommen. Wir erleben einen Epochenwandel, der aufgrund seiner politischen, gesellschaftlichen und wirtschaftlichen Implikationen mit der industriellen Revolution verglichen werden kann. Ihr Schweigen dazu, Frau Merkel, ist das Schweigen der mächtigsten Frau Europas. Es schrillt in den Ohren wie das Geräusch von Fingernägeln auf einer Schiefertafel.

Kann es wirklich sein, dass Sie die Tragweite des Problems nicht erfassen? Es geht nicht nur um Ihr Handy. Es geht nicht

OFFENER BRIEF AN DIE BUNDESKANZLERIN (2014)

einmal »nur« um die Aktivitäten der NSA, auch nicht »nur« um das Verhältnis Deutschlands zu Amerika oder darum, ob Snowden im Untersuchungsausschuss gehört werden soll oder nicht. Wir haben es mit Technologien zu tun, die unsere Lebensrealität bis in den tiefsten Kern des humanistischen Menschenbilds verändern. Es geht also um die Frage, wie wir in Deutschland und Europa in Zukunft leben wollen.

Was NSA und Internetkonzerne wie Google oder Facebook betreiben, ist kein Datensammeln aus Spaß an der Freud. Auch hat es wenig mit dem zu tun, was Sie oder ich unter nationaler Sicherheit verstehen. Ziel des Spiels ist das Erreichen von Vorhersehbarkeit und damit Steuerbarkeit von menschlichem Verhalten im Ganzen. Das funktioniert heute schon erschreckend gut. Wer genügend Informationen über die Lebensführung eines Einzelnen miteinander verbindet und auswertet, kann mit erstaunlicher Trefferquote voraussehen, was die betreffende Person als Nächstes tun wird – ein Haus bauen, ein Kind zeugen, den Job wechseln, eine Reise machen. Bald wird das »Internet der Dinge« seine volle Wirkung entfalten. Dann wird Ihr Kühlschrank aufzeichnen, was Sie essen, und Ihr Auto, wohin Sie fahren. Ihre Armbanduhr wird Blutdruck, Kalorienverbrauch und Schlafphasen auswerten. Rauchmelder und Alarmanlage in Ihrem Haus werden sich merken, wann Sie wie viel Zeit in welchen Räumen verbringen. Welche Bücher Sie kaufen, mit wem Sie mailen oder telefonieren, für welche Filme, Musik oder politische Themen Sie sich interessieren, ist ja sowieso schon lange bekannt.

Das ist keine Science-Fiction, Frau Merkel. Das ist die

Wirklichkeit. Wir leben in einem Zeitalter, in dem die Ergebnisse von Datenauswertung über das Schicksal des Einzelnen entscheiden können – ob er einen Kredit bekommt, ob er zu einem Vorstellungsgespräch eingeladen wird, ob er ein Flugzeug besteigen darf, vielleicht eines Tages auch darüber, ob er ins Gefängnis muss. Sämtliche Behauptungen, dass eine Verarbeitung der ungeheuren Datenmengen technisch gar nicht möglich sei oder dass sich in Wahrheit niemand für unsere langweiligen Leben interessiere, sind seit Snowdens Enthüllungen obsolet. Das totale Tracking ist möglich, es wird bereits praktiziert. Mit jeder neuen technischen Erfindung von Google Glass über Fitnessarmbänder bis zum selbstfahrenden Auto verschärft sich die Situation. Internetkonzerne sammeln Informationen und gelangen dabei zu ungeheurer Machtfülle. Geheimdienste greifen diese Informationen nach Belieben ab und nutzen sie für ihre Zwecke.

Als gebildeter Mensch wissen Sie, dass Briefgeheimnis, Post- und Fernmeldegeheimnis, der Schutz von Kommunikation und Privatsphäre wichtige demokratische Errungenschaften sind, für die unsere Vorfahren erbittert gekämpft haben. Durch Edward Snowden wissen Sie auch, dass diese Rechte in der digitalen Sphäre keine Gültigkeit mehr besitzen. Trotzdem versäumt es die Politik, den Bürger zu schützen.

Mir will einfach nicht in den Kopf, warum Sie nicht reagieren. Es ist doch kein Zufall, dass in den wichtigsten deutschen Zeitungen ein Beitrag nach dem anderen zum Thema Massenüberwachung erscheint. Dass Radio und Fernsehen unablässig berichten, dass Unmengen von Podiumsdiskussi-

OFFENER BRIEF AN DIE BUNDESKANZLERIN (2014)

onen stattfinden, Bücher geschrieben, Petitionen lanciert, Vereine gegründet werden. Worauf warten Sie denn, Frau Merkel? Auf Umfragen, die Ihnen zusichern, dass das Thema Datenschutz über den Ausgang der nächsten Wahl entscheidet? Sie können doch nicht ernsthaft glauben, dass Sie dann eine gute Politikerin sind, wenn Ihre Sympathiewerte stimmen. Verantwortungsvolles Regieren verlangt intellektuelle Anstrengung. Eine Auseinandersetzung mit den großen Fragen der Zeit.

Vielleicht fragen Sie sich jetzt, was auch andere Menschen ständig fragen. Was soll man denn tun? Kann man überhaupt etwas machen? Die einfache Antwort lautet: Ja, man kann, und für niemanden gilt das so sehr wie für Sie. Als deutsche Kanzlerin verfügen Sie über einzigartigen Einfluss in Europa. Sie regieren ein Land, in dem die Sensibilität gegenüber Grundrechtsverletzungen aus historischen Gründen so hoch ist wie nirgendwo sonst. Das sind die allerbesten Voraussetzungen, um bei der politischen Begleitung des digitalen Zeitalters voranzugehen. Die Augen der Welt sind auf Deutschland gerichtet. In anderen Ländern heißt es: Wenn die Deutschen nichts tun, dann kann überhaupt niemand etwas ändern.

Zuallererst: Sagen Sie dem Innenministerium, dass es aufhören soll, die europäische Datenschutz-Grundverordnung zu blockieren. Dieses Gesetz liegt seit zwei Jahren auf dem Tisch, und es enthält erstaunlich weitgehende Rechte für die europäischen Bürger, zum Beispiel einen Anspruch auf Löschung von personenbezogenen Daten. Die Verordnung wird extraterritorial gelten, das heißt, auch Firmen, die ihren

Sitz außerhalb von Europa haben, müssen sich daran halten. Wer dagegen verstößt, muss mit empfindlichen Geldstrafen rechnen. Und sagen Sie jetzt nicht, so etwas sei nicht durchsetzbar. Sie wissen, dass das nicht stimmt. In anderen Wirtschaftsbereichen existieren genauso strenge Regeln für Unternehmen, die ihre Waren oder Dienstleistungen auf dem europäischen Markt anbieten wollen. Auch in der digitalen Ökonomie ist die Etablierung von Standards möglich – wenn man es nur endlich einmal anpacken würde.

Darüber hinaus ist es natürlich immer sinnvoll, vor der eigenen Tür zu kehren. Sämtliche Regierungsprojekte, welche die Lage weiter verschlimmern, gehören vom Tisch – zum Beispiel Investitionen in die biometrische Menschenvermessung oder der gelegentlich geäußerte Wunsch, Fingerabdrücke verpflichtend in Personalausweise aufzunehmen. Der Koalitionsvertrag führt unter dem Titel »digitale Agenda« vor allem Ideen zum euphorischen Ausbau von Big Data – gefördert werden sollen Smart Home, Smart Grid, Smart Services, Cloud Computing, Telematik, Telearbeit, Telemedizin oder E-Health und was der schönen neuen Weltlichkeiten mehr sind. Demgegenüber fehlt es an Vorschlägen, wie ein freiheitsverträglicher Umgang mit den hierbei ventilierten Datenmengen sichergestellt werden soll. Angesichts der beschriebenen Kollateralschäden wirkt das schon fast rührend naiv.

Was die gezielte Ausspähung durch staatliche Behörden betrifft, gibt es ebenfalls eine Menge zu tun. Zuerst gilt es dafür zu sorgen, dass sich der BND bei seiner Arbeit an die Verfassung hält – auch, wenn er Daten mit den USA austauscht. Dann muss gegenüber den USA und Großbritannien unmissverständlich klargestellt werden, dass wir grundrechtsverletzende Praktiken nicht dulden. Gerade haben Sie bei Ihrem Amerika-Besuch wieder eine Möglichkeit verstreichen lassen, deutliche Worte zu finden. Wovor haben Sie Angst? Davor, dass Ihnen Obama die Freundschaft kündigt? Das wird er nicht, Amerika braucht Europa genauso sehr wie umgekehrt. Es gibt keinen Grund, sich wegzuducken, und es hat auch nichts mit Anti-Amerikanismus zu tun, wenn man auf der Einhaltung von demokratischen Prinzipien besteht. Holen Sie sich die Unterstützung der europäischen Partner und zeigen Sie gemeinsam Rückgrat!

Abgesehen davon können Sie das Geheimdienstproblem gewaltig entschärfen, indem Sie die digitale Industrie an die Leine legen. NSA und GCHQ erheben große Teile der verarbeiteten Daten nicht selbst, sondern bekommen sie von der Privatwirtschaft geliefert. Was nicht gesammelt wird, kann auch nicht an die Dienste weitergegeben werden.

Deshalb kommt jetzt der wichtigste Punkt: Sie müssen endlich eine digitale Agenda auf den Weg bringen, die diesen Namen verdient. Es sind Anpassungen und Neuregelungen in fast allen Lebensbereichen notwendig. Das ist ein Projekt, das Jahre, wenn nicht Jahrzehnte in Anspruch nehmen wird. Sie werden es nicht innerhalb dieser Legislaturperiode zum Abschluss bringen, aber Sie können einen historischen Schritt tun, indem Sie damit anfangen. Es reicht nicht, immer nur an die nächste Wahl zu denken. Wir müssen uns überlegen, welche ethischen Konsequenzen aus der Digitalisierung folgen. Soll die Gesundheitsbiografie eines Menschen für Krankenkassen, Arbeitgeber und Pharmaindustrie offenliegen? Wollen wir, dass unsere Kinder in jeder Minute ihres Schullebens Evaluierungen ausgesetzt sind, weil Lernprogramme permanent und in Echtzeit Scorings über den aktuellen Leistungsstand erstellen? Wollen wir, dass uns das Auto vorschlägt, welches Restaurant wir besuchen, und dass das Restaurant für diesen Vorschlag bezahlen kann? Und was machen wir mit der exponenziell wachsenden Übermacht von Google?

Die Liste der Fragen ließe sich endlos verlängern. Es müssen Antworten entwickelt und in politische, gegebenenfalls legislative Gestalt gegossen werden. Auch in der Gentechnik verbieten wir Praktiken, die technisch möglich, aber gesellschaftlich unerwünscht sind. Genauso müssen wir auch im digitalen Bereich über die Grenzen des Erlaubten und Erwünschten nachdenken. Vielleicht brauchen wir einen TÜV, der Algorithmen auf ihre Demokratiesicherheit prüft. Was wir ganz gewiss nicht brauchen, sind weitere Wochen und Monate, die mit Untätigkeit vergehen.

Ich bitte Sie, Frau Merkel, hören Sie nicht auf die Lobbyisten, die Ihnen und Ihren Leuten vorbeten, dass Regulierung im digitalen Bereich entweder nicht möglich oder nicht durchsetzbar oder am Ende ein Standortproblem für Deutschland sei. Das Gegenteil ist der Fall. Unser Land ist nicht trotz, sondern wegen der hohen Standards weltweit erfolgreich. Wir wollen eine saubere Landwirtschaft und möglichst saubere Energiegewinnung – genauso brauchen wir eine angewandte Datenökologie. Nutzen Sie Ihren Einfluss und machen Sie in Europa den Weg frei für den überfälligen politischen Prozess! Sie können die Verteidigung der Grundrechte keinen Tag länger dem Bundesverfassungsgericht oder dem Europäischen Gerichtshof überlassen.

Man hört, dass Sie einiges Interesse daran besitzen, was später über Sie in den Geschichtsbüchern stehen wird. Vielleicht wollen Sie die Frau sein, die den Euro gerettet hat. Wenn Sie aber diese Legislaturperiode in anhaltender Ignoranz des digitalen Zeitalters zu Ende bringen, werden Sie vor allem die Kanzlerin sein, die den Epochenwandel verschlafen hat. Das wäre nicht nur peinlich für Sie, sondern eine Katastrophe für uns alle, ein Rückschlag für die Demokratie.

Frau Merkel, ich wiederhole meine Frage. Antworten Sie nicht mir, antworten Sie Ihrem Volk: Wie sieht Ihre Strategie aus?

Mit freundlichen Grüßen
Juli Zeh

Reizklima
(2014)

Manche Menschen lieben ihre Heimat und sehnen sich ein Leben lang danach, weil das Schicksal sie an einen anderen Ort verschlagen hat. Andere stehen mit der eigenen Herkunft auf Kriegsfuß, sprechen abfällig über die »Provinznester« oder »Dreckskäffer«, aus denen sie stammen, und behaupten Fremden gegenüber, Düsseldorfer zu sein, obwohl sie in Wahrheit in Neuss geboren wurden.

Ich gehöre zur zweiten Kategorie. Wenn ich erzähle, dass ich aus Bonn stamme, füge ich Sätze hinzu wie »vom Rhein halt« oder »typisches Bundestags-Kind«. Als müsste ich mich für irgendetwas entschuldigen.

Dabei habe ich an meinen Kindheitserinnerungen im Grunde nichts auszusetzen. Wir lebten unweit der Rheinauen, einer 160 Hektar großen Parkanlage entlang des Flusses, in der wir als Kinder alles tun konnten, was uns gefiel – auf Bäume klettern, Buden bauen, in Ententeichen baden und für fremde Hunde Stöckchen werfen. Zudem erinnere ich mich an Wochenendausflüge in die Eifel mit Picknick und Pilzesuchen, an rasante Schlittenfahrten im winterlichen Siebengebirge und an stundenlange Spaziergänge mit meiner besten Freundin im Kottenforst. Meine halbe Kindheit habe ich unter Bäumen zugebracht.

Dabei bin ich nicht im Wald geboren, sondern in der damaligen deutschen Hauptstadt, die immerhin rund 300 000 Einwohner hat. Zehn Minuten von meinem Elternhaus entfernt wurde das Land regiert. Müsste ich für Bonn ein Wahrzeichen entwerfen, würde ich einen Ministerialbeamten malen, der mit flatternder Krawatte auf dem Fahrrad zur Arbeit fährt.

Für Bonner Kinder war es nichts Besonderes, Menschen auf der Straße zu sehen, die andere nur aus dem Fernsehen kannten. Schwärme von Polizeimotorrädern, die schwarze Limousinen begleiteten, gehörten zum Stadtbild; ebenso Straßensperren und von demonstrierenden Menschenmassen verstopfte Plätze. Jeden Abend hieß es in den Nachrichten im immer gleichen Tonfall »Bonn«, und man sah Bilder von Gebäuden, an denen man täglich vorbeifuhr. Selbst Bundeskanzler Helmut Kohl war für uns nicht nur ein dauerregierendes Phänomen, sondern ein Mensch aus sehr viel Fleisch und Blut. Während eines Schulpraktikums am Deutschen Bundestag hätte mich der Kanzler einmal fast umgerannt, als er inmitten eines Trosses von Mitarbeitern durch die engen Gänge walzte.

Regieren, wo andere Urlaub machen, und Kind-Sein, wo andere Leute regieren – manche Menschen nannten es »die Bonner Blase«. Am Rhein gab es sogenannte Büdchen, an denen wir Wassereis oder Esspapier kauften und Sätze wie »Me sen mööd un hann Duursch« vernahmen, ohne ein Wort zu verstehen. In meinem Bekanntenkreis sprach niemand Rheinisch. Ein großer Teil der Schüler in meiner Klasse besaß ausländische Staatsbürgerschaften, ohne dass Begriffe wie

»Migrationshintergrund« oder »Multikulti« jemals gefallen wären. 150 Botschaften mit unzähligen Mitarbeitern und deren Angehörigen, dazu ausländische Organisationen, Korrespondenten, Lobbyisten – das internationale Personal der Hauptstadt schickte seine Kinder natürlich auf Bonner Schulen. Wer nicht gleich vom anderen Ende der Welt kam, war innerhalb der Republik zugezogen, weil ein Elternteil fürs Parlament, ein Ministerium oder eine andere Bundesbehörde arbeitete. Heimatliche Verwurzelung, vielleicht sogar über mehrere Generationen hinweg, erscheint mir bis heute als exotisches Phänomen.

Manche Bonner Familien verbrachten ihre Wochenenden im »Amerikanischen Club«, wo es ein Schwimmbad und riesige Eiskugeln gab, allerdings nur für Leute, die spezielle Einladungen von amerikanischen Freunden erhielten. Wir anderen übten Rollschuhlaufen auf den breiten Straßen der amerikanischen Siedlung, die Wohnraum für rund 2000 US-Bürger bot und neben dem begehrten Club über eine amerikanische Kirche, High School, amerikanische Tankstelle, *U. S. Post Office* und sogar ein eigenes Heizkraftwerk verfügte – kein Themenpark, sondern eine Folge der Besatzungszeit nach dem Zweiten Weltkrieg.

Als Kind nimmt man alles hin. Nichts, was täglich vorhanden ist, kommt einem seltsam vor. Für uns war es normal, auf die hohe, moosbewachsene Mauer zu klettern, die sich quer durch unsere Nachbarschaft zog. Dahinter befand sich eine parkähnliche Anlage, merkwürdig düster und unbelebt. Wir lauerten auf der Mauer, bis der Gärtner außer Sicht war, und sprangen dann hinunter, um Esskastanien zu sammeln. Erst

Jahre später habe ich verstanden, dass wir Hausfriedensbruch beim Apostolischen Nuntius begingen, also beim deutschen Vertreter des Papstes.

Mit der gleichen Selbstverständlichkeit gingen wir auf Karnevalsumzüge und zum »Schnörzen« an St. Martin. Rings um die Hauptstadtblase gab es Drogerien mit zwei Stunden Mittagspause, Konditoreien, die Kaffee im Kännchen servierten, und einen Bahnhof mit wenigen Gleisen, an dem die ICEs einfach durchfuhren. Denn das war Bonn: eine Zwangsehe zwischen idyllischer Kleinstadt und weltläufiger Metropole, zusammengehalten vom sogenannten »Reizklima«, das mit hoher Luftfeuchtigkeit bei vielen Menschen für Kopfschmerzen und andauernde Müdigkeit sorgt. Die verschiedenen Facetten der Stadt standen scharfkantig aufeinander, verbanden sich nicht zu einem Ganzen, sondern ließen sich gegenseitig skurril, ja, fast schon unwirklich erscheinen.

Inmitten des seltsamen Hybrids gab es für mich keinen Ort. Ich bin in Bonn geboren, ohne Bonnerin zu sein, ich spreche kein Bönnsch, bin nicht katholisch, trinke kein Kölsch und hasse Karneval. Ebenso wenig ist der Bundestag ein Ort, zu dem man »Heimat« sagen könnte. Es käme schließlich auch niemand auf die Idee, in einer Tagesschau-Ausgabe aus den Achtzigern wohnen zu wollen.

Heute steht der Lange Eugen wie ein Zwerg neben dem neuen Post-Tower. Falls Architektur etwas zu sagen hat, erzählt diese Anordnung davon, dass in der Berliner Republik globalisierte Konzerne die neuen Besatzer sind. Mich stört die Skyline am Rhein aus einem anderen Grund: Mit seinen hundert Metern ist der Lange Eugen für mich immer das höchste Haus der Welt gewesen. Das hochgeschossene Postgebäude beleidigt die Überzeugungen meiner Kindheit.

Seit dem Umzug von Parlament und Teilen der Regierung hat sich Bonn auf den ersten Blick gewaltig verändert, auch wenn sechs Ministerien am Rhein geblieben sind. 150 umgesiedelte Botschaften hinterließen ihre leeren Paläste; dafür zogen 22 Bundesbehörden aus Berlin und Frankfurt hierher. UNO und andere internationale Organisationen errichteten neue Standorte, Post und Telekom bauten ihre Hauptquartiere. Überall in der Stadt wurden Gebäude abgerissen, umgebaut oder neu errichtet. Wissenschafts-, Büro- und Konferenzzentren entstanden, eine neue Fachhochschule wurde gegründet.

Vor über zwanzig Jahren habe ich Bonn verlassen. Wenn ich heute zurückkomme, folgt der Besuch einer immer gleichen Dramaturgie. Ich fahre über die Südbrücke, freue mich über das Wiedersehen mit Siebengebirge und Rhein und denke: »Unglaublich, wie schön es hier ist.« Das neu strukturierte Regierungsviertel, die imposanten Museen, in der Innenstadt immer noch internationales Flair, belebte Straßen und Cafés, Menschen aus aller Welt, die ihrem wohlgeordneten, irgendwie durch und durch bürgerlichen Alltag nachgehen. Eigentlich eine tolle Stadt, denke ich. Man hat von Großstadt und Provinz jeweils das Beste: kurze Wege, jede Menge Kultur, Jobangebote und dazu ruhige Spielstraßen für die Kinder – wenn das nicht die Vollendung sämtlicher bundesdeutscher Wunschträume ist!

Aber am zweiten Tag beginnen die Kopfschmerzen. Ich

rede mit den Nachbarn über das Reizklima. Eigentlich habe ich gar keine Lust mehr, aus dem Haus zu gehen. Spätestens am dritten Tag senkt sich feiner Dauerregen über die Stadt, wie ein Nebel aus Melancholie. Er erzeugt das typische Bonner Lebensgefühl: eine gedämpfte, ins Lustvoll-Depressive tendierende Stimmung, die den Menschen erlaubt, in ihren Häusern zu bleiben. Man schaltet am helllichten Tag die Deckenlampen an, putzt das Silber, ordnet die Trockensträuße oder repariert den tropfenden Wasserhahn im Gästebad. Es ist eine luxuriöse Melancholie, genährt von hohen Immobilienpreisen, sicheren Arbeitsplätzen und Rheinpanorama mit Drachenfels. Eine Melancholie der Drogerien mit Mittagspause und Konditoreien mit Kaffeekännchen. Eine Reaktion auf die Unwirklichkeit eines Orts, der sich nie zwischen Dorf und Metropole, zwischen rheinländischer Frohnatur und Global Player entscheiden konnte. Heute changiert Bonn zwischen hauptstädtischer Vergangenheit und bundesdeutscher Gegenwart. Ein Dauergast zwischen den Stühlen, Heimatort der Heimatlosen. Der Regen erinnert daran, dass sich in all den Jahren nichts geändert hat. Ich habe die Wahl, meinen Koffer zu packen oder für immer auf der Couch zu bleiben, und entscheide mich dann doch für den Koffer.

Während ich in umgekehrter Richtung über die Südbrücke fahre, überschaue ich noch einmal die Stadt, den geschrumpften Langen Eugen, die Dampfer auf dem Rhein, das Bonner Münster. Dann blicke ich wieder nach vorn, trete aufs Gas und fliehe an einen eindeutigeren Ort. Mal sehen, ob ich mich eines Tages gegen den Koffer entscheide. Es heißt ja, dass

Menschen im Alter gern an ihre Geburtsorte zurückkehren. Selbst dann, wenn sie diese Orte ein Leben lang gefürchtet haben.

Nachweise

Auf der anderen Straßenseite. Erstdruck: Vorwort zu ALLGEMEINE ER-
KLÄRUNG DER MENSCHENRECHTE, verkündet von den Vereinten Nationen
am 10. Dezember 1948, mit Illustrationen von Lee Doreen Böhm und einem
Nachwort von Mario Früh, Wolfgang Grätz und Peter Schenk, erschienen
bei der Büchergilde Gutenberg im September 2005.

Gute Nacht, Individualistinnen. Erstdruck.

Zeit war Geld. Erstdruck: DIE ZEIT, 14/2006.

Das Flaggschiff der politischen Resignation. Erstdruck: Süddeutsche Zeitung
Magazin, 26/2006.

Wer hat mein Lieblingsspielzeug zerbrochen? Erstdruck: stern, Nr. 34 vom
17.08.2006.

Zu wahr, um schön zu sein. Erstdruck: DIE ZEIT, 39/2006.

Gigagroße Semi-Diktatur. Erstdruck: DIE ZEIT, 11/2007.

Kostenkontrolle oder Menschenwürde? Erstdruck: DIE ZEIT online, 5. Oktober 2007.

Folterjuristen. Erstdruck: DIE ZEIT, 14/2008.

Verteidigung des Virtuellen. Erstdruck: DIE ZEIT, 21/2008.

*Vater Staat und Mutter Demokratie. Rede im Rahmen der 16. Schönhauser
Gespräche.* Gehalten am 13. November 2008. Erstdruck.

Goldene Zeiten. Erstdruck: du, Band 791 (November 2008).

Plädoyer für das Warum. Rede anlässlich der Verleihung des Carl-Amery-Literaturpreises. Gehalten am 21. April 2009. Erstdruck.

Null Toleranz. Erstdruck.

Fest hinter Gittern (mit Rainer Stadler). Erstdruck: Süddeutsche Zeitung Magazin, 51/2009.

Schweinebedingungen. Erstdruck: DIE WELT, 19. Dezember 2009.

Deutschland dankt ab. Erstdruck: Cicero, 7/2010.

Das Mögliche und die Möglichkeiten. Rede an die Abiturienten. Gehalten am 1. Juli 2010. Erstdruck: *Das Mögliche und die Möglichkeiten: Rede an die Abiturienten des Jahrgangs 2010*, erschienen beim Gollenstein Verlag im Juli 2010.

Das tue ich mir nicht an. Erstdruck: Cosmopolitan, Februar 2011.

Mörder oder Witzfiguren. Erstdruck in englischer Sprache: the guardian, 16. März 2011.

Leere Mitte. Erstdruck: Merian Deutschland, 26. Mai 2011.

Die Sache »Mann gegen Frau«. Erstdruck: FOCUS, Nr. 23 vom 6. Juni 2011.

Nothing left to lose. Erstdruck: Süddeutsche Zeitung Magazin, 47/2011.

Hölle im Sonderangebot. Erstdruck: Cosmopolitan, März 2012.

Baby Love. Erstdruck: LIVE JEWELLERY WATCHES FASHION, 1/2012.

Eine Geschichte voller Missverständnisse (mit Ilija Trojanow). Erstdruck: Frankfurter Allgemeine Sonntagszeitung, 1. Juni 2012.

Selbst, selbst, selbst. Erstdruck: Tages-Anzeiger, 11. Juli 2012.

Das Diktat der Krise. Erstdruck: FOCUS, Nr. 29 vom 16. Juli 2012.

Stille Schlachtung einer heiligen Kuh. Erstdruck: Süddeutsche Zeitung, 1. September 2012.

NACHWEISE

Das Lächeln der Dogge. Erstdruck in englischer Sprache: the guardian, 18. Juni 2013.

#neuland. Erstdruck: stern, Nr. 27 vom 27. Juni 2013.

Wird schon. Erstdruck: stern, Nr. 31 vom 25. Juli 2013.

Digitaler Zwilling. Erstdruck: Frankfurter Allgemeine Zeitung, 7. September 2013.

Nachts sind das Tiere. Erstdruck: stern, Nr. 42 vom 10. Oktober 2013.

Was wir wollen. Rede auf der Netzkultur-Konferenz der Berliner Festspiele. Gehalten am 30. November 2013. Erstdruck.

Wo bleibt der digitale Code Civil? Erstdruck: Frankfurter Allgemeine Zeitung, 11. Februar 2014.

Letzte Ausfahrt Europa. Erstdruck: Frankfurter Allgemeine Zeitung, 4. Mai 2014.

Offener Brief an Bundeskanzlerin Angela Merkel vom 15. Mai 2014. Erstdruck: DIE ZEIT, 21/2014.

Reizklima. Erstdruck: Merian Deutschland, 21. August 2014 (9/2014).

Juli Zeh
Adler und Engel
Roman
448 Seiten. Gebunden.
ISBN 978-3-89561-054-7

»Für eine solch bittere und zugleich eisige Zeitkritik haben Bret Easton Ellis und Michel Houellebecq eine Bresche geschlagen. Auf ihre Weise marschiert Juli Zeh da nun ebenfalls hindurch. Ihr Referenzsystem ist die Zeitdiagnose, nicht das schicke Kokettieren mit den Symptomen. Ihren Roman hat sie mit Einfallskraft, Gegenwartsbewußtsein und großer Intelligenz auf diese Ebene hinaufgeschrieben.«
Eberhard Falcke, Die Zeit

Juli Zeh
Die Stille ist ein Geräusch
Eine Fahrt durch Bosnien
264 Seiten. Gebunden.
ISBN 978-3-89561-055-4

»Juli Zeh gelingt das Paradox, das versehrte, entzauberte Bosnien momentweise in einen prekären Zustand poetischer Gnade überzuführen.«
Ilma Rakusa, Neue Zürcher Zeitung

Schöffling & Co.

Juli Zeh
Spieltrieb
Roman
576 Seiten. Gebunden.
ISBN 978-3-89561-056-1

»Juli Zehs Roman ist in einer erschreckend genauen, an Robert Musil geschulten Sprache geschrieben. Und macht überwältigend bildhaft, mit szenischem Witz und psychologischem Feingefühl glaubhaft, wie harmlose Schüler zu Terroristen werden können. Mit neuen und unverbrauchten Bildern, die unsere Wahrnehmung und Phantasie bereichern. Wie der ganze Roman.«
Mathias Schreiber, Der Spiegel

Juli Zeh
Kleines Konversationslexikon für Haushunde
Mit farbigen Photographien von David Finck
208 Seiten. Gebunden.
ISBN 978-3-89561-058-5

»Fakt ist, dass die vergnügliche Lektüre sich durch die zahlreichen Geistesblitze, die sie dem Leser beschert, und dank ihres literarischen Anspruchs wohltuend absetzt von üblichen Herrchen- und Wauwau-Geschichten.«
Uwe Sauerwein, Berliner Morgenpost

Schöffling & Co.

Juli Zeh
Alles auf dem Rasen
Kein Roman
296 Seiten. Gebunden.
ISBN 978-3-89561-059-2

»Juli Zeh leiht den Lesern ihre Ohren und Augen, beobachtet präzis und erzählt poetisch kraftvoll.«
Regula Freuler, Neue Zürcher Zeitung am Sonntag

Juli Zeh
Schilf
Roman
384 Seiten. Gebunden.
ISBN 978-3-89561-431-6

»Das könnte in seiner Perfektion kalt lassen. Das tut es nicht. Weil Zehs Labyrinth zu klug konstruiert ist, an den richtigen Stellen lustige Applikationen hängen und an den Wänden längs Sätze stehen, die in ihrer Brillanz heute ziemlich selten sind.«
Elmar Krekeler, Die Welt

Schöffling & Co.

Juli Zeh
Corpus Delicti
Ein Prozess
272 Seiten. Gebunden.
ISBN 978-3-89561-434-7

»Juli Zeh verfügt über den Scharfsinn und die Belesenheit,
um ihre Einsprüche gegen den Zeitgeist so zu verfassen,
dass sie nicht verlegen machen, sondern Wucht entfalten.«
Christian Geyer, Frankfurter Allgemeine Zeitung

Juli Zeh
Nullzeit
Roman
256 Seiten. Gebunden.
ISBN 978-3-89561-436-1

»Ein beklemmender, furioser, kalter Thriller,
wie man ihn von Juli Zeh nicht erwartet hätte.«
Volker Weidermann, Frankfurter Allgemeine Sonntagszeitung

Schöffling & Co.

Juli Zeh
Treideln
Frankfurter Poetikvorlesungen
200 Seiten. Gebunden.
ISBN 978-3-89561-437-8

»Seit 1959 gibt es die Poetikvorlesung, die Nobelpreisträger Heinrich Böll und Günter Grass waren da, aber auf so kluge Weise unverkopft wie Juli Zeh hat noch niemand gesprochen.«
Werner D'Inka, Frankfurter Allgemeine Zeitung

Juli Zeh
Good Morning, Boys and Girls
Theaterstücke
320 Seiten. Klappenbroschur.
ISBN 978-3-89561-438-5

Es sind zentrale Fragen um unser Dasein, die die Ausnahme-Poetin Juli Zeh als Dramatikerin auf die Bühne bringt. *Good Morning, Boys and Girls* versammelt vier erfolgreiche Theaterstücke, in denen es um Identität und Individualität im Zeitalter maximaler Effizienz und digitaler Vernetzung geht, um Fremdbestimmung durch Medien, Wirtschaft und Politik.

Schöffling & Co.